Las lanzas de Jerusalén

Georges Bordonove

Las lanzas de Jerusalén

Traducción de
Agustín Pico Estrada

Editorial El Ateneo

Bordonove, Georges
 Las lanzas de Jerusalén - 1a ed. - Buenos Aires : El Ateneo, 2007.
 304 p. ; 23x15 cm.

 Traducido por: Agustín Pico Estrada

 ISBN 978-950-02-5926-2

 1. Narrativa Francesa. 2. Novela Histórica. I. Agustín Pico Estrada, trad.
 II. Título
 CDD 843

Título original: Les lances de Jerusalem
© 1994 Éditions Pygmalion / Gérard Watelet, Paris

Derechos exclusivos de edición en castellano para todo el mundo
© 2007, Grupo ILHSA S.A. para su sello Editorial El Ateneo
    Patagones 2463 - (C1282ACA) Buenos Aires - Argentina
    Tel.: (54 11) 4943 8200 - Fax: (54 11) 4308 4199
    E-mail: editorial@elateneo.com

1ª edición: agosto de 2007

ISBN: 978-950-02-5926-2

Diseño de cubierta: Departamento de Arte de Editorial El Ateneo
Armado de interiores: María Isabel Barutti

Impreso en Verlap S.A.
Comandante Spurr 653, Avellaneda,
provincia de Buenos Aires,
en el mes de agosto de 2007.

Queda hecho el depósito que establece la ley 11.723
Libro de edición argentina

No se permite la reproducción parcial o total, el almacenamiento, el alquiler, la transmisión
o la tranformación de este libro, en cualquier forma o por cualquier medio, sea electrónico o
mecánico, mediante fotocopia, digitalización u otros métodos, sin el permiso escrito del editor. Su infracción está penada por las leyes 11.723 y 25.446.

Es un fuego y una agitación secreta para las almas que no pueden permanecer en un círculo estrecho, y que rebasan los límites de la pasión moderada. Abrasadas por ese fuego cada vez más inextinguible, atormentadas por su sed de peligro, solo las fatiga el descanso, fiebre fatal del corazón para todos aquellos a los que devora, para todos aquellos a los que ataca.

Lord Byron

1
El escudero Guiot

A veces a uno de ellos, rara vez al más joven, se le ocurría decir:

—Pero, Guiot, te refieres a cosas tan lejanas. Te olvidas de que el tiempo pasa porque, al relatar tus años de juventud, los vuelves a vivir. Sin embargo, se nos va y con él, nosotros.

Entonces, como siempre, Guiot fruncía el ceño y los ojos se le llenaban de esa furia que lo caracterizaba.

—¡El tiempo no existe! Lo he dicho miles de veces. Es el más estúpido de los sueños, el que atormenta a las almas enamoradas de sí mismas.

—Hermano, ¿por qué es apenas un sueño?

—Porque el corazón de los hombres, sus pensamientos, su sudor y su sangre, sus miedos y esperanzas, cambian solo de nombre. En el mundo siempre ha habido y habrá la misma cantidad de héroes y de santos. Desconocidos o gloriosos, con su ejemplo han hecho de nosotros mejores personas. Los impulsa el espíritu de sacrificio y lo reivindican como un favor sin igual; en eso reside su felicidad.

Cuando fruncía el ceño de ese modo, su mirada adquiría el brillo del ágata pulida. Con la barba espesa que parecía alargarle la melena desgreñada, las patas de gallo marcadas en las sienes, las arrugas que trazaban surcos en la piel de la frente y le separaban la enorme nariz de las mejillas curtidas por el sol, se parecía al profeta Moisés, tal como suelen representarlo los escultores de portales. Era ancho de espaldas, musculoso y ostentaba una actitud casi permanente de violencia contenida. Sus manos enormes parecían hechas más bien para manejar la espada y no la pluma.

Sin embargo, en la jerarquía de esa casa templaria, no era más que un simple escudero. Una y otra vez rechazó el hábito blanco de caballero, a pesar de sus servicios, su devoción y los años que llevaba demostrando que se había apartado del mundo. No daba a su negativa ninguna explicación plausible, ni siquiera un pretexto. Pero, aunque seguía siendo un subalterno, lo respetaban tanto como al comendador. En las noches de invierno o durante las horas de descanso, se lo escuchaba con veneración cuando relataba sus recuerdos con voz soñadora.

—El tiempo —retomaba— no es lo que parece. ¿Podré alguna vez hacerles entender lo que es? Tal vez comparándolo con el más bello de nuestros árboles...

—¿El viejo roble?

—La luna le da un aspecto de otra naturaleza cuando lo ilumina. Engañados, nos parece que cada rama está cubierta de escarcha y, pobrecillos de nosotros, sentimos escalofríos, sugestionados por una ilusión pasajera. Sin embargo, el árbol no es sino blancura rojiza, bien protegido dentro de su corteza, y vivo. La savia circula en él como la sangre.

En el pueblo, bajo los arcos de la encomienda, en medio del bosque y durante el recorrido de las patrullas, se decía que el viejo Guiot nunca había estado en los palacios, que entonaba canciones de su propia invención tañendo el arpa. Algunos que se jactaban de conocerlo mejor o que presumían de saber leer, insinuaban que no era otro que Guiot el Provenzal, el inventor de la maravillosa "Búsqueda del Santo Grial". Pero cuando le preguntaban sobre eso, se molestaba y mascullaba: "¿Seré digno?". Lo cierto era que nunca nadie lo había sorprendido escribiendo, excepto cartas de la encomienda. Pero le gustaba narrar historias. Las imágenes y las palabras le salían de la boca como brota un manantial de un peñasco.

—La savia se parece a la sangre. Se calienta en abril y el árbol que la recibe rejuvenece. Pero si se vuelve a enfriar, pierde las hojas y muere. Es su vida, que asciende por sus raíces tenebrosas hacia el tronco, de ahí a su copa y de ella hacia sus brazos innumerables, hacia la luz del cielo.

—Pero, Guiot, si ese árbol representa para ti el tiempo, ¿qué dirás entonces de la savia?

—La savia se convierte en la sangre que los hombres se transmiten de padres a hijos, la fuerza que los guía y los impulsa a actuar; en suma, su propio destino, pero también el de cada uno de nosotros en particular: el largo y doloroso camino de las tinieblas a la luz que toda criatura debe recorrer.

—¿Quién te ha enseñado esas cosas?

—La noche. ¿Te sorprende? La he amado como a una mujer.

—Todas las mujeres son pérfidas y peligrosas para nuestra salvación. Recuerda nuestra regla.

—Ella es la más tierna, la más pura. Muchas veces me ha ayudado a retomar el camino.

—¿Cómo es posible?

—Ella me alejaba de mí mismo, ese es todo el secreto. Al llamado de su voz seductora, volaba como un ave nocturna de rama en rama; iba y venía sin esfuerzo del pasado al presente. Los hombres de otras épocas se me volvían más cercanos.

—Pero ¿por qué, Guiot?

—Porque me olvidaba. Pero a partir de este olvido mi persona se multiplicaba. Al perderme en ese universo desconocido, me reencontraba. Cuando un niño recién salido del vientre de su madre sonríe, las mujeres de mi pueblo dicen que nos recuerda a las estrellas. Así pues, la noche –¡bendito sea su silencio!– me devolvía a ese estado de la primera infancia. Me enseñaba que ese crisol sin límites donde se agitan otros mundos y nacen astros efímeros, ese abismo en movimiento, lo llevamos dentro, de manera que el único espejo a la medida de lo que somos es un cielo estrellado. La noche le daba alas a mi alma.

Y siguiendo su línea de pensamiento:

—El pasado no es el montón de cenizas frías que se imaginan. Es una flor que se abre a nuestra ternura. Ese estremecimiento permanente de las tinieblas, que se siente en medio del bosque, lo componen mil murmullos y suspiros de espera y lamento. Porque nada de lo que ha sido muere del todo. Quienes nos antecedieron nos aman si los amamos. Son parte de nuestra sustancia. Ven a través de nuestros ojos y gozan en nuestros cuerpos. La soledad no es más real que el tiempo; un impulso del alma la destruye.

Entornando los párpados morenos y arrugados, como los de los leones, y enmarcados con abundantes pestañas, agregaba:

—He amado todo lo que podía ser amado, todo lo que he visto o aceptado ver, en primer lugar a nuestros hermanos; fueron el único rostro de Dios que estuvo a mi alcance. Es la noche, una vez más, la que me enseñó ese amor.

Los demás escuchaban. Escuchaban con sus hábitos de templarios, cuya cruz sobre el hombro era del color de la sangre. Su alma, serena y ardiente, compartía la entera devoción al servicio de Dios. Sin embargo, el viejo sabio barbudo les abría las puertas de un paraíso desconocido, allá, en el fondo de la encomienda, totalmente cercada por los bosques. Él, que solicitó al comendador el honor de ocupar el último lugar, el de hermano portero; que se obligaba a las abyectas tareas de jardinería, curtiembre y talabartería, cuando ya no pudo cabalgar más... Al principio creyeron que la elección de esa encomienda, entre las nueve mil del reino, se debía a que allí era conocido y se atribuía derechos, en verdad muy reales. Luego se dieron cuenta de que solo la fidelidad había inspirado su elección. Y se sorprendieron de que creyese que no valía más que la hierba de los campos y las piedras de los caminos.

Era esa humildad la que lo volvía tan querible para los hermanos. Pero más lo apreciaban, sin embargo, por las confidencias que les hacía en forma de relato y por las narraciones que alegraban las almas entristecidas por el otoño y que llenaban los corazones solitarios de sana exaltación.

En algunas ocasiones se repetía, con la intención de entretener a algún huésped de paso. Pero no tenía demasiada importancia, pues eso apenas reducía el placer. Los más viejos de la casa habían escuchado por lo menos veinte veces, quizá más, la historia del pobre rey honrado y de Jeanne, esa hija de la patria a la que todavía algunos recordaban. Nunca se cansaban de oírla, sabiendo que era su preferida, en la que se mezclaban sus penas y alegrías, y que en su corazón sin dobleces ella despertaba siempre nostalgias, que hacían llorar y reír al mismo tiempo. Y sabían también que, si había ido a golpear a la puerta de esa encomienda, había sido por Jeanne, aun siendo templario.

2
El monte

Aquella mañana salí al amanecer, aunque de mala gana. Al regresar de la ciudad de Nantes, en medio de un bosquecillo, unos falsos peregrinos, bandidos en realidad, me molieron a golpes, que sería lo de menos, porque me desvalijaron —aunque herida de dinero no es mortal— y además se llevaron mi caballo, lo que me hundió en la desesperación. Me quedaban muchas leguas por recorrer. Después de un momento de fastidio y aturdimiento, por cierto excusable, puse a mal tiempo buena cara, y encontré hospedaje en casa de un viñador. El vino añejo me reavivó más que una noche de sueño al calor de un pajar. Al amanecer, crucé por el monte tal como me indicó el viñador. Por todo alimento llevaba el mendrugo de pan, el pedazo de queso y la calabaza con vino que aquel buen hombre me proporcionó.

Así me hallaba, pues, con el sombrero de peregrino, el sayal que había adoptado y las alforjas al hombro. Los bandidos me dejaron el cinto y la espada, aunque la vaina era de buen cuero con clavos de cobre. Solo pudieron sacar la piedra de la empuñadura, llamada turquesa, de un color azul como el del cielo de Jerusalén, por lo que me gustaba tanto.

A lo largo de la jornada, no encontré ni un ser viviente. Aquellas regiones ingratas, salpicadas de manchones de hierbas ralas y cardos, verdaderas guaridas de lobos, tenían como amos y señores a los nubarrones y al silencio. Y esos nubarrones pasaban sin cesar por sobre la tierra rojiza y la arenisca de las rocas, cada vez más oscuros y amenazantes. No llovía, pero el viento me helaba las mejillas. Bandadas de cuervos volaban en torno de alguna carroña o animal herido, esperando el momento propicio para abalanzarse sobre él y despedazarlo. Apreté el paso. El viñador me había tallado un bastón con una rama de nogal, liso y del largo exacto. Pero, en lugar de ser una ayuda, resultó un estorbo. De todos modos, no me atreví a deshacerme de él.

Alrededor del mediodía, según pude deducir al asomarse apenas un instante un sol muy débil que parecía cubierto de harina, hice una pausa para comer el pan y el queso, y vaciar la calabaza. Reanudé la marcha temeroso de que la noche llegara de pronto. Con tanto frío y sin más refugio que esa hierba muerta y esas piedras planas, me hubiera congelado rápidamente.

El cansancio me produjo un gran ardor en los pies —más acostumbrados a estribos que a guijarros—, que me subió hasta las piernas, haciéndome doler las rodillas. Para recuperar la paciencia y hallar un poco de consuelo, pensaba en los peregrinos que van desde Saint Michel au-Péril-de-la-Mer hasta Rocamadour, de allí a Santiago de Compostela, y luego le piden la bendición al Papa en Roma, antes de embarcarse hacia Jerusalén. Días y meses, estaciones, años enteros, consumían sus fuerzas para conseguir una curación, agradecer al Señor por alguna gracia insigne u obtener el perdón de sus pecados. El hambre, la sed, el miedo, las quemaduras en las piernas, las ampollas bajo los talones, aquellas nubes pesadas, el monte sin fin, eran sus compañeros habituales. Se sentían felices cuando, al caer la noche, encontraban un buen albergue, el calor de una palabra fraterna y un haz de heno para dormir. Y más felices aún cuando podían rodearse del aliento cálido de los animales.

Esos pensamientos no me consolaron por mucho tiempo. Entonces era joven e irascible. Estaba enfadado conmigo mismo por haber dejado que me engañara la vestimenta de los bandidos y por los golpes que recibí antes de poder desenvainar la espada. Y además por haber confiado en el viñador. Tal vez pasaría algún caballero dispuesto a llevarme en ancas. Pero ese pueblo, ¿existiría en realidad?

No dejaba de caminar, y más allá de las rocallas y los arbustos solo veía una hilera de viñedos, tan desiertos y marchitos como aquel monte desolado del demonio. Un poco más lejos aparecieron unos robles, destrozados por los rayos y blanqueados por las tormentas. Los esqueletos de los árboles se hicieron cada vez más numerosos. La hierba se tornó más alta y más tupida, cuando ya se acercaba el final del día. Me pareció distinguir, en una loma, la figura inmóvil de un pastor en medio de su rebaño. Tenía la cabeza inclinada, en esa actitud que adoptan esos hombres solitarios. Me pareció que un perro corría de un lado a otro para agrupar a las ovejas alrededor de su dueño; sin duda lo inquietaba mi proximidad. Aquel pastor no era más que una piedra entre los bloques de granito que el viento había pulido y erosionado a lo largo de los siglos.

Les cuento estas cosas insignificantes para destacar mejor lo extraño de las circunstancias y los acontecimientos que se unen más allá de nuestra voluntad y nuestro débil entendimiento. Ahora sé por qué los falsos peregrinos me atacaron, por qué me alojó el viñador y recorrí aquel monte, pero entonces no lo sabía. Pues bien, todo tenía un motivo, una combinación sutil; incluso el cansancio que me agobiaba y el sentimiento de doloroso abandono que sufría.

Más tarde, con aquel dolor enclavado en las caderas, le hablaba a mi caballo, no despacio, sino a viva voz:

—¿Dónde estás, buen compañero? ¿Qué han hecho contigo esas malas gentes? ¿Dónde te han llevado? Siento lástima por ti. Hace más de diez años que cabalgamos juntos y jamás me has dado motivo de queja. Cuando dormía, envuelto en esa manta a rayas que era tuya, descansabas cerca de mí, y cuando sonaban las trompetas, si tardaba en abrir los ojos, tu lengua húmeda me acariciaba las mejillas. Cuando fuimos a aquellas montañas donde la nieve nunca se derrite, aunque estén rodeadas por el desierto, me echaba entre tus patas y recibía, con el corazón agradecido, el calor de tu cuerpo. Sea cual fuere la misión o los peligros, me sentía confiado al sentir tus flancos velludos entre mis piernas. El sudor abrillantaba tu pelo. Percibía debajo de mí tu vientre bien alimentado; oía el aire entrando en tu pecho, y el ritmo en tus arterias. Los días tristes, cuando los emires, los jeques y las hordas de turbantes más compactos y rojos que cerezas en una enramada nos habían vencido, tus tiernos ojos nocturnos me devolvían la esperanza. Me decían: "¡Estamos vivos!". Me agradecían también por el cubo de agua fresca y el puñado de avena. Cuando se anunciaba una fiesta o la visita de un príncipe, te cepillaba el pelo lo mejor que podía y te trenzaba la cola. No tenía criado que me ayudara, pues no era más que un pobre escudero, pero tú, adivinando esas cuestiones de los humanos, relinchabas de alegría y con eso me bastaba. Eras el más hermoso. Veinte veces te quisieron comprar. ¿Acaso era posible? ¡Un puñado de monedas de oro por tu amistad! No era un Judas, sino tu dueño. Esa noche en que me sorprendieron los moros y me hirieron cruelmente, me protegiste a mordiscos y patadas, como un verdadero soldado defiende al hermano de armas, dispuesto a morir por él. Y aquella vez que te clavaron una flecha en el pecho, vacié mi bolsa para comprar los bálsamos necesarios y te cuidé, mientras acechaba en el fondo de tus ojos el retorno de la vida. El velo gris, el velo terrible, ya descendía sobre tus párpados, y te besé la frente, bajo la crin del testuz, gritándote que vivieras para mí. Escuchaste. Tu corazón luchó contra el frío y te curaste. Caballo amigo, si es verdad que los de tu especie tienen memoria, acuérdate de mí. Ven a mí. Eres tan fuerte que te será fácil escapar de tus secuestradores. ¿Podrías acaso conducir a esos falsos peregrinos, ser cómplice de sus fechorías, tú, tan orgulloso corcel de batalla, noble caballo de guerra? ¿Tal vez crees que estoy muerto? Ay, voy por los caminos y pienso en ti, mi único bien...

Cada vez que reanudaba la marcha, me daba vuelta, creyendo oír su galope o ver las nubes de polvo que levantaba a su paso; no eran, sin embargo, más que vapores que la tierra despide al atardecer, su respiración al final del día.

Entonces, me creí privado de mi último recurso y empecé a desfallecer. Un suave resplandor iluminaba la cima de las colinas, y las más alejadas se tornaban azules a través de la bruma. Los cuervos abandonaban su presa para graznar sobre mi cabeza. Se había levantado un viento cortante como un cuchillo. Pero la noche tardaba en llegar, y yo me arrastraba cojeando, cada vez más agotado, y descubriendo finalmente la utilidad de mi bastón. De pronto una arcilla húmeda, que se me adhería a las botas, reemplazó la piedra seca. Tenía la impresión de que el monte no me quería soltar y de que me iba a hundir de golpe en un pantano; casi deseaba ese final, siempre y cuando fuese rápido.

De pronto, entre las sombras nacientes, mis ojos vieron la vasta y oscura extensión de su bosque, los techos de caña alineados sobre la ribera del lago, la iglesia del pueblo, y en la ladera, la masa clara de su encomienda. Temía ser, como en las dunas de Tierra Santa, víctima de algún espejismo. No obstante, una cruz de hierro de la que pendía un escudo señorial se levantaba ante mí. Tenía un león con la lengua y las garras hacia fuera. Ahora bien, según el viñador, el pueblo se llamaba San Pedro de Mauléon. ¿Era realmente este el "león feroz" de sus dichos? Desde la cruz partía un camino que dividía el bosque y que subía hacia el muro almenado de una sólida casa. La sombra no solo invadía los alrededores sino también mi mente. Me encontraba en esa encrucijada sin poder decidir. Absorto, miraba el humo que salía de las chimeneas, el lago cubierto de brumas que se extendían por el camino y se deslizaban entre las casas. Me pareció que el pueblo retrocedía hacia el horizonte. Tuve miedo de perder la razón. El sendero del bosque me pareció más corto y más seguro a pesar de la hora. Lo tomé. Pero en cuanto avancé, me pareció oír unas voces y me quedé helado. Debo de haber gritado, pero enseguida todo se tornó confuso y oscuro; a mi alrededor no había más que pupilas rojizas que saltaban, desaparecían, se iluminaban, se apagaban...

Fue una lechuza la que me arrancó de aquella pesadilla. Se había posado sobre una rama baja. Extrañamente, no he podido olvidar su pequeño cuerpo gris moteado de negro. Me levanté gimiendo, tanteando para encontrar mi bastón. Las rodillas me crujían como gavillas de caña, pero igual cumplieron con su función. Me sentía mejor, casi alegre. La luna brillaba a través de las ramas y los charcos del sendero que se dirigía directamente hacia el muro almenado. ¡Estaba a salvo!

3
Hurepel

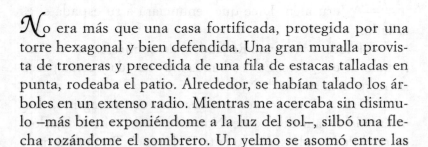

No era más que una casa fortificada, protegida por una torre hexagonal y bien defendida. Una gran muralla provista de troneras y precedida de una fila de estacas talladas en punta, rodeaba el patio. Alrededor, se habían talado los árboles en un extenso radio. Mientras me acercaba sin disimulo –más bien exponiéndome a la luz del sol–, silbó una flecha rozándome el sombrero. Un yelmo se asomó entre las almenas:

—¿Quién eres, hombre? ¡Habla!
—Un peregrino perdido que pide asilo y alimento.
—¿De dónde vienes?
—De Nantes.
—¿Adónde vas?
—A Jerusalén, por mar. Me dirijo a Marsella.
—¿Vas a Jerusalén?
—Regreso.
—¡Llevas espada!
—Te la entregaré.
—Espera.

Solo se oía el viento entre las ramas. Agitaba los brazos de tres abetos que allí se alzaban, y el follaje adquiría la forma de penachos negros. A lo lejos se oían los aullidos de las bestias. Los cuervos graznaban, mientras giraban encima de mí como si me hubieran seguido.

Los de la casa, el señor mayor, sus hijos, los sirvientes y

los soldados, cenaban juntos alrededor de una larga mesa. La cacería de un ciervo los había retrasado. Comían en silencio, cuando Hurepel, el hombre de confianza, sargento de la pequeña guarnición, empujó la puerta:

—Señor, afuera hay un hombre que pide hospedaje.

—¿Cómo es?

—Está armado, pero lleva manto y sombrero de peregrino.

—¿Hacia dónde se dirige?

—A Jerusalén. Dice que renunciará a su espada si es asilado.

—Padre —intervino Renaud—, desconfíe. El país está infestado de esa gente. Es una banda muy temida y actúa precisamente en la región de Nantes.

—Lo sé. Pero tal vez este sea un buen peregrino, desorientado al salir del monte. No tenemos derecho a dejarlo a merced de los lobos. Hazlo entrar, Hurepel. Toma su arma y condúcelo hasta aquí.

Esas palabras, que me fueron transmitidas enseguida al detalle, cerraban el ciclo y determinaban mi destino. Les repito que todo era dicho, resuelto, preparado para lo mejor y para lo peor. Es probable que, de haber sabido las consecuencias, hubiera preferido el riesgo de los lobos. Pensaba ya que, si rechazaban mi pedido, trataría de treparme a algún roble hueco para pasar la noche, y reunía mis últimas fuerzas con ese objetivo. Pero la puerta se abrió con suavidad.

—Ven —me dijo Hurepel—. No tengas miedo.

Llevaba un casco con nasal, una media celada de cuero, cosida con maclas, a la moda antigua. No parecía una casa muy rica, sino más bien un humilde señorío campesino.

—Toma mi espada, según la costumbre.

Los adoquines del patio estaban muy gastados. Unos perros gruñían en algún granero y las gallinas cacareaban, alertas a nuestros pasos. No, aquella casa no era tan pobre. Diez cirios ardían en dos bellos candelabros de hierro forjado en forma de lis. Un grueso tronco de roble que ardía en el hogar completaba la iluminación de la sala. Sirvientas, de pie, atendían solícitas a los comensales. Me agradó que el señor mayor, con la sencillez propia de tiempos pasados, comiera entre esa gente humilde. Estaban los del campo, los leñadores y los labriegos de la zona, con el cabello cortado en taza; también, unos escribientes de rostro anguloso, labios finos y mirada incisiva; luego los soldados, la cota de malla entreabierta sobre el pecho velludo, el bigote sucio de sopa y vino; finalmente, el señor entre sus dos hijos: Renaud y Jeanne.

El caballero Renaud tenía la tez de un tono azafranado, ojos grises, barba juvenil, y cabello sedoso y bien peinado. Al principio no vi más que la frente de Jeanne, y bajo sus cejas, una mirada como el mar, cambiante y azulada. La boca carnosa y roja me sonreía, me daba la bienvenida. Luego noté su cabellera, única, de oro fino, y similar a una pieza de orfebrería con el destello de su juventud, al punto que daban ganas de tocar uno de sus rizos para palpar su verdadera naturaleza.

A la derecha del dueño había un lugar vacío: el del pobre, del huésped desconocido, del visitante que siempre era esperado y del que se decía que era una imagen del Cristo Salvador. Allí me sentaron. El dueño de casa tenía la cabeza lisa como un huevo, y las mandíbulas velludas; bajo la nariz, los bigotes de una ardilla vieja. Sus mejillas eran las de un amante de la buena vida. Sus ojos claros estaban enrojecidos. Bajo la piel lisa de sus manos, sobresalían venas violáceas. Le faltaban dos dientes.

—¿Cómo te llamas? —me preguntó.

—Guiot, señor.

—¿De dónde eres?

—En este momento de ningún lugar, salvo Jerusalén. Es mi país.

—Lo sé.

—El rey Balduino me envió al reino de Francia para...
—Tienes hambre. Come primero. Después descansarás. Tenemos tiempo.

Una sirvienta me puso delante una escudilla con sopa. Llenó un vaso de madera tallada. Sonreía. Dijo a modo de disculpa:

—A sus órdenes, buen peregrino. ¡Bendígame!

¡Tenía tanta hambre! El calor de la chimenea a mis espaldas me atravesaba; se mezclaban la fatiga de una caminata muy larga con la tristeza de haber perdido mi caballo. Jeanne me observaba comer; ya no sonreía y su rostro se crispaba porque comprendía, revivía mi jornada difícil y mi desesperación. Su mano temblaba apenas sobre el mantel. Tenía los dedos finos, y las uñas se parecían a esas conchillas delgadas que se encuentran en las arenas de Tiro, entre algas y maderas carcomidas. Me miraba fija, intensamente. Renaud, al verme tan voraz, movía la cabeza. Hizo un comentario irónico. Jeanne se molestó. El señor me apoyó la mano en el brazo en señal de afecto, como pidiéndome cortésmente que disculpara la juventud de su hijo. Luego me ofrecieron tocino y lo tragué con la misma avidez. Vacié mi vaso como si me muriera de sed. Mi vehemencia sorprendía a la gente sencilla, sobre todo a los soldados que se jactan de su fortaleza; las mujeres se preocupaban por mi desamparo y una de ellas se persignó. Me daba vergüenza llamar la atención de esa manera y ser tratado con tantos miramientos por aquel señor calvo. Me tenía en cuenta sin decir palabra, respetando mi voracidad, percibiendo no sé qué señal, sin osar preguntarme nada hasta que terminé de comer.

Un cuerno llamó a la ronda. Los soldados y los sirvientes se levantaron y se retiraron de mala gana. Se despidieron del señor, de sus hijos y de los demás comensales:

—Buenas noches, señores. A ti también, visitante. A ti también... A ti también... A ti...

Solo quedaron dos sirvientas, jóvenes y alegres, que se comían con los ojos a Renaud. El señor me llamó:

—Ven aquí, extranjero. Siéntate en el sillón y entra en calor, a menos que prefieras descansar.

El vino me quemaba. Estaba casi listo para partir en caso de que hubiera sido necesario.

—¿Así que el rey Balduino te confió una misión?

—Sí, mi señor. A mí y a algunos más. Debía llevar un mensaje al rey de Francia, Luis VII, suplicándole que hiciera coser la cruz en su manto. Vi también al duque de Bretaña y le hice el mismo pedido.

—¿El de cruzarse?

—Sí, mi señor.

—El rey Luis VII ya ha estado en Tierra Santa, lo que ha ocasionado muchas desgracias para Francia. Se dice que la mejor parte del reino corre el riesgo de pasar a ser inglesa. Aquí pertenecemos al duque bretón.

—Solo sé una cosa, mi señor, y es que un gran peligro se cierne sobre Tierra Santa. No pertenece a los franceses ni a los ingleses, sino a los cristianos, todos hijos de Dios; lo demás carece de importancia.

—Sin embargo, estamos en Francia, extranjero. Debemos preocuparnos por nuestras provincias y por nuestra gente.

—Mientras los infieles estuvieron divididos, arrebatándose unos a otros sus posesiones, el reino de Jerusalén podía subsistir. Los príncipes que reinaron a partir de Godofredo de Bouillon solo debían ocuparse de conservar la desunión entre nuestros adversarios. Pero una estrella negra se levantó en Oriente, con el nombre de Saladino, el gran sultán. Se apoderó del trono de Egipto, luego de la ciudad de Damasco, y rodeó nuestro pequeño reino. En Jerusalén, tenemos un rey de dieciséis años, Balduino IV. Amalarico, su padre, murió demasiado pronto. Este joven es el único que custodia y defiende el Santo Sepulcro y el Gólgota, donde Nuestro Señor Jesús vivió la Pasión, ante Saladino. Esto, buen señor, es lo que tenía a cargo transmitirles al rey de Francia y al duque de Bretaña, de parte de mi rey Balduino: el apoyo a su pedido de ayuda con hombres sanos y con dinero.

—¿Lo lograste?

—Me respondieron con hermosas palabras, con promesas que disimulaban apenas su falta de compromiso. El espíritu de la cruzada se apaga...

—Extranjero —interrumpió Jeanne—, no se desanime. Dios puede despertar de nuevo ese espíritu y realizar otros milagros que salvarán el reino. Háblenos más bien de Jerusalén, ¡por favor!

—Es como un ciervo echado en medio de las colinas. Nunca nada me ha parecido tan bello, por el color del cielo, la tonalidad de las piedras, la riqueza y diversidad de sus iglesias. No hay que olvidar el Monte de los Olivos, donde el Señor Jesús rezó la última noche, a la espera de la traición.

Bebimos vino caliente. Todo resto de cansancio había desaparecido en mí como por encanto. El caballero Renaud había dejado de sonreír. Demostraba un gran interés.

—¡No comprenden que una gloria sin igual los espera allí! —exclamé—. Peinan los penachos de sus yelmos, lustran sus escudos, se visten con sedas y pieles para enfrentarse en los torneos. Ese es el pecado de orgullo más vulgar. Mientras que allá, el enfrentamiento es un acto de fe, la ocasión de redimirse para la eternidad, y además, de conquistar tierras para el goce y beneficio de Nuestro Señor.

La conversación se prolongó hasta bien entrada la noche. Renaud insistía en averiguar las ocasiones para enriquecerse; Jeanne, en saber más sobre la belleza de Jerusalén y su rey de dieciséis años; el señor mayor sobre el poder de Saladino frente a la debilidad del reino franco.

Algo misterioso, un pudor, hizo que en el transcurso de aquella noche, y por largo tiempo, evitara decir de qué carecía el rey Balduino, que la única debilidad mortal del reino era lo que yo callaba. Cuando por fin el cansancio me ganó, el señor me condujo él mismo a mi habitación. Ya no se me destinaba a un haz de heno en el establo, sino a una cama confortable.

4
El caballo Beaussant

La noche seguía su curso. La luna iba a la deriva por un cielo sereno lleno de estrellas. Los árboles, escarchados, crujían. Los pájaros se acurrucaban unos contra otros, tratando de aprovechar el poco calor que les quedaba, pero el frío se colaba entre sus plumas y les arañaba la piel suave y blanca. Las ardillas se apoltronaban en el interior de los troncos; no temían el invierno, ya que habían almacenado una provisión de avellanas que les duraría hasta la primavera; salían solo para disfrutar de un poco de sol.

Los tejones dormían en parejas en el fondo de sus guaridas. También los conejos, que nada podían aprovechar de esa hierba tiesa, y solo saldrían a juguetear al alba. La comadreja y la garduña hedionda erraban, hambrientas. Los zorros bajaban al pueblo, esperando poder forzar la puerta de los gallineros; se saludaban con su risa sarcástica. Los búhos y las lechuzas atravesaban los claros con vuelo amortiguado. La sombra de sus alas se deslizaba por el musgo y el barniz de las hojas.

En el corazón del bosque se levantaba, pues, aquella torre cubierta de pizarras que protegía una casa feliz, pero ¿por cuánto tiempo? Bajo el gran tejado de dos aguas, unos dormían; otros, no. No era únicamente el centinela el que vigilaba. Los vitrales de la capilla esparcían una luz amarillenta en el patio. Otra claridad se irradiaba por el agujero en forma de trébol de un postigo. El centinela observaba esa iluminación insólita. Un frío cortante se deslizaba entre las almenas. Se calentaba las manos en un brasero y luego volvía a su servicio. En una noche como aquella, ¿qué podría ocurrir? ¿Quién se hubiera aventurado en esos bosques oscuros, salvo un peregrino perdido?

Los troncos se alineaban a lo lejos, apretados unos contra otros, ensortijando sus ramajes muertos, tan densos y enmarañados que formaban una maleza espesa y oscura. La luna bajaba hacia el horizonte, con sus dos cuernos cada vez más agudos. El hombre cambiaba de almena, se asomaba al patio, miraba de nuevo la luz de la capilla y la del postigo. Las brasas, avivadas por la corriente de aire, teñían de rojo vivo los pliegues de la capa con la que se envolvía y de la capucha que se había levantado sobre el yelmo. Los peldaños de la escalera de caracol crujieron. El centinela redobló la atención; empuñó el arco. Era la hora de la ronda; al sargento Hurepel no le gustaban los dormilones. Él se asomó también por la almena. Dijo:

—El señor está orando y la señorita deja que las velas ardan.

Suspiró profundamente. El centinela se daba cuenta de que venía con ganas de hablar, de que las palabras le pinchaban la lengua, pero también de que no debían ser dichas. Se arriesgó:

—Bicho raro, este peregrino, ¿no?

Hurepel se encogió de hombros, y para desviar la conversación respondió:

—Si sigue este frío, mañana tendremos nieve.

—¿Con este cielo despejado?

—Las nubes vienen con el sol.

—Puede ser. A mí, la nieve me quema los ojos; al cabo de una hora no veo nada. ¡Es como si nadie vigilara!

—Pero no vas a estar de servicio.

—Ah, pero a veces dura toda una semana o más. Mi turno llegará de nuevo.

—Sin duda.

—Vaya a saber por qué el señor, tan puntual y predispuesto al sueño —como es lógico a su edad— está orando.
—Pregúntaselo.
—Y justamente esta noche. En esa capilla, que está tan helada como a la intemperie.
—Abre bien los ojos. Tu guardia no ha terminado. Te aseguro que volverás a verme.

Mientras Hurepel descendía, el hombre mascullaba en voz baja:

—Lo volveré a ver, pero mientras tanto se va a dormir bien calentito. ¡Vete, noche del diablo, basta ya! Noche de porquería...

La capilla casi no merecía ese nombre. No era más que una bóveda hecha con listones de madera mal pintada y asentada sobre unos muros encalados. Estaba adornada solo con un crucifijo muy antiguo, toscamente tallado por un artesano del pueblo, que había aprovechado la forma de una rama, dejando a la vista los nudos de la corteza. Había también una estatua un poco más lograda, que representaba a un cruzado abrazando a su mujer. Esa pareja de ancianos pegados uno al otro, con expresión de humildad y piadosa ternura, él con un casco puntiagudo, ella envuelta en su capa, era conmovedora. La estatua representaba al padre y a la madre del maestro Ancelin, a su regreso de Jerusalén, empobrecidos, aunque ricos en el amor que se tenían y que solo anhelaban llegar al paraíso.

El altar era una construcción de piedras verdes sobre el que había una losa con una cruz grabada. Eso era todo... No, olvidaba el yelmo, el escudo y la espada del anciano padre, que colgaban de la pared, ofrecidos como exvotos. El suelo era de adoquines lisos por el desgaste de las pisadas, brillantes de humedad, como los del patio. También había tres bancos y un sillón con respaldo de cuero. Ancelin había encendido un cirio. Estaba sentado en el sillón y, con un puño bajo la barbilla, meditaba...

No se sorprendan, hermanos, de que pueda repetirles lo que cada uno pensó en el transcurso de aquella noche memorable. Todos me confiaron sus pensamientos, incluso el caballero Renaud.

"Mis días han pasado como nubes —rumiaba el viejo maestro—. En los momentos de alegría, había mucho viento. En los de tristeza, una calma insoportable. Fui joven y fogoso, de sangre ardiente, con ideas ambiciosas. ¡Oh, padre que tuviste a mi madre como esposa, te hiciste dueño de la única dicha que vale la pena vivir! Cuando partiste hacia la luz, tan apacible, tan confiado, hubiese sido necesario ser ciego para no sentir envidia y no querer imitarte! Un mes después, ella siguió tus pasos con una sonrisa de enorme alivio y triunfo en el rostro. Nunca te entendí. Estaba enfadado contigo por haber vendido tantas fincas, cedido tanto de nuestro antiguo poder, para equipar a las tropas, por irte tan lejos a batallar, y regresar glorioso, santificado, pero casi pobre. Yo, en lugar de escuchar esa voz que me incitaba a partir sin demora, me encolericé.

Mis mejores años los perdí amasando fortuna, para volver a comprar lo que habías vendido; reduje el personal de servicio, recorté los gastos de los perros, los caballos, la ropa y las comodidades, como un avaro. El amor hubiera podido salvarme y hacerme recapacitar. Pero al nacer Jeanne y Renaud, su madre murió. No busqué otra mujer. Seguí adelante. Por momentos, recordaba los viejos ideales de caballería que me transmitiste. Entonces, salía a caballo para tomar aire y olvidarlos. Poco a poco, la naturaleza, que es indulgente con personas como yo, me curó. Mi cabello encaneció y poco a poco lo fui perdiendo. ¿Es posible una vida más opaca? Y, en verdad, debes apiadarte de mí. Si me comparara contigo, a tu pregunta: 'Ancelin, ¿qué has hecho?', respondería: 'Nada'. Sin embargo a esa nada se la llama sabiduría.

En la comarca me consultan. Me escuchan, me obedecen y respetan. Porque soy canoso y hablo despacio. Se dice además que no le hago mal a nadie. ¿Pero qué significa eso? Pues bien, en esa nulidad en la que descansaba, atrapado en mi propia trampa, acaba de ocurrir una cosa. ¿Comprendes? Llegó ese hombre, ese peregrino. Después de haber escapado de enormes peligros, llegó justamente a esta casa, mientras regresaba a Jerusalén, luego de haber visto al rey de Francia y al duque bretón... Algo lo condujo hasta aquí... Hombre raro, en verdad... Parecía extenuado, aunque un fuego interior lo mantenía despierto, lo forzaba a hablar. Observaba nuestra sala por el rabillo del ojo: la mesa repleta de manjares, nuestra gente, el gran fuego en la chimenea. Parecía feliz, pero en el fondo ardía de impaciencia. ¿Me entiendes? Trajo un aire nuevo a esta casa, otras ideas, otra manera de vivir. Para él sólo se trataba de un rato, de una tarde alegre y sin mañana. Pero yo, absorbiendo sus palabras, cada vez simpatizaba más con su persona, y más vergüenza sentía de mi estado, más sentía que me poseía otra vez, misteriosa, aquella fiebre antigua de la que ya creía haberme curado.

Hablaba del joven rey de dieciséis años frente al sultán de Egipto, de la indigencia del reino de Tierra Santa, tan cercano a nuestros corazones, de la pérdida inminente del Santo Sepulcro. Las lágrimas acudían a mis ojos... En un instante todo en mi vida se derrumbaba. Cada palabra abría una grieta en esa muralla de ilusiones que había levantado con tanta paciencia, para engañarme a mí mismo y equivocarme. Cuando dijo: 'Me respondieron con hermosas palabras y con promesas que disimulaban apenas su falta de compromiso. El espíritu de la cruzada se desvanece', hice mío su desprecio. Señor, que juzgas a las criaturas, tengo las manos vacías. Soy un tibio, y Tú rechazas a quienes son como yo. No amas más que el hielo o el fuego; no soy ni lo uno ni lo otro, sino un viejo cansado y holgazán".

El Cristo observaba con sus grandes ojos oscuros aquella cabeza canosa. La piel, lisa y rosada, reflejaba la luz traviesa de la vela. La idea que bullía dentro de esa caja ósea, y que nacía tan dolorosamente como un pichón al salir del cascarón, era inmensa y le devolvía a esa vida el rumbo y el peso originales.

Ancelin se arrodilló y miró el rostro tallado. Se conmovió ante la corona hecha con espinas negras verdaderas. Nunca antes se había dado cuenta.

"Dios mío, mi Señor, ¿abandonarán tu Santo Sepulcro? ¿Se puede concebir semejante ignominia? Un rey de dieciséis años contra los infieles y el odio de Saladino... Turbantes más rojos y más apretados que las cerezas en el follaje!... Y el lugar de tu pasión mancillado, profanado. Tal vez todavía haya tiempo...".

Rezó. Las gotas derretidas del cirio empezaron a caerle sobre el abrigo de piel, pero no se daba cuenta. Sin embargo, cuando el frío le endureció los muslos, se apresuró a sentarse, pues era un hombre delicado, al menos por un tiempo más.

Jeanne no había apagado la luz. Sus cabellos se esparcían sobre la almohada, achicándole el rostro y haciéndolo parecer casi infantil. Lo sé por haberla visto dormir tantas veces. Era a mí a quien enviaban a despertarla, cuando aquel que se convirtió para ella en lo más preciado del mundo, la mandaba llamar. Tenía los ojos de un color tan cambiante y distinto que me tomó mucho tiempo poder definirlo. A veces me parecían azules; otras, verdes; y otras, de un tono pardo dorado. Varias piezas de pieles cosidas en forma de cuadrados cubrían su cama con columnas salomónicas y cortinados. La vela ardía sobre una mesita, al lado del libro de horas que nunca la abandonaba.

Sus pensamientos no tenían en absoluto la amarga violencia de los de su padre, ni su angustia. Su corazón y su espíritu actuaban de un modo más libre en su cuerpo esbelto; no estaban contaminados de grasa perniciosa, y se mostraban intactos en su frescura primaveral. El entusiasmo y la generosidad le fluían de los labios con naturalidad.

"Las de aquí —pensaba ella— no comprenderían lo que dice ni lo que quiere decir este hombre. Se casan solo para tener joyas, una túnica bordada con pájaros y flores y algún cinto de cuero rojo con finas piedras. No les importa si su marido se gasta todo en riñas de gallos y en emborracharse, mientras la propiedad sea muy elegante, y numerosos vasallos, admirados, le besen la mano llena de nuevas joyas. Pero a mí, no me importa nada que mi marido sea pobre, si es valeroso y honrado... '¡Orgullosa! ¡Orgullosa! ¡Loca de orgullo! Te perderá', dice la nodriza. Las de aquí creen que su tierra no tiene igual, y que poseen las casas más hermosas del mundo. Pero allá, en esa ciudad que es como un ciervo echado en medio de las colinas, en Jerusalén... ¡En Jerusalén! Las mujeres no esperan que el vizconde, o el duque, las invite a los torneos y luego a bailar. Sus hombres libran verdaderas batallas. Rezan por ellos; los cuidan. Viven atormentadas, pero se sienten útiles. A su regreso, los aman y los consuelan. En sus brazos, los hombres vuelven a tener esperanza.

Allá, no tienen a ese rey, Luis VII, que pierde sus provincias como si nada porque no ha sabido mantener a Leonor por el recto camino. Cuentan con un rey de dieciséis años, que lucha cuerpo a cuerpo contra los demonios negros. Es el país de Cristo, nuestro Señor. Hay palmeras y olivos, y la arena del desierto por donde los hombres montan caballos veloces. No cazan el jabalí. No tienen tiempo de adiestrar halcones. Cabalgan entre nubes de tierra, bajo un sol abrasador. Por todos lados se ven castillos blancos, no casas sólidas donde se almacenan sacos de trigo, toneles y cerdo salado... '¡Jeanne, desconfía, desconfía de este visitante! Se aprovecha de tu espíritu dado a la imaginación. Las mujeres de Jerusalén son también vanidosas, fútiles y mentirosas, igual que las de aquí. Entre sus hombres, también hay cobardes.' El rey de Jerusalén no tiene más que dieciséis años. Su juventud se enfrenta con la rapacidad de Saladino, a su experiencia... ¡Dios lo ampare!

Pero tú, Jeanne, ¿quién eres? ¿Qué harás cuando se apague la belleza que te ha sido dada? ¿En qué mujer te convertirás cuando te cases? Te cortejan. Tratan de robarte besos, de obtener alguna promesa tuya. No eres rica; tardas en decidirte. Dentro de poco, será muy tarde. Otras muchachas alcanzarán su esplendor y te arrebatarán el primer lugar.

No sé quién soy, pero sí que me sería intolerable ser como las de aquí, sometida a los caprichos de un hombre dado a las escapadas y las borracheras, y a perseguir a las sirvientas cuando se canse de mis encantos. No es posible que los días transcurran sin objetivo alguno mientras pasa un otoño, un invierno, una primavera, un verano, y luego nuevamente un otoño... No servir para nada, porque el esposo no tiene ganas de nada, salvo, tal vez, de un hijo para perpetuar su nombre sin gloria. No realizar las grandes hazañas que permanecen en la memoria y hacen que la vida sea algo más que solo transcurrir. Hombres de ese tipo piensan que solo se puede llegar hasta el límite de sus propios deseos, y, tal vez, afanándose, sobrepasarlos...

Gui de Reclose es el que más me ama y el que menos me disgusta. Pero duda en comprometerse, mientras calcula cuál será mi dote, lo que me ofende. ¿Podría compartir su lecho con semejante recuerdo en el corazón? Hace preguntas a nuestra gente, me indaga con habilidad; entonces, cuando oigo sus pasos acercarse, siento desprecio por él... Si tuviese un espíritu devoto, suficiente fe y fuese desdichada en la vida mundana, me haría monja para servir sólo a Dios. Pero no soy una santa ni quiero serlo. Por mis venas corre sangre muy apasionada. Sería una pésima servidora. Ni siquiera poseo ese sentido del sacrificio que justificaría todo. No puedo renunciar con confianza a lo que no conozco. Me parece que la vida puede ser soberbia...".

En la habitación vecina, tendido en la oscuridad, el hermano también estaba entregado a sus pensamientos:

"Porque somos demasiado pobres y porque se resistía a pagar por tres caballos y una armadura nueva, mi padre me armó caballero. Eligió no la iglesia del pueblo, sino nuestra capilla para la ceremonia. Mi caballería tuvo solo al sargento Hurepel, a nuestros soldados y a nuestros campesinos. ¡Buena faena! Si hubiese estado con el duque, como Gui de Reclose, armado solemnemente, sería reconocido; por fin lograría sacar a nuestro antiguo nombre de las sombras en que lo sumió la indigencia; el duque se hubiese fijado en mí. Si poseyera un feudo o un buen oficio, me casaría con una dama acaudalada. Pero mi padre sólo me dio una espada, y para peor, antigua. ¿Qué podría hacer yo en San Pedro? ¿Ocuparme de mis arriendos, administrar la finca, vigilar las talas de bosques y cazar para alimentar a toda la gente de la casa? Ni siquiera tenemos suficiente vajilla para recibir a nuestras amistades con dignidad... Si el loco de Guiot dice la verdad, y si hay justicia, Nuestro Señor podría devolvernos lo que le hemos prestado, los bienes sacrificados por su causa. Según él, además de la gloria, allá se pueden conquistar tierras vastas y fértiles. A los que no regresaron de Tierra Santa, a los cadetes empobrecidos, los nombraron príncipes de Tiberíades, conde de Trípoli o de Odesa, canciller o condestable. Simples clérigos se convirtieron en arzobispos y patriarcas. En su país, si hicieran algún reclamo, los príncipes les concederían una fracción de bosque o tres fanegas de viñas. En cambio, allí poseen palacios con vista al mar, están rodeados de caballeros y de esclavos moros. Aquí todo es demasiado viejo para aventuras... A menos que el tal Guiot mienta. Pero ¿con qué propósito? El rey de Jerusalén tiene dieciséis años y yo un poco más. Podríamos llevarnos bien".

Dormía agotado, con un sueño sin imágenes ni pensamientos. Pero estaba escrito que la noche no terminaría sin que ocurriese algún prodigio. Poco antes del amanecer, el cuerno sonó en la torre. Los goznes del portón rechinaron. Se oyeron voces y risas que se acallaron rápidamente, el sonido de cascos en los adoquines y un relincho que reconocí enseguida. Me levanté. Acudí en camisa. El caballo Beaussant estaba en el patio, rodeado de soldados y sirvientes con faroles. Me había encontrado, siguiéndome a distancia y acercándose a través del bosque. Había luchado con sus captores para escapar. Uno de ellos le había reventado el ojo izquierdo. La sangre le chorreaba hasta las fosas nasales.

5
La granja de Mauléon

—¡Qué difícil tomar una decisión! —exclamó Ancelin.

—¿Con respecto a qué, mi señor?

—Un hombre al que los perros lamen, y al que su caballo adora de tal manera no puede ser sino un hombre de Dios. Dudaba todavía de ti y te pido perdón. Ahora ya no es así.

De pronto, sin dar la menor explicación, ordenó a Renaud, su hijo, y al sargento Hurepel que se presentaran, el uno en su encomienda, y el otro ante los principales labradores de su propiedad:

—Y traigan a sus mejores trabajadores, los más decididos, los más robustos. Tú, Renaud, ya que no hay tiempo que perder y hay que repartirse bien las tareas, les avisarás a los leñadores. Que todos estén aquí a partir de la sexta hora; habrá de comer y beber para todos.

—Mi venerado padre, ¿qué mosca le ha picado? —preguntó Renaud.

—A hierro candente, batir de repente. Partirán después de la primera comida.

—¿Puedo saber de qué se trata?

—No me quites la poca valentía que tengo, hijo. Es tan débil e incierta que lo mejor es asumir el hecho.

—No entiendo.

—¡Es que perjura quien se retracta! Estoy haciendo un esfuerzo, no seas demasiado severo, no te vas a arrepentir. Al contrario, la noticia te alegrará. —Ancelin sonrió de un modo que pretendía ser valeroso pero que en realidad era de temor. Luego, se dirigió a mí—: Te acompaño, escudero Guiot. Vamos a atender al caballo Beaussant.

Estudió un buen rato el ojo reventado que era como un huevo lleno de cuajarones negros y brillantes, con sangre roja que goteaba del borde de los párpados y fluía hacia el pelaje negro y blanco.

—No le devolveré su ojo. Pero dentro de una semana no se le notará nada. Le haré tallar una anteojera de cuero para protegerlo de los insectos y del polvo.

—¿Volverá a ser el mismo, a pesar de haber perdido la mitad de su visión?

—Es de carácter voluntarioso y tú verás por él. Ten confianza, Guiot, tengo los ungüentos necesarios. ¿Podrás esperar una semana?

—¿Cómo podría separarme de él? Es más que un hermano.

Llevamos el caballo a la caballeriza. Los mozos de cuadra, conmovidos por su hazaña, no le escatimaron paja fresca, avena, ni agua. Cuando terminó de recuperarse, el señor Ancelin empezó la cura:

—Sujétalo, Guiot. Lo más doloroso es limpiar la herida... ¡Oh! ¡Mira! Bajo las crines tiene otra lastimadura, aunque no es grave.

Ya lo he dicho, era un caballo de batalla. No dio ni una coz, ni siquiera un relincho. Se sostenía firme sobre las patas, pero le temblaban las rodillas. Cuando el maestro Ancelin terminó, mientras se lavaba las manos en una palangana que una sirvienta le ofrecía, me dijo con tristeza:

—¡Ah, Guiot! Falta lo más duro...

Creí que se refería al caballo y me preocupé.

—No, no —continuó—, con él todo saldrá bien, estoy tranquilo. Se trata de mi hija...

—Mi señor, ¿me permite adivinar?

Me dio la espalda, víctima de aquella timidez tan suya. El

cuerno del torreón señaló la hora prima. En el adoquinado se oyó el sonido de herraduras.

—Vamos a desayunar, Guiot. —Antes de entrar en la sala, se detuvo y me tomó del brazo con familiaridad—. De lo que tengo miedo es de mi edad y de sus achaques. Aunque tal vez la buena intención sea suficiente, mientras sea sincera.

—La fe, usted lo sabe, tiene todos los poderes.

—Sé también que la vejez es traición.

—Conozco a un hombre cuyo cuerpo, martirizado por un mal implacable, obedece al menos a su espíritu.

—Pertenece a la estirpe de los héroes, pero yo, Guiot, no soy más que un viejo oculto bajo su propia grasa. La comida ahoga mi espíritu, que además no es muy bueno que digamos.

—Se insulta a sí mismo para justificarse.

—No, me he dedicado a comer y a comer. Nada más. Y ahora...

Por fin empujó la puerta. Todos se pusieron de pie, dándole los buenos días. La leche humeaba sobre el mantel en gruesas vasijas barnizadas. Unas sirvientas untaban con mantequilla unas rebanadas de pan y las endulzaban con miel.

—Siéntate, Guiot. Empiecen todos sin mí. No tardo.

Y, suspirando, se tomó de la barandilla y subió hacia los dormitorios. En la mesa, el asiento de Jeanne estaba vacío.

—La señorita duerme —dijo alguien, para romper el silencio.

El extraño comportamiento del maestro, su rostro demacrado por la noche de insomnio, la mirada irritada y sin embargo afectuosa que les había lanzado al pasar, los sorprendía. Renaud parecía ansioso y enojado; tenía la mirada fija en la escalera y desprovista de ternura. Hurepel, esperando obtener alguna información, arriesgó en voz baja:

—Si supiésemos qué trama...

Miró a Renaud. Luego me miró a mí mientras se secaba la barba y el bigote con el mantel. Tenía la trompa alargada, la dentadura de un roedor y ojillos grises de una dureza increíble. Las inclemencias de sus marchas de ronda le habían curtido y marcado con tanta profundidad la piel que tenía el aspecto de una corteza. El vello bajo los labios y el mentón parecía esas raíces de hiedra carcomidas por el hielo, como garras muertas y blancuzcas. Las cejas eran como rastrillos hechos de ese mismo pelo. El casco le había deformado la nariz en el centro; dejaba en su frente una marca indeleble, roja y abultada. Le faltaban tres dedos de la mano derecha. Usaba pulseras de cuero ennegrecidas por el sudor, con los clavos enmohecidos.

—Vaya uno a saber —continuó— para qué nos manda buscar a los del pueblo y las fincas. ¿Qué les diremos?

Renaud alzó los hombros:

—Pregúntale al extranjero.

¿Podía yo tranquilizarlos? Respondí:

—Acabo de conocer al señor Ancelin. Pero puedo afirmar que tienen ustedes el mejor amo que pueda existir.

—No quieres comprometerte. Pero es cierto que mi padre sería capaz de entregar hasta la camisa que lleva puesta.

Ancelin regresó. Estaba conmovido y se esforzaba en vano por ocultar una profunda turbación. Se sentó pesadamente y dijo:

—¿Qué tenemos esta mañana?

Los sirvientes reaccionaron y le llenaron el cuenco con leche cremosa.

—No, trae vino y un poco de ese paté de ciervo tan bien cocido.

Renaud y Hurepel se sirvieron en abundancia. Pero él no probó más que dos bocados, y el vino permaneció intacto en su vaso.

—¿La señorita está enferma? —inquirió la sirvienta de edad más avanzada, su antigua nodriza—. Siempre la primera en bajar.

Jeanne esperó hasta que todo el personal salió del comedor. Se dirigió hacia su padre y, arrodillándose, le besó la mano en señal de sumisión. Él la ayudó a ponerse de pie, confundido por ese gesto, tomó entre sus gruesas manos las mejillas aterciopeladas de la muchacha y le devolvió el beso. Jeanne tenía los párpados hinchados y las últimas lágrimas ya se le estaban secando.

—Me creí más de lo que soy. La tristeza me sorprendió. ¡Perdón, padre! Perdón si lo he decepcionado.

Él la estrechó entre sus grandes brazos. Ella se acurrucaba, mansa, maravillosamente, contra el pecho ancho, como un pichón bajo el ala de su padre. Nuevas lágrimas, esta vez de alegría y emoción, empezaron a rodarle por las mejillas. Mientras tanto, yo observaba la pelusa rubia de la nuca, los mechones de espigas trenzadas. ¡Oh, flor en la que la primavera se une al verano, la fuerza a la gracia!

—Mis hermanos templarios —agregaba siempre Guiot en esta parte del relato—, solicito su indulgencia. ¡Que su juicio no yerre! Jeanne era la mejor de todas, y yo lo percibía en la parte más secreta de mi espíritu. El alma incandescente, deslumbrante, que debía manifestarse luego, se ocultaba bajo la perfección de formas y de rostro, que tantos pensamientos elevados produjo bajo esa cabellera parecida al sol, poniéndome fuera de mí. En la oscuridad de los pasillos y salas, sus cabellos resplandecían... Los hubiera mirado eternamente. Eran los cabellos de un ángel, hermanos, pero eso tampoco lo sabía yo entonces. Ella tampoco sospechaba que era un ángel con aspecto de mujer. Aun sus desplantes, sus breves enfados, y esa altanería de niña noble que la asaltaba por momentos, aumentaban mi fe en ella. Eran la envoltura bajo la cual la hoja de metal sin tacha disimula su brillo...

Poco después de la hora sexta, los habitantes del pueblo y los de las fincas, los leñadores del bosque y los que fabricaban carbón, los de la herrería y los carpinteros, llegaron en multitud, algunos acompañados por sus mujeres. Los reunieron en la granja. Hoy destruida, esa granja tenía proporciones extraordinarias, como testimonio de la antigua riqueza de Mauléon. Bajo su techo de bóveda invertida, se podían almacenar el trigo y el heno de una vasta región. El techo estaba sostenido por pilares, de tramo en tramo, confeccionados cada uno con un tronco de roble de treinta años y apoyados sobre una base de piedras hábilmente talladas y escuadradas. Las paredes, atravesadas por estrechas ventanas, se apoyaban en contrafuertes como de iglesia, tan gruesas eran. El suelo estaba pavimentado con los mismos adoquines utilizados en el patio.

Al fondo, se hallaban los corrales, donde convivían vacas y caballos de carga. Los de batalla tenían cada uno su propia caballeriza. Las antorchas estaban dispuestas a lo largo de los pilares. Su iluminación humeante señalaba, ora a alguno de rostro rubicundo y velludo, ora a otro con las mejillas como manzanas, alguna pelambre hirsuta; a otro con quijadas de fiera carnívora, barbas ralas, otras frondosas, o cabezas calvas, capuchas levantadas y vestimentas del color de la hierba y la labranza. Un sayo rojo resaltaba entre todos esos marrones de pobres. Era el de la mujer del herrero, a quien llamaban jefe secreto del pueblo, y que erguía su cabeza altiva de cabellos no muy largos y más negros que la noche.

Nadie sabía la razón de la convocatoria de Ancelin. Muchos presuponían algo malo. Lo poco que tenían, con todo el respeto debido al viejo amo, estaban dispuestos a defenderlo con uñas y dientes. No abrigaban mayor ambición que la de poder habitar una choza, calentar las piernas cansadas por los trabajos en las piedras del hogar, antes de acostarse junto a la mujer que Dios les había dado por su gran misericordia, y amarla. La luz de la vida, la recogían del rostro sonriente de sus criaturas, y de los cirios de la iglesia mientras el sacerdote les describía el paraíso. Ese paraíso era para ellos una pradera en abril, salpicada de flores fragantes, con un río abundante en peces y un bosque repleto de caza, donde el amo no perseguía a los cazadores furtivos. Sobre los manteles había migas de pan blanco y un vino tan añejo que adquiría un tinte ambarino y la consistencia de la miel. Los árboles permanecían siempre verdes.

Damas y señoritas vestidas de blanco caminaban por el prado cantando la gloria del Salvador, y sus pasos eran tan livianos que no hollaban la hierba. Por las nubes, volaban palomas, no cuervos graznando, ni tampoco gavilanes. Las ramas vibraban de herrerillos y petirrojos. Lo único que se hacía era bañarse y regocijarse en el descanso de una luz eterna. No había noches ni estaciones del año. Era una perpetua primavera; todos habían recuperado la belleza de su juventud, y su anciano corazón estaba limpio de manchas y liberado de sus miedos. A veces Jesús, Nuestro Señor, iba a visitarlos, con la voz y la mirada del viejo amo, aunque sin esos accesos de tristeza que solía tener, ni con esa grasa que dificultaba sus movimientos. Jesús tenía siempre treinta años y la frente como una colina nevada.

Acompañados de esa creencia, hijos y padres se sucedían como las olas del mar infinito que se empujan una contra la otra antes de estrellarse por fin sobre la arena. No se rebelaban contra el destino. Esas pequeñas alegrías domésticas, esa imagen del paraíso, se enclavaban en su corazón sin malicia.

¿Qué quería, pues, el viejo señor? Algo muy importante para hacerlos venir sin demora; él, siempre tan respetuoso de las ocupaciones de cada uno. Los ojos sorprendidos miraban al amo, entre su hijo Renaud y Jeanne. También miraban a Hurepel, siempre enfadado, y a mí, que ya no llevaba mi manto ni mi sombrero de peregrino.

—¡Es él! —cuchicheaban—. El hombre del caballo Beaussant que llegó por la noche.

—Desmontado, vecino. Eso es lo raro. Desmontado, te

digo. Había perdido el caballo. Pero el valiente animal lo buscó, a través del monte, con un ojo reventado por los bandidos.

—Y con una herida que le hacía chorrear sangre roja por el pescuezo.

—¿No es increíble?

—Golpeó a la puerta del amo con el casco. Los soldados le abrieron.

—Es un animal encantado.

—Bobo, es un caballo que ama a su dueño.

—¿Dicen que el peregrino viene de Jerusalén?

—Y que regresa.

—¡Que Dios lo proteja de los maleantes!

No se callaron ni sintieron temor hasta que hizo su entrada el comendador del Temple. Se apartaron con respeto. Avanzaba con paso marcial, con el manto blanco sobre la cota de malla negra, desconcertado por aquella afluencia, mientras respondía a los saludos, aunque distraídamente.

—Sea bienvenido entre nosotros, comendador Aymeri.

—Maestre de Mauléon, he acudido a su llamado de muy buen grado, a pesar de que su hijo Renaud no haya podido avisarme. ¿Cuál es el motivo de la reunión?

—Lo sabrá enseguida. Necesitaba de su presencia.

El viejo maestre juntó las manos —temblaban un poco, todos notaron ese detalle— y se concentró, porque no quería que ningún error echara a perder su discurso. No le gustaba hablar en público.

—Comendador Aymeri; hijos míos, Jeanne y Renaud; Hurepel, sargento de armas, y todos ustedes, leñadores, labradores, obreros de mi tierra de Mauléon, mis amigos y compañeros de hoy y de siempre... —Le faltaba el aire, pero no las ideas. Lanzó uno de esos suspiros que todos conocían. Luego anunció—: El peregrino que está aquí, llamado Guiot, es en realidad un soldado de Jerusalén, caballero del rey Balduino IV. La Providencia lo condujo hasta nuestra casa para hablarnos de la amenaza que se cierne sobre Tierra Santa. Amigos míos, sepan que el rey de Jerusalén tiene tan solo dieciséis años. La defensa del Santo Sepulcro recae sobre sus espaldas. Falta dinero, pero sobre todo hombres. He decidido tomar la cruz, como lo hizo mi padre, y ofrecer mis servicios a Balduino. Apenas nuestro señor el vizconde de Mortagne le haya concedido un feudo a mi hijo, partiré.

Hubo exclamaciones y gemidos. El templario Aymeri abrazó al anciano. Jeanne permanecía con la cabeza erguida pero no podía contener las lágrimas y le temblaban los labios. El caballero Renaud palidecía; nadie sabía si de rabia o de emoción. Un labrador salió de las filas, se acercó y dijo:

—Señor, lo reverencio y admiro por la decisión que ha tomado. Pero, por ser su hermano de leche, conozco su edad y la mía. Morirá en el camino, y el esfuerzo habrá sido inútil. Los viajes en barco y las luchas ya no son para usted. Si llega a Jerusalén, poco será el socorro que pueda ofrecerle al rey.

—He previsto esa situación. Todavía tengo algo que decir, mi hermano de leche. Me has interrumpido.

—Yo tampoco lo apruebo —opinó el herrero, cuyo porte era tan altivo que se decía que era hijo ilegítimo de algún señor—. La guerra es para los jóvenes.

—Señor —chilló una mujer—, ¿te acuerdas de mí? Soy la herborista y comadrona. Te conozco bien, porque te sigo desde hace mucho tiempo. Tu cuerpo está demasiado hinchado y no soportará las largas cabalgatas, ni los soles abrasadores. Tu sangre espesa cansará tu corazón y morirás lejos de nosotros, en soledad. ¿Es eso lo que quieres?

—Paz, amigos míos. No iré solo. Quienes me acompañen serán aceptados por el rey Balduino. Se trata de preservar el Santo Sepulcro y de salvar el reino de Jerusalén que está cercado como una presa. ¿Les importan nuestras reliquias? La que debemos defender es la más insigne de todas: la tumba de Jesús, Nuestro Señor, la colina donde sus verdugos alzaron la

Vera Cruz de la que hemos nacido. Vestiré, armaré y daré buenos caballos a los que partan. Si dejan madres y mujeres, mi hijo Renaud, su nuevo amo, los ayudará por amor a mí. ¿Quién se ofrece como voluntario?

Se formaron diversos grupos y comenzaron a debatir con vehemencia. Algunas mujeres se lamentaban. Bajo el techo de la granja, las voces retumbaban como un enjambre de avispas ahumadas.

—Padre —decía Renaud fuera de sí—, ¿por qué no convocaste al sacerdote de la parroquia como dicta la costumbre?

—Voy a ir descalzo, a pedirle las alforjas y el bastón de peregrino. Hoy no estaba seguro de mi valor.

—¡Previno usted a mi hermana, pero no a mí!

—Me hubieras disuadido.

Doce se presentaron, de los cuales el mayor no tenía siquiera treinta años: tres labradores, seis peones y tres leñadores, con la nariz y las manos todavía llenas de hollín, y sus sonrisas de dientes blancos. Algunas mujeres suspiraban, levantaban las manos unidas en señal de ruego, aunque sentían más orgullo que tristeza. También vino el aprendiz del herrero, con sus mejillas de durazno, ya marcadas por las chispas.

Una anciana, cuya nariz puntiaguda sobresalía de la cofia almidonada, gritó:

—Es el número de la mala suerte, amo. ¡No lo lleves! Es demasiado joven.

—¿Acaso tú no das trece huevos por docena? Crecerá en el camino, tu hijito; te lo devolveremos hermoso. Acérquense, compañeros. ¡Más cerca, que quiero abrazarlos! Iremos juntos a nuestra iglesia a pedir el bastón y partiremos enseguida. Les avisaremos. Preparen sus cosas, mientras preparo las mías.

Alguien preguntó:

—¿No nos puedes dar más tiempo? Así, no llegaremos ni a atar nuestros perros.

—No puedo. Guiot será nuestro guía. Un buque lo espera en Marsella. Nos embarcaremos todos con el corazón contento.

—Con el corazón contento, señor Ancelin.

—Ya está todo, entonces. Ahora, mis buenos amigos, coman y beban hasta hartarse. Jeanne y Renaud, ocúpense de nuestra gente. Tengo que hablar con mis compañeros de ruta.

Fuimos a la sala con el comendador Aymeri, más tres soldados que se unieron a nosotros cuando vieron lo pobre que era nuestra tropa.

—He recibido órdenes de la casa presbiteral —explicó el templario—. Debo enviar a Jerusalén de inmediato a tres de mis caballeros con su gente, en total unos diez hombres. Marcharán ustedes escoltados. Con los templarios, su alojamiento está asegurado, señor Ancelin.

—Trece y dos, y tres más, y diez, suman veintiocho, contándome a mí. Me parece que voy a llevar mi vieja bandera. Junto con su espada, es todo lo que mi padre trajo de Tierra Santa.

Rebosaba de alegría. Las dudas, los miedos y los pequeños hábitos rutinarios habían desaparecido de repente. Todo parecía sencillo desde que había anunciado solemnemente su decisión. Pero no lo era en absoluto.

6
Gui de Reclose

Gui de Reclose, de quien la servidumbre y la vieja nodriza pensaban que estaba comprometido en secreto con Jeanne, se dirigió hacia allí. Llegó en uniforme de gala: botas de cuero cordobán con espuelas en forma de estrella, anchas como una mano, y doradas, capa escarlata con galones, pelliza con cuello de armiño y sombrero ribeteado con la misma piel. Estaba perfumado, acicalado y ensortijado hasta la indecencia. Tres pelos jugueteaban en su mentón estrecho. Un incipiente bigote le caía a cada lado de la boca en trencitas ridículas. Sus ojeras mostraban a las claras que dedicaba las noches a una actividad que no era precisamente la meditación. Tenía una voz aguda que se esforzaba por hacer más profunda, y pestañas de doncella. Les pido perdón, hermanos, por mi maldad. Gui de Reclose me disgustó. Pero ¿era en verdad tan diferente de los otros muchachos?

—Señor Ancelin —dijo—, corre la voz de su próxima partida a la cruzada. No se habla de otra cosa en su granja, lo cual me conmueve.

—No merezco tanto honor, Gui.

—Se lo aseguro, solo se habla sobre este deseo que usted ha expresado en forma inesperada, a pesar de su edad.

—¿Crees acaso que ya no puedo cabalgar y sostener la lanza?

—De ningún modo, señor. Todos reconocen sus habilidades.

—Me pregunto por qué, dado que nunca participé en ninguna justa ni torneo.

Gui de Reclose se ruborizó violentamente, y en otro tono dijo:

—Señor Ancelin, ¿no me esperaba?

—Seguramente otra persona te esperaba. ¿Quieres que la llame?

—Un momento. Usted sabe que aquí nadie estima a Jeanne como yo.

—La audacia te sienta bien. ¿Y qué más?

—Mi sentimiento hacia ella va en aumento cada día. La idea de que no pueda ser mi esposa para reverenciarla con ternura me quita el apetito y el sueño.

—Es usted un hombre franco y bienintencionado. Pero el casamiento, bello sir Gui, no es una decisión irreflexiva ni una broma. Jeanne no tiene todavía diecisiete años y tú tampoco.

—Soy mayor que ella.

—Pero por muy poco. Reflexiona un tiempo. La vida es muy larga.

—Señor Ancelin, siento por usted el respeto de un hijo hacia su padre. Al haber perdido el mío, doy ahora este paso aunque sea con torpeza. De otro modo, lo haría él, ¿verdad?

—Sin duda.

Las palabras se congelaban en el pico de ese gallito demasiado ricamente emplumado. Quería cantar, pero había olvidado la canción. El viejo amo aguardaba con paciencia. Incluso lo animaba con una sonrisa. Yo, desde mi rincón, los observaba. No era difícil adivinar lo que se le atragantaba en la garganta. Al fin Gui se decidió:

—Señor Ancelin, ya ha hecho usted sus preparativos para la partida, y todos lo aprueban. Se sabe que Renaud obtendrá el feudo, y es una excelente decisión.

—Te lo agradezco.

—Pero ¿pensó en su hija?

—No entiendo.

—Supongamos, aunque rezo y rezaré al Señor para que le dé a usted larga vida y salud, supongamos que tal vez... usted... se demorara en Tierra Santa...

—¿Quieres decir que no regrese a Mauléon?

—Sí, señor Ancelin, sí. ¿Qué sucedería con Jeanne?

—En Mauléon tiene techo y alimento. Renaud le dará lo necesario.

—¿Y si se casa?

—Seguirá a su esposo, como lo dicta la ley del matrimonio.

Una de sus botas raspaba el pavimento como un espolón.

—¿Señor Ancelin?

—Te escucho.

—¿Ya ha dispuesto usted lo que le corresponde a ella de su herencia, en tierras o en dinero, y ha hecho saber cuál es su voluntad en caso de que yo decidiera pedir su mano? Las tres fincas, la de Essarts, la de la Réveillerie y la de la Saulie, lindan con mi feudo. Suponiendo que se las diera a Jeanne, y esa fuera su dote, ello no perjudicaría a Renaud...

—Son las mejores tierras.

—Mi feudo es el más rico del condado.

—¿O sea que le haces un gran honor a mi hija al elegirla? Las señoras viudas y ricas abundan.

—Tengo diecisiete años, señor.

—Sí, y quieres todo. El dinero, la juventud y la belleza. Dime, Gui, ¿viniste por tu propia iniciativa? ¿Acaso es creíble? ¡A tus diecisiete años!

—Mi madre me envió, señor Ancelin.

Jeanne bajó las escaleras tan silenciosamente que no la oyeron. Desde el último escalón, prestaba atención.

—Con su permiso, venerado padre —dijo de pronto—, responderé a Gui como si fuera su madre. Hijo, Jeanne no está a la venta; te engañaron. Será tu mujer cuando hayas demostrado que eres un hombre.

—Pero, Jeanne, ¿qué debo hacer?

—En lugar de negociarme, tendrás que merecerme. Y me seguirás adonde vaya.

—¿Y adónde irás?

—Coseré la cruz de Jerusalén en mi esclavina y tú también; es mi condición.

—Pero, Jeanne, hay que ocuparse de las tierras y gobernar a nuestra gente. Tal vez más adelante...

—Enseguida, Gui de Reclose, mientras tenemos la sangre caliente y la locura de la juventud. Lo que sufre mi venerado padre, en cuerpo y alma, con el fin de desprenderse de sus costumbres, para nosotros, que todavía no estamos tan atados, no será más que alegría, una aventura maravillosa.

—¿De veras crees lo que dices?

—¿Y tú crees que voy a dedicarme a hilar y bordar para entretenerme, matando el tiempo a la espera de tu regreso? Si quieres, partiremos juntos a defender el Santo Sepulcro, tú con tu espada de caballero y yo con la ternura que te profesaré.

—Creo que no piensas lo que dices.

—Y yo, que piensas demasiado. Un hombre acepta lo peor y va hasta el fondo de las cosas, entérate. Mi esposo sólo podría ser un hombre así, porque lo amaría con toda el alma, como una religiosa ama a Jesús, con perdón sea dicho. Pero si conservo mi dignidad y me siento capaz de sufrir mil dolores por él, quiero que me merezca; si no, el matrimonio es una felonía que no me interesa. ¿No respondes, Gui de Reclose? ¿Te asusto? ¿Soñabas con una compañera agradable, buena conversadora, comprensiva, que tocara el arpa y cantara para entretenerte, además de contar con buenas rentas, sin quejarse por tener que parir, pero sobre todo que te diera placer, si fuera necesario ignorando tus calaveradas?... Pero yo lo quiero todo, contra todo. Ser bella para ti, pero estar orgullosa de ti. ¿No me respondes aún?

—Tus palabras me toman por sorpresa. Nunca me habías hablado tanto.

—Tengo más que añadir. Sin embargo, reflexiona. No se trata de concertar un casamiento sino de tomar la cruz, y emprender el camino con la mujer que te es la más querida del mundo, al punto, mi querido Gui, de acortar tus noches.

—Lo pensaré entonces, aunque esta propuesta me desconcierta.

—Más vale que conozcas desde ahora mi verdadera naturaleza.

—Es verdad, es mejor. Voy a pensar entonces sobre todo esto.

—No tardes demasiado en decidirte.

—No será fácil convencer a mi madre.

—Inténtalo, porque no cambiaré de opinión.

—¿Estás decidida, pues, a seguir a tu padre?

—Lo estoy. Adiós, Gui, o tal vez hasta luego, todo depende de ti.

Mientras el caballo, que valía más que él, conducía velozmente a ese mequetrefe hacia el bosque tenebroso, Jeanne sonreía, aunque, para nosotros, no cabía duda de que lo hacía para tranquilizar a su padre. Porque su mirada brillaba como el cristal, y a pesar de la ironía yo percibía la ofensa. Más tarde, conociéndola mejor, supe que el espectáculo de la cobardía y del egoísmo la ponía fuera de sí. La mancillaba. Diré de su carácter muchas otras cosas, pero antes que nada esto, que me parece importante: durante todo el tiempo que compartimos, unidos por una estima recíproca y fraternal, solo la vi llorar por los otros. Nunca se apiadaba de sí misma y no se preocupaba por su persona. Se ocupaba de los demás, siempre decidida a que se cumplieran las ilusiones que depositaban en ella. Así como admiraba a las mujeres menos bellas que ella, jamás aparentó vanidad por su propia hermosura, aunque tuviese perfecta conciencia de ella. No insisto más sobre esto, si no, hermanos míos, van a sospechar de mí.

El señor Ancelin no era hombre de gran rapidez mental. No tenía ingenio, tal vez por falta de costumbre, o por pereza. Con los brazos cruzados, la frente arrugada, observaba a su hija con estupor:

—Jeanne, explícame, ¿qué significa esto?

—No tengo nada que agregar. Salvo que lamento no haber hablado en la granja, cuando mandaste buscar a la gente. Nuestros labradores estuvieron más decididos.

—Escucha, hija, por favor, sin enfadarte. Comparto por completo la opinión que tienes sobre Gui de Reclose. Lo que acaba de ocurrir termina de descalificarlo, aun con la excusa de su juventud y de una madre equivocada. Aunque hubiera sido cien veces el mejor, no te habría obligado a desposarlo. Más bien, te hubiese dado la libertad de elegir.

—¿Cree usted que esto se trata de Gui?

—Podrías haberlo despedido con más suavidad, y sin mencionar el pretexto de la cruzada.

—No es un pretexto, mi venerado padre. He decidido seguirlo.

—¡No!

—Necesitará de mi presencia y de mis cuidados. No lo voy a molestar y trataré de ser útil.

—¡He dicho que no!

—Caballero Guiot, le pido su apoyo; trate de convencer a mi padre, se lo ruego.

—La cruzada es una empresa de hombres. Hay riesgos que un padre no puede tomar.

—¿Cuáles?

—Niña ingenua, puedo morir en el camino, o en el mar. ¿Quién te protegerá?

—El caballero Guiot, la gente de nuestra comitiva. ¿Y usted cree que no puedo defenderme sola?

Entonces intervine:

—Señorita, le ruego que nos deje solos.

Se dio cuenta enseguida de que quería sorprender al viejo amo mediante la astucia, y no enfrentarlo. Que no hacía falta discutir por el momento, sino retirarse en silencio y dejar que la idea se desarrollara en la cabeza calva. Pero antes de que hubiera abierto la boca, dijo:

—Es suficiente conmigo y con los voluntarios de la finca. Mi hija y mi hijo se quedarán aquí, donde está su lugar.

—Sin embargo, mi señor, ¿si tal es la voluntad de Jeanne? ¿Si su corazón y su fe de pronto conscientes le ordenan partir?

—¡Por última vez, no! Sería una locura, y tengo el derecho de prohibirlo.

—Lo tiene, señor Ancelin. Nadie pretende lo contrario.

—Su corazón y su fe no se han despertado solos. Sospecho que le has hablado a escondidas.

—Delante de usted y en ninguna otra parte. Pero, hasta hace poco, las vocaciones de cruzada se despertaban del mismo modo. Era como el contagio de una epidemia. La hermana persuadía al hermano, el vecino a su vecino, un solo hombre convencía a un pueblo entero. Era como una bola de nieve. Inmensas multitudes se ponían en marcha hacia el Oriente.

—Para nunca regresar.

—Sin embargo, su propio padre murió en su lecho.

—Era de una raza más fuerte y vigorosa. Pero Jeanne es tan débil...

—La fuerza de la vida es incomprensible y está oculta, señor Ancelin. Se han visto gigantes abatirse en un solo día, por un golpe de fiebre, y hombres enclenques sobrevivir a las peores pruebas. Créame, cuando el deseo de la cruzada se mete en el corazón, nada puede detenerlo, ni siquiera la voluntad de un padre.

—Dijiste que el espíritu de cruzada se debilitaba.

—Será, entonces, que no está muerto del todo. Pero no le

diré nada más. No quiero influenciarlo. Estoy casi arrepentido de haber perturbado el orden de su casa.

—Al contrario, te estoy muy agradecido. Sin embargo, Jeanne y Renaud se quedarán aquí; deben administrar Mauléon.

—¿Deben, señor Ancelin? ¿No será que desea que lo obedezcan?

Aquí, el caballero Guiot se volvía a interrumpir. Bebía un trago de vino, atizaba distraídamente las brasas, o se quedaba callado un instante, con la mirada en la concurrencia, aunque vaga, a menos que mantuviera los párpados entornados. Ordenaba sus recuerdos. Afuera, el viento silbaba en forma intermitente, la lluvia golpeaba la madera de los postigos, el hollín caía por la chimenea, y chisporroteaba en las llamas, escupiendo sus jugos negruzcos sobre los leños incandescentes

Al comenzar la tarde, Jeanne acompañó a su hermano a cazar. Estábamos sentados a la mesa cuando le hizo el pedido, con voz tranquila, y los ojos brillantes por el placer que anticipaba. Renaud pareció sorprendido, pero aceptó. Era evidente que quería aprovechar el paseo para hablar con el muchacho, y conseguir un aliado. El padre, concentrado en sus pensamientos, no prestó atención. O tal vez pensó que, triste por su negativa, necesitaba distraerse y salir un poco. Sabía, sin embargo, que ella detestaba la cetrería y que la consideraba fútil y cruel. Por su parte, necesitaba un poco de silencio. La mitad de su alma buscaba sosiego, aunque solo fuera en apariencia; la otra mitad se atormentaba con reproches insidiosos: "¿Tengo derecho a impedirle que me siga, sabiendo cómo se compromete con todo? ¿A frustrar su entusiasmo juvenil? ¿A decepcionarla con falsas razones que más tarde recordará? A su edad ya se es capaz de tomar decisiones a sangre fría. Pero es que se trata de Jerusalén…".

Mientras Jeanne montaba a caballo, el halcón sobre el guante, me hizo partícipe de su preocupación. La bella ave moteada batía las alas y un rayo de sol iluminaba el bosque. El caballero Renaud reía, pues ya había olvidado su rencor de la víspera. Se inclinó para besar a su hermana, e hizo un saludo hacia nosotros. Pasaron el portal y se fueron al galope. Unos perros grandes y grises los rodeaban ladrando.

—¡Qué bellos son! —exclamó el padre—. ¿Y tú quieres que vayan a perder ese tesoro por los caminos?

—Dios no lo permita. Sin embargo, Su voluntad me es incomprensible.

Hubo una especie de gemido. Luego:

—Sí. "Dios lo quiere". El grito de la primera cruzada. Quiere al padre, quiere a la hija, ¿y qué más? ¿Despoblar mi feudo?

—¡Señor Ancelin!

—Sí, me confundo. Pero este pedido ha acabado con mi entusiasmo. Tenía el corazón puro del que ha renunciado y se ha liberado de sus ataduras. Ahora este lazo que me une a Jeanne me perturba, me lastima y me destruye. Trato de entender, pero no puedo, querido Guiot. ¡La angustia me ahoga! —repitió tres veces.

Deseaba decirle: "Lo más duro todavía no ha pasado. Prepárese a sufrir y a discutir aun más". Pero me abstuve por prudencia o por compasión hacia el pobre anciano. Él no estaba listo. Lo hubiera preocupado inútilmente. Si hubiera hablado, habría montado su caballo de un salto para alcanzar a sus hijos, interrumpirlos o impedir su conversación.

Desconozco qué razones intercambiaron en esos momentos. Todo lo que sé es que, si bien partieron alegres, regresaron serios. No trajeron los halcones. El viejo amo, tratando de no preocuparse, preguntó:

—¿Los perdieron?

—No, padre.

—Hurepel se va a enfurecer. Los había domesticado tan bien para ustedes.

—Aquí están sus señuelos, cascabeles y pihuelas.

—¿Se los sacaron?

—De aquí en más ya no necesitaremos halcones.

El labio grueso de Ancelin empezó a temblarle. Del borde de los párpados le brotó un agua turbia.

—Padre —dijo Renaud—, tengo que hablarle. Ven, Jeanne. Caballero Guiot, puede quedarse.

Entramos los cuatro en la sala. Era el instante decisivo. Había que aceptarlo; luego, nos sentiríamos liberados y recuperaríamos la alegría.

—Padre, felizmente el vizconde no nos ha contestado acerca del feudo.

Ancelin trató de desentenderse. Se aferró patéticamente a esa última oportunidad:

—Estás bromeando, Renaud. El feudo te pertenece. La respuesta del señor vizconde es solo una formalidad. Te he concedido Mauléon delante de todos, y todos te han reconocido como amo y señor; eso es lo que cuenta.

—No estoy bromeando. No tengo ganas. No ha sido tampoco por casualidad o por torpeza que hemos liberado a los halcones, sino para devolverles la libertad. Padre...

—¿Sí, hijo?

—Hemos hablado, Jeanne y yo, como nunca antes, con el corazón en la mano. Hemos podido comprobar el refrán que dice que no se puede separar sin riesgo a los mellizos, por lo mucho que tienen en común. Lo que uno quiere, lo quiere el otro también, aunque esa voluntad a veces se esconda en lo más profundo de su persona; pues una mirada del otro, una palabra, se la revelan.

—Eso dicen. Sin embargo, sus carácteres son distintos. No te lo reprocho, Renaud. Eres lo que eres.

—Padre, no es el momento de comparar nuestros méritos. Jeanne es la mejor, lo sé, estoy seguro. Admitamos que mi voz no es más que el eco deformado de la suya...

—¿Por qué te rebajas de ese modo?

El diálogo se diluía. ¿Se perdería en las arenas? Las mandíbulas de Renaud se tensaban. Su mirada se endurecía, pero no por la rabia.

—En todo caso —respondió con sequedad—, nuestro acuerdo es total y definitivo, si bien nuestras razones difieren.

—El valor de Renaud sobrepasa, y de lejos, mis cualidades —manifestó Jeanne—. Siempre lo supe. Hoy puedo admirarlo sin reservas. Me lo ha demostrado.

—Con todo nuestro respeto —continuó Renaud, turbado por el cumplido de su hermana—, le suplicamos que consienta que vayamos con usted.

—Tal consentimiento no saldrá jamás de mi boca.

—Se lo suplicamos con humildad, pero firmes, no con un entusiasmo pasajero, sino porque compartimos el mismo deseo ardiente de servir a Dios.

—Dios no exige tanto. Permite que nos ganemos el paraíso quedándonos en casa.

—No es lo que nos ha enseñado, cuando nos dio como ejemplo la vida de nuestro abuelo, su propio padre, y nos repetía que nuestra pobreza era más gloriosa que la riqueza de algunos.

—Y bueno, he sido un mal maestro. Tu impaciencia llega a su fin, Renaud; ya eres el señor de Mauléon, colmado en tus aspiraciones.

—¿Qué sabe usted?

—¿Por qué quieres partir? ¿Por amor al sacrificio?

—Reconozco que se le unen un cierto apetito de gloria y de tierras. Los feudos conquistados a los infieles son un regalo de Dios. No podríamos rechazarlo sin ofenderlo.

—¿Tomaste conciencia de los peligros que te esperan? La ruta es incierta. También la navegación. La situación del pequeño reino cercado por las fuerzas de Saladino es desesperada. Puede que lo que te espere sea, en lugar de gloria y conquistas, la derrota, el retorno precipitado, la vergüenza...

—Puede haber gloria aun en la desgracia —intervino Jeanne—. Si usted cree que no es posible salvar Jerusalén, entonces ¿cuál es su objetivo?

—Mi vida ya no tiene importancia.

—Padre, esa es una mala respuesta. Nadie es juez de su propia vida. Nadie puede condenarla, ni disponer de ella.

—Es por eso que no quiero que ustedes arriesguen la suya, de la que soy responsable.

—Padre —retomó Renaud—, por una vez, ¿puedo decir lo que de verdad pienso de usted?

—Puedes.

—Parte con Guiot porque está cansado de perder el tiempo. Cada uno gobierna sus días como le viene en gana...

—¿Tú crees?

—Quiero vivir, pero no pasar mi vida de cualquier manera.

—Lo sé, he sido inconstante y miedoso.

—Pero se dio cuenta de la verdad y, dándose cuenta, tomó la decisión sin tardanza. La precipitación lo honra, mi señor.

Jeanne se inclinó sobre la mano anciana, y posó sus labios:

—Padre, esa verdad que ha descubierto, era suya desde siempre. Respondía a sus enseñanzas. Hoy que han dado su fruto, que nos mostramos por fin dignos de lo que deseaba de nosotros, tal vez sin reconocerlo, ¿nos decepcionará? La imagen que daba usted de sí, la admiración que impuso en nuestros corazones ante la gente de Mauléon, ¿va usted a destruirlas con estas excusas?

Aun en la violencia y el brillo de un amor herido, aun temblando dolorosamente, la voz de Jeanne sonaba como una caricia:

—Somos tres, padre mío, para alimentar la misma esperanza, compartir la misma perspectiva de felicidad y la voluntad de intentar llegar más allá de nosotros mismos. Entonces, ¿por qué guardar para usted solo la mejor parte y dejarnos en Mauléon, ansiosos por usted, descontentos y ociosos?

Hablaba con voz cantarina, pero ardiente, vibrante, irresistible, parecida a una mano blanca y lisa que aprieta el corazón hasta provocar el grito:

—Tenga piedad, si no de lo que somos, al menos de lo que a Renaud y a mí nos gustaría ser.

El anciano padre movía la cabeza. Su pecho falto de aire se agitaba penosamente. Pero Jeanne no le tenía piedad:

—Nos atormentamos cuando todo es tan sencillo. Regresaremos juntos a Mauléon, o moriremos los tres pero cerca del sepulcro del Señor, en los mismos lugares de su calvario, y en su amor.

—Ah, cállate. Calla, pérfida, demasiado buena, demasiado bella. Perdóname... Sostengo mi negativa. Devuélveme la paz. Quiero descansar por fin lejos de ustedes. He dicho que no. Vuelvo a decir que no.

Y eso fue todo aquel día. Durante la cena reinó un silencio de mal agüero, como el que precede a la tormenta, cuando la naturaleza escucha sus ramas, sus hierbas y hojas, mientras la negrura se espesa en las colinas.

7
La limosna y el bastón

No hubo velada. Jeanne y Renaud nos desearon las buenas noches y subieron a sus habitaciones. La servidumbre, que solía demorarse con el pretexto de levantar la mesa o de atizar el fuego para escuchar algo, se retiró rápidamente. Hurepel vino, según la costumbre, a rendir cuentas de la jornada; rechazó el asiento que le ofrecía el amo al igual que el trago de vino caliente; ni siquiera habló de los halcones liberados en el bosque. Tras saludarnos, dijo:

—La noche será fría. Es época de nevadas. Pobre de los dormilones, haré una ronda de más.

—Época de nevadas —repitió el amo y se sumió en sus pensamientos.

Nos quedamos solos, frente a frente, al amparo de la chimenea, con las llamas calentándonos las piernas. Rara vez el silencio me había pesado tanto. Tenía, en cuanto él me lo pidiera, mucho que decirle a Ancelin, sobre todo porque a veces ya no se puede detener el rumbo del destino. Pero esperaba que descubriese solo esa evidencia. Le oscilaba la cabeza sobre los hombros, agitada todavía por las contradicciones. Suspiros, inicios de palabras, pugnaban por salir de su barba despeinada. De pronto se puso de pie y me tocó el brazo con su modo afectuoso.

—Ah, Guiot, no soy un compañero alegre.

—Comparto sus tormentos.

—Según el dicho: "Los niños comen el guiso; los mayores, el corazón de sus padres". Son como son, no como uno quisiera.

—No sea injusto, señor Ancelin. En ellos, el fruto llega después de la esperanza de las flores.

—¿Qué podemos saber nosotros, Guiot?

—Se angustia usted por ellos; es la condición paterna. Se rebela por adelantado contra los sufrimientos físicos que los amenazan. Pero el núcleo cristiano de su ser se alegra. La luz que mantuvo encendida y vigilada a lo largo de los años se convierte de pronto en sol.

—Jeanne, tal vez, ¿pero Renaud?

—Todo está mezclado en las criaturas. Su propósito de conquista oculta el de servir a Dios, también vivaz y útil. Del mismo modo que en usted la intensa alegría se oscurece por sus temores. Es muy natural. Es así nuestra humanidad.

—Sí, qué bien hablas. Aunque estarás de acuerdo conmigo en que esta jornada ha sido muy larga; necesito descansar.

—En esta jornada, señor, ha recibido la más alta recompensa del cielo.

Lo ayudé a acomodar el fuego para la noche. Apagó las velas, tomó una encendida y me la dio. A mitad de la escalera se detuvo. La baranda crujió bajo su puño crispado. El aire silbaba en su pecho.

—Nada —dijo—. No pasa nada, es el cansancio...

Cuando se acostó en el lecho, el malestar apareció otra vez. Tenía las mejillas lívidas. Abría al máximo sus mandíbulas sin dientes, mientras unas gotas de sudor le corrían por la frente.

—¿Quiere usted que avise? Señor Ancelin, ¿me escucha?

La cabeza se movía de izquierda a derecha sobre la almohada. Los dedos azulados buscaban liberarse de un peso intolerable.

—¿No quiere...? ¿Pero ni siquiera a Jeanne?

Los párpados se movieron, rápida pero claramente.

Entré en su cuarto sin avisar, tal era mi precipitación. La imagen que vieron mis ojos se grabó para siempre en mi espíritu. La voy a describir, aunque dejamos a Ancelin en la cama, luchando con el corazón cansado. La señorita no se había acostado. Hacía su velada solitaria. No tenía frío en su cuarto y no me oyó al entrar a pesar del ruido que hice. Sentada frente a la mesa delante de una lámpara de aceite, sostenía su mentón en la mano y meditaba. ¡Qué digo! Estaba sumida en sus pensamientos. Sin duda la había sorprendido un estremecimiento en el alma y la había clavado en la silla, mientras se preparaba para dormir. Sus cabellos sueltos le cubrían uno de los hombros desnudos. La luz de la lámpara se perdía en la oscuridad. Iluminaba el canto del libro de horas y la madera de la mesa, pero también la piel reluciente de aquel hombro, el estampado de la camisa entreabierta, el rojo del corsé desabrochado y de la falda corta.

Un suave rayo de luz que desaparecía en la punta de los pies, apoyados sobre un almohadón, realzaban –les pido disculpas, hermanos templarios– las piernas desnudas desde la rodilla. La piel de esa mano bajo el mentón era tan fina y transparente que la luz de la lámpara parecía brillar a través de ella. El rostro mostraba su fino perfil dorado en contraste con la oscuridad angustiosa. Los cabellos le temblaban como si tuvieran vida intensa, propia y misteriosa. Tenían el tono de una luz otoñal...

Así recuerdo esa imagen. Jeanne dirigió por fin hacia mí la mirada de sus grandes ojos brillantes, se acomodó la ropa, aunque sin alarma ni falso pudor, y me siguió. El amo había recuperado su respiración normal y el buen aspecto. Su enfermedad del corazón, me explicó ella, era brutal pero fugaz. Vertió un líquido en un vaso de estaño, agregó agua con un aguamanil y ayudó a su padre a beber. Era admirable que, con ese aspecto de fragilidad, esa piel diáfana de las manos, fuese tan fuerte y tan hábil.

Otra noche comenzaba en la gran casa, que ya no estaba tan alegre. Todos dormían, incluso los animales sobre la paja y los perros de caza en su canil, con ese olor fuerte que los caracteriza. El centinela de servicio vigilaba desde su almena, bajo el techo de la torre. Se calentaba las manos en las brasas del hornillo, y examinaba la profunda oscuridad. No había luz detrás de los vitrales de la capilla, ni en la habitación de Jeanne, ni luna en el bosque, ni la menor claridad en el cielo. Hurepel tiritaba bajo las mantas demasiado delgadas. Las empujó con rabia, y para desentumecer las piernas decidió hacer su primera ronda. Subió corriendo las escaleras de la torre. Las aspilleras le arrojaban un aliento frío.

Solía dormir con un ojo abierto, como los gatos, salvo cuando estaba agotado por el cansancio. Así pues, en ese momento de inactividad, la buena comida me había devuelto las fuerzas. Y ya casi había olvidado el monte. Bajo el velo ligero de aquel sueño, algo acechaba dentro de mí, impaciente de que llegara el día, ansioso y atento al menor ruido y al mínimo suceso que pudiera corroborar mi optimismo.

La noche transcurrió tranquila y al fin llegó el amanecer, con el toque del cuerno del centinela, sin duda contento de ser relevado. Oí los pasos del señor Ancelin. Se lo veía más saludable que la noche anterior. Al pasar, sus uñas rozaron el panel de mi puerta. Los goznes rechinaron levemente. El amo entraba en el cuarto de su hija. Un simple tabique de adobe separaba su habitación de la mía. Las voces se filtraban a través de ella. En Mauléon no se preocupaban por esos detalles; no existían los conciliábulos privados, no había secretos. Mi intromisión había desunido a esa familia por un solo día que ya llegaba a su fin.

—Ponte contenta —decía el padre—. El invierno se va con su belleza. Nevó toda la noche. Todo el campo está blanco, como te gusta. Cuando eras pequeña, creías que eran plumas de paloma que caían desde el cielo... Jeanne, hija mía, despiértate. Jeanne, la nieve está en Mauléon.

La voz de Jeanne era demasiado débil para que yo pudiera escucharla. No así la de Ancelin:

—¡Ay!, mi hija querida, eso no es todo. La nieve de marzo no dura porque el sol es muy fuerte. Lo que tengo para decirte te alegrará más todavía. Sin embargo, me gusta que este día de felicidad comience con ese signo de pureza. ¿No adivinas? Después de tanto esfuerzo y debates en mi fuero interno y entre nosotros, mi respuesta es sí.

Del otro lado del tabique hubo un grito, pero de amor, una especie de sollozo.

—Así conocerás Jerusalén, y todo se hará...

No soportaba más; me puse la pelliza y aparecí. El viejo maestro no había cerrado la puerta del todo. Estaba sentado en la cama.

—¡Padre! Padre que eres todo amor en mi corazón, hoy, gracias a ti, Jesús Nuestro Señor verá cerrarse una de sus heridas. Me ha sacado usted una espina.

—¡Ay, Jeanne!, ¿cómo se te ocurre eso? Te bendigo.

—Y yo seré su atenta servidora durante el viaje. ¡Ay, padre, el más noble de los caballeros!

—Conocerás a otros allá.

—Es posible, y lo tengo en cuenta. Pero en mi corazón tu lugar es y será el primero.

Empezó a acariciarle la mejilla, tierna, largamente, como si tratara de alejar de su niña, con ese gesto, algún miedo o alguna tristeza. Me pareció que podía entrar, olvidando la cortesía, y arrodillándome ante una cruz que colgaba en la pared al lado de la cama dije:

—Loado seas, Señor adorable; tú, que en tu sabiduría cierras los asuntos pendientes y unes el destino de tus hijos. Loado seas, Cristo Redentor, por haber convencido a nuestro buen maestro Ancelin, a fin de que lo que debe ser se cumpla con tu consentimiento, y por haberle concedido tal mérito. Y si yo he sido el indigno y vil instrumento de tu voluntad, loado seas. Pero si alguna vez me otorgas un beneficio, aunque no haya hecho otra cosa que obedecerte ciegamente al llamar a la puerta de Mauléon, entonces te pido, humilde, que la felicidad de ese día sea tan solo una mañana modesta en comparación con el sol poderoso que seguirá para ellos. Y que no sea yo más que su sombra fiel, tímidamente unida a sus pasos.

Y fue así como, después de la misa del domingo, el viejo amo de Mauléon y sus hijos mellizos, los labradores y los leñadores que se habían ofrecido como voluntarios, recibieron la limosna y el bastón del peregrino. La parroquia entera se había reunido en la nave, más los señores del vecindario y el que era entonces el jefe de la encomienda, con sus caballeros y escuderos. Repicaron las campanas. Gui de Reclose se había echado a los pies de Jeanne y le abrazaba las rodillas.

—¡Te lo suplico! ¡Ah, te lo suplico por mi vida!

—Únete a nosotros Gui.

—Eres lo más querido para mí, y lo siento por el resto…

—Ven con nosotros. Allí está la salvación.

—Mi madre no me dio permiso, y tampoco mis tíos. Es una locura partir a Jerusalén, y más en esta época.

—Lo que es una locura es renunciar al amor, porque es lejos y hace frío o porque una madre y unos tíos se oponen. Lo siento por ti.

—Te amaba y te amo.

—Lo suficiente para no conciliar el sueño; demasiado poco para renunciar a tu comodidad. Déjame.

—Jeanne, Jeanne, mira cómo me humillo.

—Salva al menos tu dignidad, ya que te quedarás. Deja de hacer el ridículo.

El sacerdote predicó un hermoso sermón acerca del Gólgota. El pobre no había pisado nunca aquel monte de sufrimiento, ni visto con sus ojos los olivos de Getsemaní, ni el color de los cielos en la Ciudad Santa. Era la bondad pura. Para él, la ciudad del Salvador se parecía a la de Mortagne, asiento del vizcondado que lo había visto nacer, y los montes, a los de esa tierra erizada de robles frondosos. Yo sólo lo escuchaba a medias, ya que mi alegría era por sí misma la mejor oración, a la que me abandonaba sin reservas.

En la primera fila, el anciano estaba de rodillas, entre Jeanne y Renaud. Detrás, estaban nuestros compañeros de viaje y yo, su servidor. A nuestro alrededor, las capuchas puntiagudas, los mantos de lana espesa de los parroquianos. Los templarios, con la mano en el corazón, se mantenían erguidos en su cota de malla brillante y bajo el manto blanco de la orden. Enfrente, los señoritos del vecindario, entre los que Gui de Reclose sollozaba contra un pilar, haciendo una escena, o tratando de conmover a Jeanne. Pero ella no lo veía: rezaba. El viejo sacerdote de San Pedro oficiaba lo mejor que podía, pues comprendía, aunque fuese un poco obtuso y simplón, que participaba de un acontecimiento de importancia, además de la transubstanciación de Nuestro Señor en la hostia. No hubiera sabido explicar de qué se trataba ese evento, y además, ¿quién hubiera podido decirlo y pronosticarlo?

De una fuente puede nacer un gran río; lo más habitual es un arroyo, y a veces la fuente vuelve a la tierra que la ha nutrido sin hacer otra cosa que humedecer un poco y reverdecer la hierba de sus orillas. Aun yo, el más favorecido entre todos, podía dudar. Sin embargo, la imagen de Jeanne sentada a la mesa de su habitación, delante de la lámpara de aceite, y todo lo que ella sobrentendía y esperaba, permanecía en mí. El sacerdote hizo un gesto. Le acercaron los bastones y las limosnas de peregrinaje. Me di cuenta en ese momento de que tenía unos copetes de cabello, como las lechuzas, que se movían al ritmo de sus movimientos. Me dieron ganas de reír, pero me contuve por respeto al lugar sagrado. Con una voz que procuraba ser solemne, recitaba la fórmula de la bendición; luego, le entregó a cada uno su limosna y su bastón:

—En nombre de Nuestro Señor Jesucristo, recibe estas

insignias, ayudas y tributos de tu peregrinaje, a fin de que merezcas llegar purificado y salvo al atrio del Santo Sepulcro de Jerusalén, objeto de tu promesa, y que una vez que hayas cumplido tu misión, regreses en perfecta salud.

Gui de Reclose avanzó en ese momento, se acercó con las manos extendidas y la cabeza gacha, y regresó a sentarse. Elevándose de su condición servil como un relámpago, casi había reconquistado a Jeanne. Pero la había vuelto a perder, esta vez para siempre, reduciendo su existencia a los pequeños placeres cotidianos y renunciando a lo poco de bueno que quedaba en él. Como es sabido, se casó al año siguiente en el vizcondado de Mortagne con una mujer huraña, flaca y de olor dulzón, que no le dio hijos. Un jabalí lo mató a mitad del otoño. Queriendo tenerlo todo, no tuvo nada, como es justo. Pero dejemos eso.

En la puerta de la iglesia, el maestro Ancelin, cuando las campanas le cedieron la palabra, dijo que dejaba a su gente y a su señoría bajo la protección de los templarios de Mauléon, ya que su hijo Renaud lo acompañaba en la cruzada. Las jóvenes del pueblo le acercaban a sus hijos más pequeños para que los besara, y ancianos curtidos por todas las vicisitudes de la vida tocaban con devoción el borde de su túnica.

Guiot casi siempre suspendía el relato a esa altura. A la velada siguiente, se embarcaba en la narración del viaje desde Mauléon a Jerusalén, alargándolo o acortándolo según su humor y el interés del huésped pasajero. Si el último había peregrinado por las rutas de Francia y cruzado el mar Mediterráneo, Guiot indicaba solamente el itinerario seguido por el señor Ancelin, recordando sólo los hechos que le correspondían. Si no, le gustaba extenderse, dándose el gusto de revivir, uno a uno, los días pasados en aquella comitiva.

También casi siempre terminaba su relato diciendo:

—La hermosa y emotiva ceremonia de la entrega del

bastón de peregrino, ¿no parece confundirse con la armadura solemne de un caballero? Al recibirlo con un corazón devoto, ¿el peregrino no se convierte acaso en caballero de nuestro redentor, compañero de Cristo, que prefiere, antes que a los ricos y felices, a los solitarios y sacrificados? El bastón del peregrino, ¿no es acaso su fiel espada, ávida de castigar al mal ladrón?

Y agregaba con una breve sonrisa:

—Es verdad que aquel bastón sólo era para nosotros un símbolo piadoso, una alegoría. El nuestro lo amarramos entre nuestros bultos y mantas para la noche. Tal como lo había prometido, el viejo amo ofreció a cada uno un caballo vigoroso con arnés. Además teníamos que llevar el equipaje y las tiendas, con cuatro fuertes caballos de tiro provenientes de las labranzas. En caso de toparnos con maleantes, teníamos espadas nuevas y lanzas de fresno bien guarnecidas de hierro... Pero, hermanos, abuso de su paciencia. Es hora de ir a descansar. Les deseo a todos un sueño profundo.

Por fin, se había calmado el viento. Los hombres del manto blanco se retiraban de la sala despidiéndose de Guiot. Él salía último, mientras un mozo se encargaba de rociar el tronco a medio consumir, cubría con cenizas las brasas todavía rojas y apagaba las velas. En la oscuridad solo quedaba una débil luz que se extinguía poco a poco. A lo lejos, se oía una campana, con toques suaves, espaciados, tan débiles que se volvían casi inaudibles. Los cuervos graznaban sobre los techos de la encomienda.

8
El relincho

Por fin nos pusimos en camino a principios de abril. Fue necesario completar nuestra caballería, sin desabastecer el dominio. Hurepel se arrancaba los cabellos:

—¿Qué me quedará a fin de cuentas? ¿Los caballos rengos y patizambos? Está usted en falta, señor Ancelin, y gravemente.

El pobre tenía más ganas de seguirnos que de vigilar la torre de Mauléon, y de vivir aventuras que de hacer rondas.

—No es justo, mi amo —protestaba—. Donde usted vaya, debo ir yo, para defenderlo de las emboscadas y dirigir a los hombres en tierra y en el mar. ¿Quién se ocupará del forraje, los alojamientos y las tiendas de campaña, y del cuidado de las armas y de los caballos? —O si no—: Ya que los templarios tienen la custodia de la morada, y que uno de sus caballeros permanecerá allí de servicio con sus escuderos y sargentos, no seré útil.

—Todo eso lo sé, mi Hurepel —respondía Ancelin con paciencia—. Pero sé también que eres mi hombre de confianza y que si tú estás, nada puede ocurrirle a nuestra gente.

—¿Y por qué?

—Porque te conocen y los conoces, y porque has nacido en esta casa sólida. Nadie mejor que tú, en caso de ser atacado, conoce los senderos ocultos del bosque y los subterráneos. Hurepel, el que te impongo es un duro sacrificio, pero tienes que comprender.

—Lo amo y amo a Dios con el mismo apego. Amo esta casa, pero aun más, si fuera posible, mi parte en el paraíso.

—La intención es lo que vale. Rendirme vasallaje te une a mí de modo tal que no te permite desobedecer. A la inversa, por lo que te ordeno, responderé a Dios y a san Miguel, examinador de las almas. Ah, fiel amigo, no me privo de tu compañía por placer.

El herrero afilaba los hierros de nuestras lanzas y el cortante de nuestras espadas, y clavaba bandas de metal en nuestras tarjas con la marca del león de colmillos y garras salientes. El talabartero del pueblo engrasaba y recosía riendas y arneses. Las lavanderas almidonaban nuestras camisas y nuestras mudas. Los peleteros unían las pieles que nos protegerían del frío nocturno y de los posibles aguaceros. El pequeño aprendiz de herrería y cuatro labradores no sabían andar a caballo. Tuvimos que turnarnos para enseñarles a sostenerse en la montura, a trotar, galopar y saltar los obstáculos, lo que produjo no pocas rodadas y risas en todos lados. Jeanne y sus amigas bordaban los pendones, restauraban la bandera señorial llena de agujeros, con franjas raídas, porque Ancelin deseaba entrar "con la frente muy alta" en Jerusalén; tal era su expresión y significaba que sus emblemas familiares debían flamear y resplandecer al viento.

Con Renaud, hizo por lo menos cinco viajes a Mortagne convocado por el vizconde. Este dudaba en dar su consentimiento. No le gustaba que la bella señoría de Mauléon fuera confiada a los templarios, ni siquiera a título provisorio. No se cansaba de elogiar a los mantos blancos, pero desconfiaba de ellos. Tal vez presintió que, a fin de cuentas, quedaría en sus manos, y que, en el caso de que Jeanne y Renaud no regresaran de Tierra Santa, hubiera preferido entregar el feudo a alguno de sus seguidores. Obligó a Ancelin a jurar sobre los Evangelios que no había contraído deudas con ellos y que no les dejaba ninguna tierra en prenda. Es posible también que

Gui de Reclose, cuya madre era pariente de la esposa del vizconde, hubiera causado aquellas complicaciones.

—Apelaré a nuestro señor duque —bramaba el viejo amo, golpeando la mesa con los puños—. El vizconde abusa de sus derechos.

Jeanne le sugirió hacerse acompañar por el comendador del templo, famoso monje-soldado que fue enviado a aquella casa de campo para tratar de curarse. Tenía en el hombro una herida rebelde que se reabría a pesar de los ungüentos. La purulencia parecía dotada de vida. No siempre, ya que a veces se aliviaba un poco. El comendador nunca se quejaba. Era tan robusto y decidido que seguía cabalgando y permanecía de rodillas durante los oficios, sin palidecer siquiera. Hasta el día... Pero ya saben lo que le pasó y que duerme en nuestra capilla. Dios premie su buen corazón.

Desde que apareció delante del vizconde, criatura verdosa e hipócrita, con sus oros y sus armiños, la partida estuvo ganada. La mirada azul del comendador le resultaba insoportable al vizconde; le remordía la conciencia:

—Pero, señor templario, ¿por qué se molestó en venir? La causa está concluida. Además, ¿qué podría negarle yo al señor Ancelin, de tan buen renombre? No hay dificultades entre nosotros. Sencillamente, tardaba en firmar la carta pontificia porque me hallaba absorbido en los asuntos de Estado.

El templario no tuvo una palabra de censura, ni de aprobación. Miraba, con ojo implacable, la pluma que arañaba rabiosamente el pergamino, el sello del vizcondado que se estampaba en lacre. No se dignó siquiera a agradecer. El adulador no sabía qué actitud tomar. Sus ojos de carnero iban de un lado a otro. Ese diálogo mudo era digno de verse.

Y fue la última cena en la larga mesa con toda la gente de la casa, la última noche antes de la última mañana en Mauléon. A pesar de que todos estaban felices con la partida, los embargaba una angustia contra la que se debatían penosamente.

Jeanne fue la primera en levantarse. Después de beber una taza de leche humeante y comer rebanadas de pan con mantequilla y miel, fue a recorrer la casa. Al llegar a lo alto de la torre, se asomó a las almenas, miró las suaves y templadas tejas de los techos familiares, la gran chimenea que ya lanzaba su humo gris, el patio lleno de gente, los mozos de cuadra que cargaban los rocines y enjaezaban los caballos de batalla, los sirvientes que sacaban de los pozos el agua de la jornada, y por encima del cercado y de la empalizada de estacas afiladas, el oscuro, exuberante y tenebroso bosque de Mauléon, que descendía hacia las chozas del pueblo para remontar después al pie de la encomienda y alcanzar la línea azul de las colinas. Para no llorar, se mordía los labios, víctima, como los demás, de una aprensión confusa. A modo de aliento, el centinela arriesgó:

—Volverá a verla, señorita. La encontrará intacta a su regreso. Es tan sólida como los que vivimos en ella.

En agradecimiento, ella le tocó con los dedos la manga de la malla de acero. Ahora, quien se mordió los labios fue el soldado:

—La extrañaremos, señorita. Regrese pronto.

Después de los apretones de mano, los abrazos y los sollozos de las mujeres, tuvimos que decidirnos a partir. El amo fue el último en montar. Se había tomado el trabajo de besar a todas las ancianas de la casa y a las sirvientas. Él también miró largamente la casa. Sin duda, jamás la había visto tan bella. No se había dado cuenta, en la vida cotidiana, de que su bosque despedía semejante aroma perfumado, ni de que las colinas se parecían tanto al mar, ni de que, en las ramas, había tantos pájaros cantando.

Los habitantes del pueblo vinieron a nuestro encuentro; rodeaban a los templarios designados para la partida según las órdenes del gran maestre de Jerusalén. Esa buena gente, de ojos muy claros y llenos de admiración y amor, demoraba nuestra marcha. ¿Pero quién hubiera sido tan tonto como para decepcionarlos? Lo que los corazones se decían, más allá de las palabras, tanto los de quienes partían como los de los que se quedaban, merecía por lo menos un medio día de atraso. El párroco salió de la iglesia, con los niños del coro y la gran cruz de las procesiones, de plata e incrustada con piedras de colores. Nos echó agua bendita. Y cuando la bandera de Ancelin inclinó delante de él las franjas doradas sobre la hierba, la roció con generosidad.

Al llegar junto al estanque, nos separamos. Algunos, los más fuertes, o los más comprometidos, como el bravo Hurepel, prosiguieron hasta el límite del señorío. Estaba señalado por una cruz de hierro, de la que colgaba el escudo de los Mauléon.

—Hasta aquí he llegado —gimió Hurepel—. Regreso, señor, con gran tristeza en el corazón.

—No te aflijas. Si, como es probable, me instalo allá, cuando Jeanne y Renaud hayan retomado su lugar en la comarca, te llamaré. Te lo prometo y lo juro: juntos pasaremos el resto de nuestros días.

—Ah, señor, gracias. Viviré con esa esperanza.

—Puedes y debes hacerlo.

Hurepel dio media vuelta, picó espuelas y desapareció en el bosquecillo.

—Ahora comienza verdaderamente nuestra partida —dijo Ancelin.

A menos de una legua de la cruz, mi caballo Beaussant empezó a relinchar de una manera tan extraña que me inquieté. Le temblaban los flancos entre mis muslos.

"Estará mal curado de su herida", pensé.

—No —dijo el templario a mi costado—. Huele una carroña. Su raza posee esa cualidad, ¿no lo sabía usted?

Debería de haber recordado que, en efecto, poseía por naturaleza una especie de poder de adivinación. Tuve muchas pruebas de ello. Pero la extrema preocupación en que me hallaba me obnubilaba el pensamiento. Cuanto más avanzábamos, más se agitaba, contagiando a los demás caballos. Poco después, una bandada de cuervos negros alzó vuelo delante de nosotros. Estaban despedazando los últimos despojos de un hombre, probablemente atacado y casi devorado por los lobos durante la noche. Entre los huesos esparcidos y los jirones de la ropa, uno de nosotros encontró una concha venera de plomo y exclamó:

—¡Era un peregrino extraviado! Recemos por él.

Su cinto estaba intacto, salvo por unas marcas de dentelladas de lobo. Todavía llevaba una bolsa de cuero. Alguien la abrió, y rodaron unas monedas y una turquesa: reconocí la de la empuñadura de mi espada. Era uno de los ladrones lo que mi caballo había olido, uno de los falsos peregrinos, bandidos con sombreros marcados con aquellas veneras falsificadas. Al enterarse, los templarios pasaron a la vanguardia, lanza en mano. Pero los bandidos no aparecieron, impresionados tal vez por nuestra escolta o quizás extraviados en esas soledades. Aun así, ese encuentro ensombreció nuestra cabalgata. Las canciones de marcha que habíamos entonado con tanta alegría, ahora nos parecían superfluas. Conversábamos por encima de los pescuezos de los caballos, sin levantar la voz. Algunos interpretaron un presagio en aquel incidente trivial; no estaban acostumbrados a los cadáveres en las largas travesías.

Desayunamos en Bressuire, en la vasta granja que llamaban el hostal de los peregrinos de Santiago de Compostela, que estaba casi vacía. Los habitantes nos trajeron carnes y bebidas. Nos dijeron que la ruta hacia el sur estaba infestada de bandas sospechosas y que hordas de lobos se habían juntado en tal o cual bosque cuyo nombre citaron. El señor del lugar, que se decía dueño de Beaumont, se acercó a saludar al amo. Confirmó los dichos de su gente y lo convidó a quedarse esa noche en su ciudad, donde él le daría hospitalidad. Ancelin declinó la invitación. Tuvo razón, ya que llegamos a Parthenay sin tropiezos. Allí, nos acogieron en otro hostal de peregrinos, bien calefaccionado y provisto de camastros. Un carnicero nos obsequió patés de jabalí. Un viñatero nos trajo un barrilito de su vino, porque reconoció a un primo suyo en nuestra tropa. Comimos con muy buen apetito. Luego, nos condujeron al dormitorio común.

Jeanne no tuvo más remedio que cambiarse en medio de nosotros por primera vez. Y pude comprobar que, a pesar de su belleza sin igual, no inspiraba en aquellos hombres rudos deseos de posesión, sino el más absoluto respeto, una especie de veneración conmovedora.

Acostado cerca de Renaud, pude oír que decía:

—Hermanito, ¿cómo estás?

—Estoy bien.

—¿Extrañas Mauléon?

—Un poco.

—Piensa en Jerusalén.

—No hago otra cosa.

—Si lo que dice Guiot es verdad, si Jerusalén es como un ciervo echado en medio de las colinas, ¿crees que podremos ver otra cosa después, y volver a casa?

—Habremos olvidado todo...

—Nuestro padre, aunque lo aprecia mucho, dice que Guiot tiene lengua de oro, que habla muy bien. ¡Mi Dios, si escuchara!

—Quédate tranquila. Está dormido.

—¿Crees que Jerusalén es tal como la describe?

—Más vale, hermanita. Haciéndole preguntas a Guiot, ya me enteré de muchas cosas: del nombre de las calles, de los barrios, de las torres y los palacios. El rey vive en Mont-Royal.

—¿El rey de dieciséis años?

—Sí. Y los templarios se alojan en el templo de Salomón, que tiene una cúpula cubierta de láminas de oro.

—¿En verdad?

—Guiot lo afirma. Y que la caballeriza, bajo la explanada del templo, puede albergar a más de mil caballos. Me enseñó también el nombre de los árboles: palmeras, olivos, y los frutos que dan. También el de los arroyos y de los ríos. Son conocimientos útiles.

—Sí, pero habla más bajo...

A su alrededor roncaban los durmientes, algunos en su miseria de criaturas carnales, con la boca abierta, dejando a la vista los dientes podridos. A muy pocos el sueño les devolvía el rostro de la infancia. Al fondo de la sala, los templarios se habían tendido sobre sus mantos blancos, para defenderse de las tentaciones o para que los ángeles celestes que pasaran por ahí, con las alas replegadas, pudieran reconocerlos con mayor facilidad.

—No, no —decía Jeanne como una mujer experta—, es para desarrugar la tela. Deben ser siempre los más bellos, en cualquier circunstancia; la orden castiga a los descuidados y a los negligentes. Dime, ¿realmente crees que haya surtidores de agua en los jardines y en el interior de las casas?

—Lo creo.

—¿Y que tendremos una de esas casas?

—Eso depende de mi éxito. Padre es un anciano, pero yo seré su brazo derecho.

—¿Es verdad que tendremos esclavos moros?

—Jeanne, ¿no tienes sueño? No te confíes, mira que la jornada será larga. No llegaremos mañana al puente de Marsella.

9
El cuento de la lanza sangrante
∼

—¡*G*uiot, querido Guiot, venga pronto!
—Voy.

El caballo Beaussant se acercó a la yegua de Jeanne, que era fina y blanca. Desde temprano, la pequeña tropa se desperezaba en el camino de la planicie. No había un solo árbol que interrumpiera la vista, de modo que no había peligros delante de nosotros. Las chozas de los pueblos emergían por momentos de los pliegues del terreno. En aquellas mesetas no había torres ni fortaleza alguna para defenderse en caso de ataque, ni arroyos para alimentar las acequias, ni bosques donde dedicarse a la caza, único recreo de los señores campesinos. Era, sin embargo, una comarca agradable y fértil, a juzgar por los campos parecidos a los cuadrados de un tablero.

Dispersos por las praderas, pacían unos rebaños. Potrillos con sus madres dormían a la sombra de un nogal y otros se amontonaban, flanco contra flanco, alrededor de alguna charca. Las nubes avanzaban con nosotros. Eran más claras y más altas que las de Mauléon, y entre ellas aparecían vastas extensiones del cielo azul del verano. También el sol tenía más fuerza. Sus rayos recorrían los campos a través de las sombras. Seguíamos un camino de piedras calcáreas que corría en línea recta hacia el horizonte. Los carruajes lo habían hundido con profundos surcos, entre los que trotábamos uno tras otro.

Bien acomodada en la silla alta de montar, vestida con corpiño, falda de ante, botas de cuero verde, con un manto del mismo color y sin sombrero, Jeanne cabalgaba y observaba todo, a veces canturreando, otras callando, a veces seria y otras sonriente.

—Guiot, por favor, hábleme del rey de dieciséis años.

Su curiosidad era insaciable. Creía haberle contado todo pero ella volvía a preguntarme.

—Estimado Guiot, ¿me ha hablado usted de la madre y del día de su nacimiento?

Cuando insistía de esa manera, ¿quién hubiera podido resistirse? Lo intentaba, sin embargo:

—Pero, señorita, su nacimiento fue como el nuestro, muy común.

—¿Está usted seguro?

El atractivo que nuestro joven rey ejercía sobre ese carácter femenino, a una distancia tan grande, me desconcertaba y me alegraba, aunque me despertaba algunos temores. Cuando viera al rey como era, ¿qué ocurriría? ¿Qué amarga decepción reemplazaría su entusiasmo?

—Cuando nació, yo todavía no estaba en Tierra Santa, señorita.

—Puede ser, Guiot. Pero atento e interesado por el prójimo como es usted, no me cabe duda de que preguntó a su alrededor y obtuvo testimonios acerca de su infancia.

Tal era su naturaleza, hábil manejadora de susceptibilidades. Mi curiosidad a veces indiscreta, en sus labios se transformaba en altruismo. Quién no la hubiera amado solo por esa delicadeza, en la que, no obstante, se percibía una gran perspicacia.

—La madre de Balduino es Inés de Courtenay. Los barones de Tierra Santa, el patriarca y los obispos no aprobaban su casamiento con Amalarico, porque él era pariente de su mujer en grado prohibido, y por otros motivos que desconozco. Cuando Amalarico obtuvo la corona de Jerusalén, la repudió, a pesar de que le había dado dos hijos: Sibila y Balduino.

De una segunda esposa tuvo a Isabel, y falleció poco después de una fiebre en las entrañas. Por el derecho eclesiástico, Balduino no podía acceder a su herencia, pues había nacido de un matrimonio no válido, y como tal era considerado por la Iglesia como hijo ilegítimo. ¿Me sigue?

—Esa ley es cruel.

—Sin embargo, Balduino recibió la corona, como único hijo de Amalarico, y debido a su gran precocidad, a pesar de sus pocos años. Tuvo por preceptor y maestro al archiduque Guillermo de Tiro, un hombre admirable. Hasta ahí llega mi conocimiento.

—¿Su nacimiento no estuvo marcado por ninguna de esas señales extraordinarias tan frecuentes en los príncipes?

—Un niño coronado es siempre excepcional. Si llega a ser un gran capitán, se quedarán con la boca abierta de que haya jugado con una pequeña espada cuando niño.

—¿Pero él?

—He oído contar un hecho tan extraño que no me atrevo a repetirlo.

—Le pido que me lo cuente.

—Le prevengo que son habladurías de viejas.

—Dígalo igual.

—Parece que la noche de su nacimiento, una lanza sostenida por una mano invisible avanzó hacia la sala. Traspasó una puerta trancada y con cerrojo, atravesó lentamente la sala, rodeó la cuna del niño real y desapareció. Sangraba...

—¿Qué?

—Una gota de sangre se formaba sobre el hierro y fluía a lo largo del asta. Pero, como solía decir la nodriza, ni los velos de la cuna, ni el empedrado, ni las alfombras tejidas por los esclavos moros, se mancharon, y sin embargo era una sangre bien roja y espesa. Las gotas brillaban a la luz de las velas. En aquel momento Balduino abrió los ojos al mundo y lanzó su primer grito.

—¿Qué opina de ese misterio?
—Que a lo mejor no es más que un cuento de la nodriza.
—No está usted diciendo todo lo que piensa.
—A menudo, muy a menudo, he meditado sobre esa lanza sangrante alrededor de la cuna...
—Entonces, ¿puedo saber?
—Aunque se trate de la invención de una sirvienta, o de un sueño que hubiera tenido a la cabecera de la cuna del niño, hay allí un misterio temible. ¿Pero cuál?
—Yo veo —dijo ella, levantando su pequeño mentón voluntarioso— la señal indudable de una predestinación.
—¿Y entonces?
—La gloria y el sufrimiento, pero llevadas tan alto, aceptadas con tanto ardor y abnegación, que igualarán a los más grandes. Eso es lo que veo.

Eso era lo que yo temía. El sufrimiento y la gloria, sin ninguna sonrisa en la vida para aliviarlas. Cómo me costaba no gritar el secreto que me pesaba en el corazón y me ahogaba. ¿Por qué pensaba que eso hubiese sido una traición?

Hicimos la primera parada para comer en la ciudad de Melle, que se levanta orgullosa sobre su peñasco y donde los fundidores acuñan hermosas monedas de plata. El señor Ancelin quiso adquirir algunas, para distribuirlas enseguida a los mendigos, que lo acosaron al salir de la mina.

—Señor Ancelin, perdone la libertad que me tomo —dijo uno de los templarios—, pero si sigue dando limosna de este modo, ya no tendrá nada en Marsella. Usted sabe, la travesía cuesta mucho.

El amo aceptó la lección, pero dio su última pieza a un lisiado cuyos dedos manchados de rojo se aferraban de su estribo.

En el fondo de la garganta que se hundía al pie de las murallas, se construía un priorato. Un albañil, con el que compartimos nuestras viandas y nuestro vino, nos aconsejó la mayor prudencia en cuanto pasáramos Aulnay:

—La ruta de Angulema es peligrosa. Se interna por grandes bosques que volvieron a su estado salvaje, porque el señor del lugar murió hace diez años y sus hermanos están en alta mar, combatiendo. Los espinos invaden el camino. Es un excelente refugio para ladrones rapaces y feroces. Les advierto que con ellos es guerra sin cuartel. La baja calaña no respeta nada. Se dice que son hijos y nietos de moros que se quedaron en la comarca después de una batalla perdida. Pero yo creo que la roña oscurece su color, o que se pintarrajean con hollín para que no los reconozcan.

—¿Los has visto?

—A veces se atreven a venir a nuestra ciudad a saquear y a robar. Algunos dicen que pertenecen a la banda de un señor salteador, que bajó de las montañas de Auvernia.

Los templarios conocían aquel pasaje de siniestra reputación. Pensaron que lo mejor era que nos hospedáramos en Aulnay, y no tan al sur como lo habíamos proyectado. Eso nos acortaba mucho la jornada, pero no podíamos correr el riesgo de un encuentro entre perros y lobos. Si armábamos las tiendas de campaña a campo raso, para ganar tiempo, nos exponíamos a un ataque nocturno.

Jeanne participaba de esos concejos. Mostraba más sagacidad que su hermano. El caballero Renaud no tenía miedo de nada, y esperaba que los combates en Tierra Santa no terminaran antes de su llegada. Se burlaba de nuestra pusilanimidad, aunque no en presencia de los templarios.

En la ruta de Aulnay, un caballero nos alcanzó. Montaba un caballo de mucho valor, casi del color de una naranja, tan rubio era su pelaje. Un manto púrpura flotaba a sus espaldas, bordado y adornado de flores. La piedra de su capucha lanzaba destellos. Hubo gritos y risas detrás de nosotros:

—¡Gui de Reclose! ¡Es Gui!

No era él. No obstante, Jeanne se volvió, tal vez sorprendida por un rebrote de esperanza. Interpelamos al caballero. En lugar de bajar la velocidad para intercambiar saludos según la costumbre, clavó las espuelas. El caballo se alzó y salió como una flecha.

—Es el diablo vestido de fiesta.
—Va a ver a su amiguita.

Siguió una serie de bromas tan ligeras que obligó a nuestros templarios a adelantarse un poco. No así a la señorita, que conservaba su franqueza al hablar y no entendía por qué había que privar a sus compañeros de su forma de expresarse, ni de su jactancia.

Íbamos a buen ritmo. No era tarde cuando el campanario de Aulnay despuntó por encima de los árboles ya cubiertos de hojas. El sol de la tarde doraba la iglesia que, a mi parecer, no tiene igual en las provincias de Bretaña y de Poitou. Las hay más grandes, y muchas, pero mejor cinceladas y tan armoniosas en su proporción, creo que no. Es una fortaleza del alma y un bello libro abierto. Un portal más atractivo, más iluminado que un letra florida del libro de horas, pero que da acceso a la austeridad y al recogimiento más íntimo. Seduce para convencer mejor y salvar al pecador. Este no puede seguir su camino, aunque tuviera mucho apuro por llegar a destino, porque necesita ceder a la curiosidad, penetrar en ese remanso de dulzura y escuchar el romancero de sus piedras vivas.

Nosotros, a falta de una granja para peregrinos, tuvimos la suerte de dormir allí. Antes de que oscureciera y luego al alba, descifré ese libro de esculturas para Jeanne. Todo el bestiario estaba representado bajo sus arcos: los leones, las sirenas, los perros alados, las serpientes, las águilas, y también los doce ancianos guardianes de la Lámpara y los evangelistas; además las vírgenes, los sabios y las locas, bien diferenciadas, y el Salvador entre san Pedro y san Pablo. Dos ángeles recogían la sangre del primer vicario de Cristo, crucificado cabeza abajo en una cruz invertida. Una profusión de follajes pintados, puntas de diamantes y grandes estrellas encuadraban a los personajes. Jeanne, que solo conocía las toscas capillas y oratorios de su tierra, nunca había visto nada tan maravilloso, ni sabía hasta entonces que las piedras pudieran hablar así. Y yo, que había visto ya tantas iglesias durante mis marchas errantes, nunca antes había comprendido con tanta profundidad ni entendido tan espontáneamente los símbolos de nuestra religión. Más aún, descubrí –o creí hacerlo– la explicación de ese "caballero Constantino", tan frecuente en las fachadas de los santuarios que marcan los grandes caminos de peregrinaje. No se trataba del emperador de ese nombre, sino de la imagen de las cruzadas en marcha hacia Oriente. Su puño enguantado indicaba simplemente el itinerario y la dirección a seguir. Esa presencia me llenó de alivio.

Jeanne se maravilló ante un capitel que representaba a dos elefantes con mantas sobre el lomo y la trompa levantada. No sabía que existían esos animales, y preguntó si eran del mismo tamaño que los caballos. Nos reímos como niños. Observó con atención el relieve donde Dalila cortaba los cabellos de Sansón, y dijo:

—Si es verdad que una mujer puede quitarle la fuerza a un hombre, por egoísmo y perfidia, ¿no puede acaso engrandecerlo, con ternura y perseverancia?

—Posiblemente, pero debe de ser difícil.

—Basta con que sea posible.

Después de la cena, cuando terminamos nuestras plegarias, y Ancelin y Renaud se retiraron, permaneció sentada a mi lado en un banco frente al altar.

—Querido Guiot, este día es para señalarlo con una marca blanca, como diría usted.

—¿Por qué, señorita?

—Tengo un nuevo y valioso amigo.

—Es verdad.

—Entre nosotros se estableció una especie de complicidad de corazón y pensamiento. ¿Está mal?

—Si este viaje nos conduce al paraíso, habré probado sus primeros frutos gracias a usted.

Hubo un momento de silencio.

—Nunca habla de usted, y eso me sorprende. ¿Tiene padre, madre, familia?

—Estoy solo. A mi padre, apenas lo conocí. Mi madre murió. No tengo a nadie más.

—¿Tomó usted la cruz a causa de su soledad, o por amor a la aventura?

—Más bien por rechazo de lo mundano, lo reconozco. Por mucho tiempo creí que alcanzaba hacer el bien para ser alguien. ¡Qué ilusión! He aprendido a mis expensas que los talentos son superfluos, incluso represibles cuando se es pobre.

—¿Usted lo era, Guiot?

—Casi; en todo caso, despojado, para no aparentar ventaja frente a los que creía amar.

—¿Los grandes señores?

—Los representantes del reino. Por entonces tenía una ambición desmedida.

—¿Pertenece usted a la nobleza?

—Es lo que me han dicho, pero eso sirve solo para sufrir, cuando no se tiene casa, ni dominio, ni parientes.

—Y cuando renunció al mundo, ¿se cosió la cruz?

—Vendí el resto de mi herencia para equiparme y partí.

—¿Con sus penas?

—Con el alma enferma. Nada me importaba. Pero la visión de Jerusalén, el monte Gólgota y el Huerto de los Olivos me aliviaron el sufrimiento en el que me encontraba. Me convertí en un ser libre, ocupado en amar sólo lo que era digno de serlo. La felicidad de pisar la arena y el polvo de los lugares santos me volvía odiosos los éxitos, las riquezas que había codiciado...

—Estaba segura de usted era así.

—Pero, señorita, no tengo ningún mérito. La alegría no la conquisté, me fue dada.

—¿Y ahora?

—La vida es una carga liviana, y por eso la amo.

—En el transcurso de esta misión que le confió el rey Balduino, ¿fue a su tierra?

—No tenía tiempo... ni ganas.

—Es que está usted curado, querido Guiot. Me pregunto qué pasará conmigo en Jerusalén.

Nuestros compañeros roncaban. La lucecita del altar velaba con nosotros. Delante de su luz, bajo los arcos de Aulnay, nació esa amistad imborrable.

10
Las hospederías de Pranzac

El albañil no había mentido. En aquella parte de la ruta de Angulema que atraviesa el denso y tupido bosque de Braconne, nos topamos con unos malvivientes. Cabalgábamos, lanza en mano, escudo al brazo y yelmo calado. Los templarios abrían y cerraban la marcha. Los guardias de los flancos se abrían paso entre los espinos cuando se oyeron unos gritos, entremezclados con choques de espadas. El sendero, cada vez más oscuro e incierto por las ramas bajas, con troncos enormes que se inclinaban sobre él, hierbas y raíces que lo obstruían, bajaba en pendiente pronunciada hacia una cañada cubierta de neblina. Para sacar el mejor provecho posible de nuestro reducido número, nos lanzamos a la carga. Junto a mí, Jeanne galopaba con valentía. Beaussant, la yegua blanca y los demás caballos relinchaban con ímpetu de batalla, los dientes amenazantes y las crines erizadas. Los rocines temblaban de miedo y uno de ellos rodó sobre las piedras, quebrando las ramas con su peso; felizmente solo llevaba equipaje. Nos internamos en la niebla y salimos a un claro donde se alzaba una cruz cubierta de musgo. A su alrededor un grupo de peregrinos se defendía con valor de unos ladrones.

Los bastones nudosos golpeaban los escudos y las espadas se alzaban, centelleando. Cuando nos vieron, los bandidos se dispersaron como gorriones, zambulléndose en la maleza, perseguidos por los nuestros. Solamente agarramos a dos, que atamos y registramos. Tenían oro y anillos en los bolsillos. Como bien pronosticó el albañil, se habían oscurecido la cara con carbón para no ser identificados. Los agradecidos peregrinos se apiñaban en torno a nosotros, dando gracias al cielo. Suplicaron que les permitiéramos enterrar a sus compañeros muertos; había cerca de una docena tendida en el musgo. Ancelin consintió, a pesar de la protesta de los templarios:

—Es una grave imprudencia, señor Ancelin. Los ladrones volverán con refuerzos y nos sorprenderán en algún desfiladero.

—No se atreverán.

—Les está dando ocasión de reagruparse.

—¿Dejaremos a esos muertos sin sepultura?

—La tierra entera está bendita para el peregrino.

—¿Los abandonaremos para alimento de los cuervos?

Ya lo he dicho antes, Ancelin era obcecado. Sin rechazar nada, se obstinaba en sus deseos y decisiones, pero con mucha delicadeza y con una cortesía que desarmaba. Así que nuestros labradores ayudaron a los peregrinos a cavar la fosa de los difuntos.

—Amables señores, estamos perdidos si nos quedamos solos. ¿Nos conducirían a Angulema? Ah, nobles caballeros, brazos de Cristo Salvador, tengan piedad de nuestra miseria.

Montamos sus heridos a la grupa, y nos pusimos en movimiento, más que atentos. El cielo estaba despejado; el sol, casi en el cenit. No obstante, a medida que nos internábamos en el maldito bosque, la luz disminuía, tamizada por los espesos follajes, las espinas de los troncos, los tallos y las ramas entrecruzadas. Las zarzas y las hiedras se entrelazaban en las cortezas, y caían en largos flecos. Matas de muérdago, gruesas como barriles, descansaban en los robles.

En aquel tumulto inmóvil, sentíamos rondar los maleficios y el despertar de los monstruos de antaño, aterradores. Sin embargo, nuestros labradores y leñadores, gente de buen apetito, acostumbrados a comer por demás varias veces al día y en abundancia, se quejaban de hambre. Hubiera sido una locura detenerse para comer con comodidad. Aquel desierto de árboles nos envolvía cada vez más estrechamente. La espera nos secaba la garganta. Solo oíamos el sonido de los cascos, el tintineo de los arneses y el llamado ronco de los cuervos. Nos vigilaban con anticipado deleite, esperando que los abasteciéramos de alimento, y no se equivocaban en absoluto. Nos examinaban con desfachatez y ojo burlón, y nos precedían con sus graznidos.

—¡Carroñeros! —gritó un campesino, al borde de un ataque de nervios.

El pobre hombre hacía molinetes con la espada. Nadie tenía ganas de bromear, ni siquiera el pequeño herrero. Pero las cornejas no solo corrían la voz sobre la situación, de un árbol a otro, mientras calculaban ruidosamente nuestras intenciones, sino que, además, nos pusieron sobre aviso. Vimos cómo se desplegaba la bandada compacta por encima de una especie de cornamenta inclinada en el camino.

Los templarios enristraron las lanzas. Un silbido estridente salió del hueco de un roble. Las flechas volaron hacia nosotros. Luego, como una nube de langostas, los ladrones se nos abalanzaron. Muchos de los nuestros fueron derribados ante la sorpresa. Me acerqué a Jeanne.

—¡Si ganan, mátame, Guiot! —gritó.

No quería caer viva en sus manos. La habrían salvado para hacer de ella su objeto de placer. ¡Dios del cielo, si hubiera sido necesario, no le habría fallado!

Felizmente los caballeros de la encomienda, con sus escuderos, se unieron a nosotros antes de que partiéramos. Eran soldados de oficio, tan hábiles como intrépidos. Renaud peleaba entre ellos, en primera fila; cuando partía un cráneo, estallaba en una risa sonora. Ancelin revivió la pasión de su juventud; blandía su arma erizada de puntas como un hacha de leñador. Los cerebros sobresalían de los cascos aplastados, los globos oculares se salían de las órbitas. Yo atravesaba a los más temerarios, los que se acercaban a Jeanne deslizándose entre las patas de los caballos, a los que trataban de destriparlos con sus anchos y largos cuchillos.

Los asaltantes no estaban tan bien armados como nosotros; perdían mucha gente pero se ensañaban con nosotros. La presa era muy tentadora e inesperada; un señor que se dirige a la cruzada lleva oro. Cuando se replegaban, desanimados por nuestra resistencia, un gran demonio negro, con una capa hecha jirones, el torso cruzado por un cinto que alguna vez fue rojo, tachonado con clavos brillantes, los empujaba con la espada. Gritaba y resoplaba como un lobo rabioso. Una barba tan negra como sus mejillas se extendía hasta la cota de malla. Mientras los suyos daban y recibían golpes, se quedaba aparte, desdeñoso. Sus ojos pálidos se mantenían fijos en Jeanne, en esa cabellera que se agitaba y brillaba entre las hojas. Sin duda alguna había dado la orden de apresarla viva para su provecho. Los bandidos trataban de separarnos de nuestros compañeros, aislándonos, más que tratando de alcanzarnos.

Cuando los nuestros parecieron replegarse, tres de ellos, los más audaces, se lanzaron sobre el caballo de Jeanne, tratando de agarrarla de las botas para derribarla de la montura. Ella rebanó varios dedos. Pero su espada quedó atascada en la hendidura de un yelmo. Estaba demasiado ocupado defendiéndome para socorrerla. Fue el pequeño herrero quien la salvó. Su hacha hizo maravillas, abriendo torsos, cercenando miembros y partiendo hombros. Pero una hoja traidora le perforó la espalda; otra le abrió la frente. Se arrodilló y quedó tumbado, cegado por la sangre.

De pronto, los bandidos retrocedieron. Creímos que era un ardid. Pero no, abandonaban la lucha, se precipitaban hacia las malezas y los bosquecillos, en desorden, solo querían huir y evitar nuestra venganza. Muchos se dejaron vencer sin oponer resistencia; otros se dejaron capturar sin siquiera intentar la fuga.

—¡Milagro! ¡Milagro! —decían nuestros peregrinos.

El autor del milagro era un caballero del Temple. Al descubrir la maniobra del hombre negro, cargó sobre él con la lanza en ristre, clavándosela en el rostro con tal violencia que el asta de fresno se le quebró en la empuñadura. La muerte del jefe fue suficiente para desmoralizar a los ladrones, más habituados a degollar que a ser degollados.

Colgamos a seis o siete de ellos de los robles que bordeaban la ruta, como ejemplo.

Después de atar a nuestros muertos y heridos a los caballos, reanudamos la marcha. Pero al salir del bosque trágico nos embargó la tristeza. Habían muerto muchos de nuestros compañeros: cinco labradores, tres leñadores, dos mozos de cuadra, y de los soldados de Ancelin, un caballero y cinco escuderos del Temple. En cuanto a los pobres peregrinos que creíamos haber salvado, casi no quedaba ninguno.

Teníamos varios heridos graves, entre los que se contaba el aprendiz de herrero, y otros más leves. Como veíamos peligros por todas partes, comimos y bebimos un trago de vino sin desmontar. Hacia la mitad de la tarde, luego de habernos extraviado, vimos un pueblo, de nombre Pranzac, en medio de una llanura. A poca distancia de la iglesia se levantaba un hospedaje de peregrinos. Pedimos albergue. Se decidió que descansaríamos unos días, pues teníamos urgente necesidad de reponernos.

El hospedaje de Pranzac era una casa militar atendida por los hermanos hospitalarios. Hicieron todo lo que pudieron para aliviar nuestra incomodidad. Pero, a pesar de los patés frescos que nos sirvieron, las patas de jabalí y el vino de su bodega, no pudieron devolvernos la alegría de la noche anterior.

En la capilla hospitalaria, con todos los cirios encendidos, dispuestos sobre camillas cubiertas con paños negros, nuestros compañeros emprendían otro viaje. Rodeaban al caballero del Temple, que enfundado en su cota de malla agujereada y ensangrentada, cruzaba las manos sobre el pomo de una espada mellada. Los hermanos del Hospital los velaban en nuestra representación, inmóviles como estatuas y rezando.

Jeanne y yo pasamos la noche despiertos, porque la dedicamos a cuidar a los heridos con el enfermero de la hospedería. El monje se quedó pasmado ante la habilidad de Jeanne para lavar las heridas, y su delicadeza al colocar los bálsamos. No salía de su asombro. Sabía también encajar los huesos rotos y preparar una tablilla, a la manera de los médicos de nuestros campamentos.

—Señorita —preguntó el monje—, ¿quién le enseñó?

—Dos hombres —respondió ella, con candor—. El maestro pastor del dominio y Hurepel, un soldado de mi padre.

—Le confieso que al verla hace un rato entre los hombres tuve una mala impresión de usted. Ahora le pido perdón. En Tierra Santa, será muy valiosa para sus amigos.

—¡Ya lo es! —intervine.

Sus ojillos vivaces, parecidos a semillas de manzana, me miraron fijo por un instante. No por recelo, sino para comprender y sopesar los sentimientos que habían dictado mi respuesta. Luego se sonrió misteriosamente. Creí que compartía mi satisfacción por Jeanne y mi orgullo de servirla. Hoy no sé con exactitud cuál pudo ser su pensamiento.

—Tenemos que concentrarnos en esta flecha —dijo—. No va a ser fácil sacarla, y el pobre va a sufrir mucho. ¿Tendrá usted el valor, señorita? De no ser así, nadie se lo reprocharía.

Lo tuvo, aunque apretara los dientes a cada queja del herido. Teníamos que extraerle del costado la punta de una flecha cuyo astil se había roto al ras de la piel. El hermano agrandó la herida con un cuchillito de plata y sujetó la madera astillada con una pinza que deslizó varias veces. Cuando extrajo la flecha, se rompió una vena, la sangre salió a borbotones y el hombre murió, insultándonos. Solo en ese momento Jeanne aceptó sentarse. Estaba muy pálida, y el enfermero le alcanzó un frasquito que llevaba en la faltriquera. Un hermano nos vino a buscar; el aprendiz del herrero estaba grave.

—Tiene la frente abierta.

Sin embargo, vivía, con sus dos heridas; la de la cabeza y la de la espalda. Jeanne se instaló cerca de él, sosteniéndole la mano, ya que era todo lo que podía ofrecerle, junto con las plegarias de su corazón sin mancha.

—Buen Dios, en Tu eternidad, inclínate sobre este niño. Tomó la cruz para Tu gloria, con el único deseo de amarte. Por ese amor a Ti, sánalo, pero si no es lo mejor para él, resérvale un lugar en tu paraíso.

Al tañer la campana de medianoche para la oración, el pequeño herrero se retorció en el lecho y gimió:

—Muero por usted, señorita.

Jeanne le besó la mano ruda con sus labios frescos y suaves. Y él se calmó por la gracia de Dios y por aquel beso. Se volvió hacia ella con el ojo que le quedaba y así se hundió en su último sueño. Lo llevamos a la capilla y lo cubrimos con el lienzo negro.

—Feliz este niño que muere sin mancha —dijo un hospitalario—. Al Padre santo ofrece por alma una paloma. Lo envidio. No tuvo tiempo de ensuciarse.

Esa misma noche se produjo un repentino alboroto en el dormitorio común. Nos llamaron. El señor Ancelin se había despertado mientras le robaban la bolsa y el viático de todos nosotros. El hombre escapó, pero estaba en la casa. No podía ser alguien del templo, ni de Mauléon. Con tristeza, cuando brilló la luz, nos pusimos a buscar. La bolsa apareció; la tenía uno de los peregrinos que habíamos socorrido con tanto esfuerzo. Esa ratería indignó a los más tranquilos. Reclamaron un castigo inmediato. El caballero Renaud sacó la espada:

—¡No es suficiente! —gritaba—. ¡Que le corten la mano antes de colgarlo!

—Al menos que pida perdón a Dios —declaró el viejo Ancelin.

El hombre se arrodilló ante él:

—Buen señor, soy de mala simiente, ladrón arrepentido, detestable casta. Por ello, las viejas mañas, la tentación... Merezco cien veces la muerte porque no he podido convertirme, a pesar de mis esfuerzos.

—¡La soga! —clamaban todos—. ¡Es un falso peregrino!

Pero Jeanne intercedió y le concedieron la gracia.

11
La flor en los cardos

*L*a primavera nos acompañaba. De Angulema a Souillac, y de allí hacia Moissac, la hermosa abadía, fue más que nada un hermoso paseo por los viñedos y las verdes praderas. Todo estaba claro y apacible. Reverdecía con los primeros calores; las flores de la hierba y de los árboles despuntaban, numerosas, brillantes, y tan distintas de las de las rudas tierras de Mauléon. Los bosques no eran bosquecillos ligeros; allí el pino marítimo se unía a los sauces y a los castaños. Con sus follajes aéreos coronaban hermosas viviendas de blancas fachadas. La más dulce de las brisas los mecía. Las humildes chozas estaban techadas con tejas redondas, bonachonas y sonrientes, con pámpanos encima de las ventanas y arriates floridos. Bajo aquel sol primaveral fuerte y brillante, la cal de los pórticos y murallas deslumbraba nuestra vista. Era tan fuerte como la superficie de un estanque iluminado por el sol de mediodía.

Esa misma luz que embrujaba los seres y las cosas revestía las torres que dominaban el meandro de un río, las techumbres de un poblado o la vegetación de un parque. También había menos cuervos que palomas. Estas se agrupaban aquí y allá, conversando en su idioma. La gente no era desconfiada, sino de sonrisa fácil y natural, con una generosidad simple, un espíritu más zumbón y socarrón que realmente malicioso.

Era agradable oír su manera de hablar con tonada cantarina. Les gustaba vivir bien. Se notaba que su mayor preocupación era que el visitante se llevara un emotivo recuerdo de su ciudad. Por todas partes las capillas eran nuevas y espléndidas, aunque en toda esa abundancia se manifestaba ostentación y espíritu de rivalidad: cada cual había querido edificar más grande y más ostentosamente que su vecino. No era que su fe vacilara, pero la luz de los crepúsculos, esas auroras perladas, ese cielo adorable, no favorecían la introspección.

—Buenas gentes —decían con sincera bondad—, Dios Nuestro Señor no quiere la muerte del pecador. Cuidar bien sus viñas y a su mujer, educar a sus hijos en el trabajo, ganarse el pan con el sudor de la frente, alegrarse cuando la ocasión se presenta, estar de buen humor y ser buen vecino, solidario con el pobre, buen compañero de aventuras y pasar los días tranquilo y contento alcanza para ganarse el paraíso. Además, si los ángeles se alegran, como es su costumbre, ¿por qué rechazar la felicidad que se nos ofrece?

Esa era su filosofía.

—Según ustedes, ¿qué es el paraíso? —preguntamos.

—Buena tierra donde la viña rinde dos veces al año, sin riesgo de heladas, donde el mar es tranquilo y lleno de peces; los días, soleados; las noches, largas y serenas. Eso es todo, compañeros. ¿Acaso no es lo más bello? ¿Qué más quieren ustedes?

Además, aficionados a las historias y de vivo entendimiento, estaban animados por un espíritu emprendedor pero prudente. Sin saberlo, eran comerciantes astutos e intuitivos. Cómo me hubiera gustado tener ese carácter despreocupado y andar por la vida por esos pueblos. Pero, tal como era, no hubiera podido quedarme ni siquiera un mes tranquilo.

—¿Tanta prisa tienen? ¿No pueden quedarse una semana más? Justamente anuncian la llegada de unos peregrinos y ahora son ustedes tan pocos para reanudar la marcha... Bravos soldados, ¿no beben? Tienen que fortalecerse y acumular fuerzas...

Cuando partimos, se apiadaban de nosotros. Pero sé bien que, en su fuero interno, se burlaban de nuestra desmesura: si, a fin de cuentas, el señor Dios se conforma con que cada cual se quede en su casa, a la que se le renovaba la pintura cada año, entre sus buenos vecinos, su mujer y sus hijos, y bebiendo el vino de sus viñas en los campos verdes.

Poco antes de llegar a Souillac nos reunimos con un grupo de peregrinos. Se dirigían a Santiago de Compostela. Eran los hijos de la Gascoña, grandes cantores bajo los nubarrones del cielo, acompañándose con pífanos:

> *Eran treinta o cuarenta*
> *que partían a Santiago.*
> *El más joven de los treinta*
> *no tenía dinero.*
> *Lo agarraron y vapulearon,*
> *al fondo del río lo mandaron...*

La canción relataba la historia de un joven peregrino que, llegado a las costas del Ebro en España, no tenía con qué pagar el pasaje y los cobradores lo ahogaron. Pero Santiago lo resucitó y lo llevó a Compostela.

Esos amables peregrinos nos pidieron que los acompañásemos hasta Tolosa. Cuando aceptamos, quisieron que nos desviásemos hacia Nuestra Señora de Rocamadour, la orgullosa iglesia erigida sobre un peñasco. Ancelin había oído ponderarla a un pariente suyo bretón. Resolvió, contra nuestra opinión, ir a darle gracias al señor Dios por habernos salvado de los ladrones. ¿Qué responder? ¿No era verdad que la muerte, con su guadaña preparada, nos había esperado al fondo de aquel valle estrecho?

—Rezaremos también por el alma de nuestros compañeros y por la recuperación de los heridos que dejamos en la hospedería de Pranzac —dijo Ancelin.

Sin embargo, en Rocamadour le volvió el dolor en el corazón, tan fuerte y en forma tan imprevista que creímos perderlo. Había cenado bien, y mientras rezaba con nosotros, se desplomó sin aviso. Cuando lo levantamos, tenía los párpados cerrados; debajo, tenía los ojos en blanco; no le salía aire de la boca. Jeanne le sostuvo el puño:

—¡Padre! ¡El más amado! No nos abandones, no todavía...

Ancelin no oía el pedido y tampoco sentía la frescura de ese aliento contra su sien.

—Me parece que lo superará —afirmó un templario.

Alguien puso sobre la boca de Ancelin un espejito de acero pulido:

—No, no está muerto.

En efecto, el color volvió al rostro del amo, o al menos así lo vimos bajo la luz temblorosa de las velas. Un sacerdote trajo la hostia. Ancelin se sacudió, como un hombre que sale de un sueño profundo, se frotó los párpados y se incorporó. No pudimos impedirle recibir de rodillas el pan consagrado, sostenido por Jeanne y Renaud. Después, como solía hacer después de estas crisis, se mostró contento y conversador; reprochó a su hija por haberse asustado en vano y se excusó por haber turbado nuestro descanso. El templario parecía preocupado. Le pareció correcto decir, aunque con suma delicadeza:

—Hermano Ancelin, Dios sabe en cuánta estima lo tengo. Como monje que soy, su amor al Santo Sepulcro no puede menos que alegrarme, y como soldado, admiré su defensa en el bosque de Braconne. No obstante, me preocupo por usted.

—¿Soy acaso una mujercita, templario?

—Tiene usted más valor, por cierto, que los jóvenes en la plenitud de sus fuerzas. Pero...

—¿Dios Nuestro Señor nos prohíbe que muramos por él?

—Agrega usted esa prueba a los peligros ordinarios del viaje. Temo que esté muy cansado.

—¿Observó usted cómo mi brazo levantó la maza sobre los ladrones?

—Lo vi, pero temo que el cansancio lo abrume y nos obligue a dejarlo en alguna hospedería, entre enfermos y heridos. Sabe bien que no podríamos quedarnos a esperar su recuperación.

—No los retrasaría. Aunque tuvieran que atarme a la silla, seguiría hasta el fin. Hubo caballeros que eligieron morir así, en medio de sus compañeros, antes que lamentarse y gemir en una camilla. Además, dudando de mis posibilidades decidí partir de todas maneras. Iré, pues, a pesar suyo, hermano. Que Dios me permita, en su misericordia, ver el sepulcro de su hijo Jesús. ¿Me oye usted? Aun muerto, quiero llegar a Jerusalén...

Y así fue. Porque el deseo de un hombre supera su mal; es el poder de Dios sobre las brujerías y trampas del demonio. En el cuerpo del anciano, el Maligno había insinuado una debilidad mortal, ese punto de podredumbre y de renuncia, para que se echara atrás y volviera a Mauléon con la esperanza de recuperarse, o de morir rodeado de los suyos. Sin que me diera cuenta, el templario infligía a Ancelin las más temible y pérfida de las tentaciones.

Pero los consejos sobre la prudencia no podían apagar el fuego que se había encendido en su alma. Comprendan. A partir de mi llegada, y del relato de la lucha contra los infieles llevada a cabo por el rey de dieciséis años, Ancelin se había salvado del crepúsculo de los seres que anticipan su muerte, recobrado la aurora impetuosa de la juventud y el bien más preciado que pueda tener un hombre: su dignidad. Era, pues, inevitable que en él se consumiera y destruyera ese puñado de carne que se llama corazón.

Por lo demás, el viaje se desarrolló sin tropiezos ni dificultades de ninguna especie. A menudo nos reprochaba que acortáramos los trayectos por su salud y que prolongáramos las paradas. Simulaba no comprender:

—¿Temen el calor? Mis bravos compañeros, ¿qué van a necesitar cuando estén en el desierto? ¿Sombreros de paja? Si descansan a la sombra después de cada comida, los sarracenos los van a despertar... ¡a punta de lanza!

De Rocamadour a Tolosa, por Souillac, donde debimos regresar, el viaje fue igualmente tranquilo. Los únicos encuentros que tuvimos fueron con unos peregrinos de Santiago, alegres y jóvenes hermanos, aunque muy curiosos.

—¿De dónde vienen con ese aspecto? No dan la impresión de poder llegar muy lejos. Es verdad que van a caballo, ¡pero Jerusalén, queridos amigos, Jerusalén! ¿Tal vez algún sultán está con ganas de capturar a unos buenos cristianos? Dios proveerá.

Ninguno aceptó seguirnos, a pesar de nuestra invitación y de la súplica de los templarios. Estaban dispuestos a arriesgar la vida por los caminos de España, los torrentes y quebradas, atravesar montes, padecer hambre y sed, y quizá llegar hasta Roma, pero no afrontar el mar y los navíos.

—Se dice que los capitanes de las naves son falsos cristianos, secretamente entregados a Mahoma, y que venden a los peregrinos a los comerciantes de esclavos. No quisiera dar vueltas a la noria ni hacer girar el molino de trigo como una mula.

Ancelin movía la cabeza. Me llevó aparte:

—Querido Guiot, comparto tu preocupación. Es real, como bien decías, que el espíritu de cruzada se muere. Razón de más por la que me puse en marcha. ¡Qué decepción! ¿Crees que en Marsella encontraremos suficiente gente para contratar un buque?

—Aunque yo haya fracasado en mi misión en París y en Nantes, nada prueba que a mis otros compañeros no les haya ido bien. Estoy seguro de que nos encontraremos con una bella sorpresa. Y además, señor Ancelin, pensando lo peor, hay que tener en cuenta que el gran maestre convocó a otros templarios además de los de Mauléon.

—Se ven muchos, pero ¿cuántos son los que parten? A menos que ya nos hayan pasado, lo que sería más grave.

—Marsella es el puerto de Tierra Santa. No se da una idea del tráfico que hay...

En Tolosa, la ciudad roja, atiborrada de transeúntes, de literas y caballos, el azar quiso que nos topáramos con el conde Raimundo. Viendo nuestras barbas hirsutas, nuestras largas cabelleras, la tierra en nuestros hábitos, las cruces de tela cosidas en nuestras túnicas, bajó del caballo, apartó a los guardias y se acercó a saludarnos. Ancelin, humilde señor bretón, quedó atónito y sólo respondió balbuceando. No imaginaba que un príncipe tan importante pudiera rebajarse de tal manera, condescender a hablarle y acogerlo como a su igual. Una sola vez en toda su vida fue recibido por el duque de Bretaña, de quien había recibido una mirada altiva y dos o tres palabras secas.

Ignoraba que el conde de Tolosa reinaba en un pueblo difícil, que los concejales electos limitaban su poder y que tanta gentileza ocultaba la más triste complacencia. Porque la popularidad se impone por sí misma, o se paga demasiado cara. Una cinta dorada, anudada con negligencia, ceñía la frente de Raimundo: signo de una dignidad ilusoria. Los transeúntes lo interpelaban con un exceso de confianza que él simulaba apreciar, pero que tal vez lo ofendía en secreto. Fuera lo que fuese, nos ofreció la más cordial hospitalidad. Cuando nos vio dudar, dijo:

—Buenos amigos, concédanme la gracia de aceptar, por afecto a mi pariente que es conde de Trípoli. Ya que se dirigen hacia allá, a modo de intercambio, les pido que le entreguen una carta de mi parte.

Supimos después que Trípoli los apremiaba a tomar la cruz ante el peligro que corría el reino franco. Comprendimos que su gentileza con respecto a nosotros era tan solo una sutileza más, ya que nos expuso largamente las razones de su negativa. Todo lo que pudimos ver en su palacio nos hirió. Podíamos haber tenido la ilusión de estar en ultramar, en la mansión de un príncipe infiel, más que en un reino de Francia, por los hábitos y las diversiones que allí se practicaban, las sedas increíbles que colgaban de las paredes y las ricas alfombras que abundaban en los suelos.

Todo era surtidores de agua, canastas con flores, música y pláticas galantes. Los trovadores eran los verdaderos dueños del palacio, rivalizando en caprichos grotescos, adulados por los señores y adorados por las damas. Todas las noches, cuando no de día, se bailaba. Las muchachas exhibían sus cuerpos envueltos en telas transparentes, y tocaban la pandereta. Se entregaba lo mejor de sí –o todo– al placer de los sentidos. Desde el primer día vimos a un obispo que tocaba la guitarra, y a esas muchachas saltando y haciendo cabriolas detrás de él. Al mismo tiempo, afuera, por las calles de la ciudad, unos hombres macilentos, con túnicas negras, difundían una nueva creencia. Se los nombraba perfectos, cátaros. Los que se entregaban a los placeres terrenales con mayor frenesí eran también los primeros en escuchar la prédica de esos perfectos...

Nuestros templarios pidieron al conde que nos atendieran en una de las encomiendas de Tolosa, pretexto tomado de su regla. Jeanne suplicaba a su padre que apresurara la partida, aun a riesgo de ofender a alguien. En cambio, Renaud disfrutaba de esa vida despreocupada, de la mirada de las muchachas, así como de los halagos más o menos engañosos con que cebaban su ingenuidad. Participó de un torneo y ganó la corona.

Por el contrario, Jeanne iba de decepción en decepción. No porque le molestara ser cortejada, sino porque los muchachos estaban muy pendientes de sus ropas y sus joyas, tan perfumados, llenos de polvos, algunos incluso maquillados, como las damas. Lo más importante de la vida era para ellos el amor. No alguna pasión que hubiera iluminado y gobernado sus días, sino pequeñas aventuras que los llevaban directamente a la cama. En un instante, varios de ellos se declararon enamorados de Jeanne al punto de morir. Rivalizaron de inmediato con obsequios inútiles y costosos, y la agobiaron con poemas que pagaban a los trovadores:

> *Flor de lis, rosa abierta*
> *tallada para ser mirada,*
> *te amo sin engaños,*
> *De ti no puede mi corazón despojarse.*

Y también, pues ella me los mostraba con una sonrisita:

> *Es la roseta, es la flor,*
> *la violeta de dulzura,*
> *su gran belleza, su valor*
> *me recuerda noche y día*
> *y sostiene en su amor mi corazón.*

El poco interés que ella les daba a esas prendas de amor acrecentaba más su pasión, ya que se trataba de eso:

—Señorita, ¿dónde ha dejado su corazón?

—Lo tengo conmigo, buenos señores.

—¿No quiere prestarlo?

—Se lo daré a quien sea digno de él.

—¿Qué hay que hacer? ¿Improvisar un canto?

—Seguirme.

—Te seguiríamos hasta el fin del mundo.

—No tan lejos, señores. Alcanza con que uno de ustedes tome la cruz.

Se reían todos, sin excepción, con grosería. Pero cuando comprendían que no se trataba de una humorada, le daban la espalda, calificándola de loca antes de admitir que los despreciaba. Cuando se enteró el conde Raimundo, se fijó en ella y la apodó "mi salvajona". Era, como todos los suyos, mujeriego. El viejo Ancelin acabó por sentirse molesto a pesar de su respeto. Solicitó las cartas para Trípoli "por las naves en Marsella". El conde Raimundo insistió en tener el honor de acompañarnos, ostensiblemente, más allá de las puertas de la ciudad, y nos proporcionó una escolta.

—¿Verdad que Tolosa es incomparable, señor Ancelin? —comentó, en el momento en nos íbamos.

—Sin duda, señor conde, la más opulenta en cuanto a casas nobles.

—Sin embargo, algo parece entristecerlo. ¿Qué es?

—Que entre tantos hombres ricos ninguno quiera partir a ultramar.

El conde dejó de sonreír.

—Tolosa ha enviado a muchos a Tierra Santa, ¿lo ignora usted? Mi abuelo ayudó a Godofredo de Bouillon a tomar Jerusalén; fue casi rey. Corresponde a otros ahora asegurar el relevo.

Esas declaraciones dejaron estupefacto a Ancelin. No supo qué responder.

—No obstante —prosiguió Raimundo—, tal vez encuentre algún refuerzo en el camino. Me parece que uno de mis vizcondes sueña con ir a Jerusalén. Es Jaufré de Minerva. Visítelo de mi parte. Dígale que tomaré de buen grado su feudo bajo mi protección, si así lo decide.

—¿Dónde queda Minerva, señor conde?

—La escolta los guiará...

12
La tristeza de Ancelin

Por Castres, Lodève, Saint-Guilhem-le-Désert, llegamos sin dificultad a Minerva.

—Es inutilidad y perfidia —decían nuestros templarios, a los que muchos de sus hermanos de Tolosa se habían unido—. Nos desviamos de Marsella, y para nada, salvo para satisfacer su fantasía.

Ancelin insistía en creer que convencería a Jaufré de Minerva:

—Buenos hermanos —replicaba—, no me priven de ese mérito. El señor de Minerva tiene fama de valeroso, con carácter apasionado. Si duda, la partida está ganada a medias... La refriega en el bosque redujo nuestra tropa. ¿Qué pareceríamos presentándonos ante el rey Balduino: "Buen señor rey, aquí está nuestra gente de Francia"? ¿Cuántos son?

—Ancelin, usted que temía que no quedaran más barcos, esto agrava nuestro retraso.

—Tengo razón, Guiot. Cuantos más seamos en Marsella, más fácil nos será embarcarnos. No fletarían una nave por un puñado de compañeros como nosotros. Pero con Jaufré de Minerva y su gente...

Cedimos una vez más. Creo que esa tierra nos hacía más vulnerables. Sucumbíamos al encantamiento de ese cielo con los colores del arco iris y como esfumado de tanto sol. Avanzábamos, lánguidos, por entre los olivos polvorientos, las rocas claras y el chirriar de las cigarras. Las colinas eran de color índigo, pero la tierra, los caminos y los pueblos tenían tonos miel, como de oro envejecido.

Minerva era una ciudad fortificada, con aire morisco y un fino torreón que asomaba sobre las colinas. Dos torrentes casi secos caían al fondo de abismos vertiginosos y aislaban el peñasco en forma de corazón que la sostenía. No solo se encerraba dentro de las murallas y sus torres, sino que cada casa de su periferia era una fortaleza. Abajo, en la planicie, había cultivos y olivares. Las hileras de los viñedos subían por los flancos de la ladera, entre los cipreses. Ciertamente, ninguna región de Francia evoca mejor los horizontes de Judea. La iglesia misma, muy antigua, se parecía a los santuarios orientales.

Jaufré de Minerva no tenía en absoluto la piel olivácea ni el cabello lacio del conde de Tolosa, sino la barba rubia y los ojos azules de los hombres del norte. Abrigamos cierta esperanza. Su hábito desdeñaba los adornos. Su paso era diligente; su hablar, militar. Los habitantes de Minerva no lo trataban con familiaridad; lo respetaban y amaban. No existían las asambleas para obstruir su poder; era el amo de su vizcondado, pero no un tirano. Cuando Ancelin le entregó el recado del conde de Tolosa, respondió:

—Es verdad que esperaba con el corazón impaciente coser la cruz. Pero significaría dejar mi vizcondado a merced de mis queridos vecinos, los Trencavel de Carcassonne y los barones de Lastours.

—El conde Raimundo la tomaría bajo su protección.

—Es lo que debo evitar. Aprovecharía mi ausencia para meter mano en ella, transformar en posesión lo que no es más que un vasallaje nominal. Puedo en rigor servir a Tolosa, pero libremente, ya que desconfío de su doblez.

—Señor vizconde —insistía el buen Ancelin, que no captaba en absoluto esas sutilezas—, no hay poder que se resista a la Iglesia, ni maldad que no castigue tarde o temprano.

Suponiendo que el conde Raimundo, o uno de sus vecinos, se apoderara de Minerva en su ausencia, sería excomulgado. ¿Olvida usted que por encima de los dueños temporales están los obispos?

—Señor Ancelin, usted no conoce a los obispos de nuestras comarcas. Para no perder ciertas ventajas, nuestros obispos no pronuncian excomuniones. Una podredumbre se ha instalado en el clero de aquí... Y esa es la razón por la que, pese a que quiero partir, no puedo. ¿Me juzga con crueldad?

—Lo compadezco. Su generosidad innata se confunde con preocupaciones fútiles.

—¿Aceptaría usted perder así sus bienes? ¿Renunciaría usted a su pueblo?

—Señor vizconde, no soy más que un humilde señor de campo; solo tengo labradores y leñadores a mi alrededor.

—Fue el emperador Carlomagno quien entregó Minerva a mis padres.

—Prefiere usted un poco de tierra al amor de Dios.

—Sin duda, maestro Ancelin. Sin embargo, hay otra razón. ¿Conversó usted con esos hombres que llaman perfectos, sectarios de una nueva religión?

—No, por cierto.

—Hágalo y se dará cuenta de la amenaza que pesa sobre esta tierra. Comprenderá que la guerra estallará algún día. Esos hombres oscuros han dado el pretexto. La corrupción de los obispos facilita su trabajo. En realidad, envidian nuestra opulencia, nuestra manera de vivir y nuestros bienes. Todo esto quedará destruido. Nuestras divisiones son tales que no tenemos ninguna oportunidad de triunfar.

—En tal caso, parta.

—Me quedo. Para mi amargura y contrariedad... Tengo un pacto con el pueblo de Minerva. Si tomara la cruz, ¿quién me seguiría, excepto los caballeros y los mercenarios? Los corazones están gangrenados. Vean la iglesia desierta y el canónigo viviendo allí, escondido a pesar de mi protección, y comprenderá, señor Ancelin.

Era verdad. Fuimos asediados por los perfectos. Hablaban sin violencia e incluso con exquisita dulzura. Empezaron por felicitarnos por haber dejado nuestros bienes para ir a ultramar y por preferir los imprevistos del viaje a la quietud de nuestros hogares. No obstante, decían:

—¿Qué adorarán ustedes en el Gólgota? ¿Nada más que una señal engañosa? ¿Qué significa Su Santo Sepulcro, ya que Jesús no murió de muerte carnal, siendo Dios y habiendo vivido sólo como espíritu? Aprendan a conocer su religión.

Fue necesario que una escolta nos acompañara hasta las afueras de la ciudad. Ancelin inclinaba un poco la cabeza bajo los abucheos y rechiflas. Cuando estuvimos algo alejados, oímos que repetía:

—Pobre señor de Minerva...

No había llegado el final de sus tormentos. Aunque arribamos bastante rápido a Marsella, por Lunel y Arles, ya no había naves a punto de salir. Supe que mis compañeros habían salido hacia Jerusalén hacía dos semanas. Empezábamos a desesperarnos cuando se anunció la llegada de un contingente importante de templarios. Aceptaron llevarnos a condición de un buen pago. Sin embargo, debimos esperar más de dos meses a que un barco de la orden llegara a puerto y estuviese en estado de volver a navegar. Nuestros días transcurrían en la ociosidad, entre gente ruidosa cuyo lenguaje apenas comprendíamos. El dinero disminuía. Tuvimos que restringir gastos y vender algunos caballos. Jeanne ofreció sus escasas joyas. En cuanto a su padre, no cesaba de lamentarse:

—Es mi culpa. Soy el culpable de todo. Sin mí, ya estarían cerca del rey Balduino. Mi temperamento caprichoso y mi debilidad arruinaron todo.

A causa del disgusto, contrajo una fiebre intermitente; lo sorprendía por uno o dos días y se le pasaba, pero volvía más tarde. En vano un médico de la ciudad le suministró sus pociones. La extraña fiebre consumía las fuerzas que le quedaban. En lo que duraba cada acceso, gemía sin cesar:

—¿No veré entonces el Santo Sepulcro? ¿Por qué, Dios mío? ¿Por qué sólo yo de entre todos los demás?

La nave del Temple tardaba en llegar. Nos preguntábamos si habría zozobrado en alguna tempestad. Cuando, por fin, los vigías del puerto la señalaron, Ancelin quiso levantarse, irrefrenable, para embarcar. No pudimos ni quisimos impedírselo; era su última oportunidad de recuperación, si acaso existía alguna. Cuando los altos extremos de la nave se nos acercaron, con sus castillos de popa y proa flanqueados por los escudos pintados con la cruz del Temple, lloró de alegría.

Nunca supo que discutimos largamente sobre su situación. La nave no pertenecía a la orden; era alquilada. El capitán, tomando conocimiento de que teníamos un enfermo entre nosotros, invocó el riesgo de contagio y se opuso a subirlo a bordo. Pidió que se le explicara en detalle el caso del estado febril e insistió en que podría indicar una enfermedad mucho más grave, propagada en la ciudad de Marsella. Los templarios intercedieron, pero sin éxito. Fue Renaud quien descubrió, porque era mucho más cínico y lúcido que nosotros, el trasfondo de esa negativa. Con una pequeña compensación, el capitán asumiría gustoso el riesgo, aunque eso dio lugar otra vez a tortuosos regateos. Por fin, soltaron las amarras y con brisa del oeste nos hicimos a la mar.

La nave era grande y de flancos profundos, pero con nuestros caballos, rocines, equipajes y las mercancías que transportaba aquel marino ladrón, íbamos muy apretados. No reveló enseguida sus proyectos, que no concordaban en absoluto con los nuestros, excepto cuando recalamos en Génova con el pretexto de "cargar agua"; en realidad, para trocar sus barriles de vino provenzal por armas y trigo. Los templarios protestaron, pero el capitán mostró un contrato en buena y debida forma, con el sello del gran maestre, que pretendía autorizar dicho tráfico entre San Juan de Acre y Marsella.

No diré nada más de aquel viaje miserable. La hermosa brisa había amainado. La pesada nave se trasladaba de escala en escala y de trueque en trueque. Ancelin moría poco a poco. Día a día adelgazaba. Le habían dado un camarote en el castillo de popa, con un ventanuco que tenía un vitral. Jeanne lo compartía con él.

Era la única mujer a bordo y algún comendador templario le había hecho entender que no debía mostrarse mucho. Salvo a la noche, nunca estaba sola. Nos turnábamos para hacerle compañía, ayudarla a sacudir el camastro de su padre y llevarle comida. Ancelin ya no tenía cabello en las sienes. Había perdido las cejas y la barba. Su piel acerada se adhería a los huesos de los pómulos y la mandíbula. Desde el fondo de sus huecos oscuros, las pupilas miraban fijamente la línea del horizonte. Por momentos la rabia lo asaltaba:

—Estos marinos son secuaces del diablo. Nunca llegaremos a Jerusalén.

Jeanne le limpiaba la frente:

—Padre, no se agite así.

—El buque se mueve tanto como una estaca en un prado. Les aseguro que esos marinos son falsos cristianos, vendidos a los impíos y que nos entregarán a Saladino. Pero, sabes, Guiot, no me agarrarán vivo. No daré vueltas a la noria, ni al molino de trigo. No soy un mulo de Auvernia, ni un borrico de Poitou. Soy Ancelin. Antes de servir a un infiel, me arrojaré al mar...

Hacía como si se fuera a levantar. Debíamos detenerlo y volver a acostarlo. Su delirio cesaba.

—Si por lo menos supiéramos si están pagados por Saladino —gemía—. El rey Balduino necesita tanto nuestra ayuda.

—Padre —decía Jeanne—, en realidad no son los marinos los que dirigen el navío, sino los ángeles.

—Ángeles distraídos. Deberían despabilarse.

A veces, ella le mentía con ternura:

—No pierda las esperanzas. Un templario que ha hecho este viaje más de una vez dice que estamos cerca de Tierra Santa. Y que si los vientos son favorables, pisaremos tierra antes de una semana.

—Ese templario es un consuelo. Pero mientras haya una caja en la bodega, los vientos no importan. La muerte nos persigue y no tiene nada que vender; no es como ese supuesto capitán.

—Dios no puede abandonarnos tan cerca de Jerusalén. El templario dice, además, que esta fiebre es común en Tierra Santa y que no es grave. Ataca seriamente por un tiempo, pero no perjudica las raíces vitales.

—¿Cómo lo sabe?

—Porque la padeció. Y se recuperó.

—¡Hijita de la esperanza! Aunque esta nave se hundiera en el mar, no perderías la esperanza.

Ello estuvo a punto de ocurrirnos por error del capitán. No previó la tempestad que nos sorprendió cerca de la costa de Chipre. Se abrió una vía de agua en proa. No sé cómo, ni por qué, en la noche negra plagada de truenos y relámpagos, bajo la espuma y el agua, la niña-esperanza se apareció en medio de nosotros. Vimos la luminosidad de sus cabellos a la luz del fanal, como en pleno día. Sonreía, sonreía y sonreía. Nuestra angustia se disipó, y cuando bajó a la bodega, también la de los caballos. ¡Ah, milagro del alma pura, brillo de un corazón rebosante de amor! Todo lo que éramos con nuestras penas, nuestro pasado de buenas y malas acciones, nuestros deseos y fracasos, nuestras plegarias y nuestros arrepentimientos, no valían más que un comino o que el rocío de las olas en comparación con ella, con su verdad tan humana. Fue esa noche, en medio de aquel tumulto, con los golpes de aparejos rotos, sobre esa nave mitad volcada, entre los caballos que relinchaban, cuando me arrodillé delante de Jeanne y le besé la mano y luego el borde del vestido.

—¿Tú, Guiot? Ayuda a los marinos a tapar el agujero. Sé útil.

No sé todavía cómo nos salvamos, ni por qué a la mañana siguiente el mar estaba calmo. Jeanne permanecía con su padre. Le hablaba con esa voz sin igual, que –repito– era un manantial cristalino bajo el follaje, arrulladora y palpitante. Y yo, con mi torpeza y pesadez de hombre, me quedaba allí, escuchándola y preguntándome si había sido presa de un sueño, o si aquella mujer era real.

Aun dañada como estaba y un poco destartalada, la nave pudo entrar en el puerto de Chipre. Hubo que reparar el casco y las amuras. Otra vez teníamos que esperar. Ancelin se seguía lamentando. No obstante, el aire perfumado de la isla, su clima y el reposo que nos fue impuesto le hicieron bien. La fiebre desapareció. Le volvió un poco de color a las mejillas y recuperó algo de peso. Todos sabíamos que no sobreviviría mucho tiempo, y que apenas era una prórroga momentánea. Lo presentíamos. Pero a él, la ilusión de sentirse mejor le infundía valor. De alguna manera había cumplido y terminado su peregrinaje, y sin saberlo, también había recuperado lo que es el meollo de toda criatura, su alma de niño. Se extasiaba con todo: las flores, el mar entre las rocas rojas, los peces y las playas, los frutos de los árboles, el canto de los pájaros, el estallido de ese otoño que parecía un verano eterno, el recorrido del sol.

La alegría que experimentaba era tal vez hermana de la exaltación que tendremos el día de la resurrección: entonces, después de nuestro ensombrecido sueño, nos despertaremos, recuperando de golpe la luz de nuestros ojos, la frescura salada del aire en nuestro pecho y el palpitar de nuestras arterias. Aun los que teníamos el alma negra por obra del destino percibíamos la naturaleza sutil de la felicidad de Ancelin. A nadie se le hubiera ocurrido reírse de sus reflexiones pueriles.

Pero nada de eso fue lo más importante que pude apreciar en Chipre...

Lo que vi fue a Jeanne ayudando a un leproso a cambiarse las vendas, dándole de beber y hablándole con dulzura sin asomo de rechazo. Lo que pasó en el fondo de mi corazón, las imágenes premonitorias que se inscribieron en ese instante, me turbaron. Pronto sabrán por qué. No obstante, les pido que crean que Jeanne era una muchacha de carne y hueso. Quería enamorarse, tener hijos cuyos nombres elegía con antelación, dormir en el lecho de un hombre y entregarle su abrazo con ese orgullo y arrebato que animaban el menor de sus gestos, embelleciendo cada una de sus palabras. ¡Cuánto tiempo tardé en comprender lo que el Señor exigía de ella! Todavía hoy persiste en mí cierta insatisfacción al respecto. ¿Quién, a fin de cuentas, es vencedor o vencido, en esta vida? ¿Y por qué la muerte extiende su silencio y su sombra sobre lo que existía con tanta fuerza? Siento que Jeanne está tan viva como en el puente chipriota, ante ese leproso. Su voz se apaga, sin embargo, y sé dónde yace su cuerpo convertido en polvo...

Hermanos, no les den importancia a estas palabras. Es mi lado terrenal el que habla así, y no mi fe; mi corazón castigado por sus fracasos, y no mi esperanza de encontrarla entre nuestros amigos olvidados.

Aquí Guiot se concedía la segunda pausa. Se retiraban, unos a su habitación, otros al dormitorio común, preguntándose si Ancelin pudo cumplir sus deseos, si el anciano vio al fin el Santo Sepulcro en recompensa por sus sufrimientos. Los más jóvenes, mientras se retiraban, se atrevían a preguntárselo a Guiot. A veces, respondía:

—¿Crees que Dios sea ingrato?

13
Montgisard

*L*a noche cubría la tierra con su velo y una campana tañía a lo lejos. Pertenecía a un monasterio en los confines del bosque. Repicaba a esa hora tardía, llamando a los monjes a la oración. Los animales nocturnos también la escuchaban. Los zorros erguían sus orejas ágiles; los búhos, sus copetes, y los jabalíes, sus morros velludos. Era el momento que Guiot esperaba para retomar el viejo sendero.

La luna creciente arrojaba una luz pálida sobre el adoquinado del patio. El centinela de servicio golpeaba el suelo con los pies mientras hacía la ronda. Miraba con envidia las tres ventanas de la sala donde Guiot hablaba, la luz de las velas y de la chimenea visibles a través de los vitrales; luego, esa campiña silenciosa y vacía, la inmensidad de los árboles y de los campos ascendían hacia las colinas del horizonte. Los estanques relucían en largas capas blancas orilladas de juncos, que bordeaban los primeros montes... Entonces, Guiot continuaba su relato.

En Jaffa, la población estaba angustiada. Tuvimos la triste sorpresa de ver a los soldados trabajar en las fortificaciones de las murallas y a los convoyes de víveres dirigirse precipitadamente hacia la ciudad, en medio de los fugitivos.

—¡Está todo perdido! —clamaba esa pobre gente—. Saladino está ante las puertas de Jerusalén. En el norte, el conde de Flandes está listo para la batalla. En el sur, nuestro joven rey Balduino, con tan pocas fuerzas, ¿podrá detener el ejército de Saladino? Los infieles queman, roban, degüellan por todas partes e impunemente... ¡Ah, cruzados de Francia, llegan muy tarde! ¡Y son muy pocos!

En vano la caballería de Jaffa se esforzaba por calmar la locura general. Ella misma estaba insegura.

Otra decepción nos esperaba. Los templarios de Jerusalén no quisieron encargarse de Ancelin.

—Es un moribundo. Jamás podrá atravesar el desierto. Nos retrasará. Que se quede en nuestra casa de Jaffa. Debemos partir sin demora. Tenemos órdenes del gran maestre.

Ancelin juntaba las manos descarnadas y agachaba la cabeza. No se quejaba; parecía resignado. Tres días en el mar habían bastado para quitarle la vivacidad, el buen semblante y las fuerzas que había recuperado en la isla de Chipre. Se quedaba postrado en medio de nosotros, esperando la decisión, sin mostrar la menor rebeldía, como si se hubiera tratado de otra persona. Simplemente temblaba por la aflicción, o por el frío. Felizmente uno de nuestros labradores, dotado de una mirada de lince, vio al final de una callejuela, a través de la multitud que se movía compacta, una litera tirada por dos caballos. Corrió hacia ella, seguido por Renaud. La litera se acercaba por detrás del barco, mientras que su dueño discutía con el hijo de Ancelin:

—Le estoy diciendo que está por encima de nuestras posibilidades.

—Caballero, sea usted razonable, ya he rebajado un tercio. Vendo a pérdida.

—¡Pérfido usurero! Saladino está a punto de invadir y tú sólo piensas en el dinero. Allí hay un hombre que muere por haber querido ver Jerusalén. Vale mucho más que todas las camillas del mundo y que usted.

—Que se quede en Jaffa esperando el resultado del combate. Será tratado con respeto y cuidado.

El jefe de la escolta, el templario Maynard, se interpuso entre ellos cuando Renaud, loco de ira, desenvainó la espada:

—Danos tu litera, comerciante. A partir de ahora, no te sirve. El Temple te pagará. ¡Obedece, miserable!

Por fin pudimos irnos, dándole la espalda sin lástima a la nave de altura, que por culpa de su capitán había demorado tantos meses y semanas en llegar a Marsella. Tuvo la osadía, incluso, de preguntarnos si estábamos contentos con su servicio, y dijo con una sonrisa que no conocíamos:

—Buenos señores, si todavía están con vida, es gracias a mi habilidad náutica. No existen todavía en Jaffa ni en Marsella otros capitanes que sepan evitar los arrecifes de Chipre. Recomiéndenme a sus compañeros. Apuesto a que no dudarán en recurrir a mí, dada la situación imperante.

De nuevo tuvimos que contener a Renaud. El capitán nos seguía, sin asomo de vergüenza:

—Recuerden mi nave, amables señores, y nuestra camaradería en el mar, como también la comida. Y ustedes, nobles templarios, no olviden enviarle mis saludos a monseñor el gran maestre, príncipe fastuoso. Soy su humilde y fiel servidor. Que no se olviden de mí en el más allá.

Finalmente, nos liberó de su detestable presencia. Por fin nos quedamos tranquilos y casi solos. Y digo "casi" porque nos cruzamos con unos campesinos que huían con sus burros cargados de ropa, utensilios y vituallas. Muchos de ellos tenían el cutis oscuro y el hábito de lana rayada propia de los infieles. Parecían sorprendidos de vernos partir de Jaffa, y tomar la ruta inversa, tan peligrosa. Serpenteaba a través de un desierto de colinas y rocallas rojas, entre uno que otro pueblo, campos secos y árboles escasos. Encontramos también pastores con barbas en punta y cabellos largos, arreando delante de ellos rebaños de ovejas y cabras. Se parecían a los personajes de la Biblia, al menos tal como nos los imaginábamos. Luego, no hubo delante de nosotros más que esas montañas de fuego, esa tierra de color leonado y ese mar petrificado cuyo vacío silencioso nos oprimía el corazón.

Ancelin entreabría los párpados, generalmente cerrados, cuando alguno de nosotros le hablaba. Entre las cortinas de pasamanería de la litera, parecía una estatua. Como estas, mantenía unidas las manos amarillas. No preguntaba si Jerusalén estaba cerca, ni por qué nos encontrábamos con aquella pobre gente atestada de equipaje, ni por qué cabalgábamos tan rápido a riesgo de agotar a los caballos. Estaba ya en su retraimiento. Una sonrisa de gratitud infinita plegaba la comisura de sus labios y la piel arrugada de sus sienes. No respondía a nuestras preguntas. Solo sus párpados magullados se levantaban o caían indicando que todavía estaba en este mundo...

Conocía muy bien al templario Maynard. Venía a menudo a Mont-Royal, perteneciente a la secretaría del gran maestre. También iba yo a la casa presbiteral de la orden, a llevar los pliegos de mi rey Balduino. Con el correr de los días, nos hicimos amigos. Era un hombre de edad madura, fornido, de aspecto vigoroso, aunque reflexivo:

—Digamos que no has elegido el mejor momento, mi Guiot.

—La verdad que no.

—Podrías haberte quedado allá, tal es la situación en que nos encontramos.

—Dime, ¿qué pasa realmente?

—Nada. Exageran. La situación es grave pero no desesperada. Una ayuda de Occidente nos restablecería por completo.

—¡Ay! ¿Has visto lo que le llevo al rey? Y los dos tercios son templarios.

—Tus compañeros no han tenido más suerte que tú, te lo aseguro. ¿Sabes cuántas naves llegaron luego de tan buenas misiones? Cuatro. No es un buen momento.

—No lo es, para nada. Los príncipes de Occidente no se interesan. Y no solo ellos, sino sus vasallos, y hasta los pequeños señores y sus segundones, que no tienen nada que perder, sino todo lo contrario. ¡Dios nos abandona!

—No es así, Guiot.

—Dime, ¿es verdad que Saladino amenaza Jerusalén?

—Es lo que tememos.

—Entonces, ¿por qué retiramos nuestras armas? La victoria era nuestra por todos lados antes de mi partida.

Maynard bajó la voz:

—La salud del rey empeora. Ese es el mayor peligro. Y está rodeado de ese grupo de ambiciosos e incapaces, y medio traidores. Él lo sabe, lo cual, sumado a su padecimiento físico...

Una tropa de caballeros bajaba por una cuesta. Llevaban lanzas de guerra y montaban unos caballos pequeños muy veloces. A la distancia, no podíamos distinguir a qué bando pertenecían.

—¡Sargentos, en guardia! —ordenó Maynard—. Vayan a investigar, mis jinetes, pero con prudencia.

La tropa reapareció en una cima, y quedó inmóvil con sus lanzas y caballos alineados bajo el cielo. Nuestro labrador dijo que distinguía cruces sobre los pendones. No obstante, la tropa desapareció en la polvareda.

—Estabas en Francia cuando renació nuestra esperanza. Felipe de Alsacia, conde de Flandes y pariente cercano de Balduino, desembarcó con un fuerte contingente de cruzados. Creímos que Dios nos lo enviaba para salvar el reino. Balduino apostó a su parentesco y a su propia desgracia y le ofreció la regencia, que se conoce como bailía. Pero el conde de Flandes ocultaba un corazón perverso bajo la cruz de paño. Pretextó que su venida a Tierra Santa era por motivos religiosos, y no para hacerse cargo de esa bailía.

—¿Qué traición ocultaba bajo su apariencia, mi templario?

—Espera. ¿Recuerdas que el emperador de Bizancio, Manuel Comneno, había sellado un pacto con nosotros, con el objetivo de conducir a Egipto una expedición conjunta contra Saladino?

—Sí, era un golpe al corazón del islam.

—Balduino no podía abandonar su reino como tampoco dirigir una expedición en el estado de salud en que se encontraba. Quiso confiarle el mando a Felipe, que nos mantuvo en suspenso mientras se perdía en conjeturas engañosas, subterfugios y negociaciones. Nuestros enviados se esforzaban por convencerlo y aplacar la cólera de los bizantinos. Manuel Comneno se cansó. El pacto fue postergado para más adelante, es decir, por tiempo indeterminado.

—¿Soportaron ustedes esa traición?

—Balduino no podía creer que un hombre de su propia sangre cometiera tal bajeza. Se obstinaba en el error, confiando en que se trataba de algún cambio brusco de carácter. La verdad, mi querido Guiot, es que la regencia del reino no satisfacía al conde de Flandes. Cuando creyó que nuestro joven rey estaba perdido y consideró los derechos que lo asistían por parte de su madre y de Fulco, el anciano rey de Jerusalén, pretendió la corona. Pero después de Balduino, estaban sus hermanas, Sibila e Isabel. Felipe esperaba casarlas en su propio beneficio.

—¿Es posible?

—Escucha. Si, tal como él lo deseaba, los hijos de Roberto de Béthune se casaban con las dos princesas, la rica ciudad de Béthune le correspondería a él, Felipe. ¿Entiendes ahora?

—Ay, Maynard, ¿dónde está Godofredo de Bouillon, el buen vicario de Cristo que rechazó la corona de oro donde Jesús recibió la corona de espinas? ¿Dónde están nuestros primeros cruzados?

—Deja de lamentarte, porque eso no es todo. Bohemundo

de Antioquía y Trípoli, pariente de tu conde de Tolosa, acabó con los problemas cuando llamó a Felipe hacia sus fronteras. Están ocupados asediando Hama, fortaleza ruin, pero por juego y por el honor, poseídos por un espíritu fútil de torneo. Por desgracia, le arrebataron las mejores tropas a Balduino.

—Y Saladino se aprovecha de ello...

—El demonio negro se aprovecha. Marcha hacia Ascalón, arrasando todo a su paso... Balduino, después de despojar heroicamente Jerusalén y reunir a quinientos caballeros, incluso a los contingentes del templo y del hospital, corre en ayuda de Ascalón... Es todo, Guiot. Se dice que Saladino, subestimando al pequeño ejército de Balduino, se dirige hacia la Ciudad Santa, incapaz ya de defenderse, pues sus soldados, sus comandantes y su mismo rey la han abandonado. Esa era la situación en el momento en que nuestro maestre del Temple nos envió a Jaffa para escoltar a los peregrinos, según es nuestro deber.

Lo que mi templario Maynard ignoraba, igual que los habitantes de Jerusalén y de Jaffa, era la increíble audacia de nuestro rey de dieciséis años y su fe capaz de mover montañas. Viendo que Saladino se alejaba de pronto con su inmenso ejército hacia Jerusalén, hizo salir las tropas de Ascalón. Pero en lugar de atacar la retaguardia de Saladino, lo que sin duda este esperaba, y hasta había provocado y querido, siguió la costa en dirección al norte y luego bajó hacia el sudeste, trazando una vasta curva sobre el flanco enemigo.

El sultán de Egipto continuaba su marcha triunfal por la planicie de Ascalón, tan seguro de sí mismo como desdeñoso de los caballeros francos, y dejaba a sus escuadras de caballería dispersas por la zona, pillando y saqueando bienes. En el momento en que el grueso de su ejército vadeaba un arroyo en Montgisard, a la entrada del valle de los Terebintos, vio surgir a los caballeros de Balduino, agrupados alrededor de la Vera

Cruz que blandía el obispo Aubert de Belén. El joven rey, considerando la debilidad de sus fuerzas y la falta de confianza de los suyos, repentinamente inspirado por Dios, puso pie en tierra, se arrodilló cara al suelo, y con los ojos llenos de lágrimas dijo:

—¡Todopoderoso, puesto que soy frágil y débil, toma el mando de mis fuerzas, en el nombre de tu Santa Cruz!

Al oír esto, sus hombres juraron considerar traidor al que volviera sobre sus pasos. Desenvainaron las espadas y cargaron. Los árabes que cayeron prisioneros en aquella batalla me dijeron que los nuestros surgieron por encima de ellos "ágiles como lobos, ladrando como perros, en masa, y ardientes como las llamas".

Por unos instantes las tropas de Saladino creyeron poder resistir. Pero la sagrada indignación impulsaba a los caballeros de Jerusalén. Los turcos, los árabes, los curdos, los emires, los lugartenientes, los hermanos de Saladino y él mismo se desbandaron de golpe. Para poder huir más rápido, tiraron los cascos, las armas, los equipajes y las banderas, y galoparon rumbo al desierto hacia el Egipto salvador. Y Balduino los perseguía sin piedad, recogiendo un botín prodigioso y tomando muchos prisioneros. Nadie había asistido a victoria semejante después de Godofredo de Bouillon. Y fue tal vez la más bella que los francos obtuvieron en toda su historia.

Valdría la pena hacer referencia una vez más al temblor de las manos de Guiot cuando se refería a Montgisard, y a la expresión de su rostro, de ningún modo rencorosa, sino más bien iluminada por dentro. Ese fuego sagrado se transmitía a sus oyentes. Los que habían visitado los Santos Lugares, recordaban. Los que soñaban con conocerlos, apoyaban el mentón en la palma de la mano y observaban al relator con mirada anhelante; cada uno se conmovía a su manera. La voz de Guiot adquiría el acento del ruiseñor cuando se reúne por la noche entre el follaje con los demás pájaros y se convierte en el rey del bosque. Sin embargo, para él no tenía nada de extraordinario. Todas sus palabras eran sentidas y meditadas, no por ciencia de narrador, sino porque surgían de lo más recóndito de su alma.

Y sin saber lo ocurrido en Montgisard, Ancelin en su litera con pasamanería dorada, y nosotros cabalgando a su alrededor entre los mantos blancos, llegamos al término de tan largo y fastidioso viaje a la santa de las santas y objeto de nuestros deseos: Jerusalén.

14
Jerusalén

Aquella mañana, ante las angustiosas súplicas de Ancelin, subimos al Monte de los Olivos. Quería ver la salida del sol sobre la ciudad. Para satisfacer su piadoso deseo –y también porque un enfermero del Temple después de examinarlo nos dijo, moviendo la cabeza: "¡Buenos hermanos, no deben negarle nada!"–, lo condujimos despacio en litera hacia allí.

La noche anterior, antes de entrar en la Ciudad Santa por la puerta de Jaffa, había exigido, recuperando de pronto las fuerzas y la voz, que nuestro séquito hiciera una parada en el Gólgota, a pesar de la hora avanzada y la insistencia del templario Maynard de ponernos a cubierto. Y allí nadie pudo impedir que bajara de la litera y apoyara la frente en el lugar donde los verdugos de Jesús levantaron su cruz.

—¡Santo, santo, santo polvo! —exclamaba.

Cuando Jeanne y Renaud lo levantaron con infinita precaución, estaba llorando. Era compasión por el divino suplicio y agradecimiento por la concesión de su deseo. Después nos miró uno por uno, con esa inmensa y ardiente mirada que le confería la fiebre, y dijo:

—Mis compañeros, un enorme agradecimiento a ustedes...

La noche cayó cuando cruzamos la puerta de Jaffa, y en forma muy abrupta, como era usual en el mes de noviembre. Los templarios fueron a presentarle sus respetos al gran maestre. Nos recibieron en su hospedería, mientras buscábamos un albergue para el señor de Mauléon y los suyos. Ante la ausencia el rey Balduino, yo no tenía ningún apuro en regresar a Mont-Royal, donde solo encontraría poca gente y perfidia. Mis verdaderos amigos estaban, sin duda alguna, en la planicie de Ascalón con el rey; en cambio, los traidores y cortesanos de baja calaña aguardaban en las habitaciones y pasillos, urdiendo un dudoso porvenir...

Guiot callaba un momento. Con los ojos cerrados, recordaba el regreso; volvía a ver las murallas almenadas, las torres de Jerusalén arreboladas por el sol de la tarde y las cúpulas como naranjas entre el follaje. En la calle del Templo la sombra caía en medio de los puestos, sobre una multitud hormigueante y abigarrada, que mezclaba todos los idiomas: el armenio y el bizantino, el hebreo y el inglés, el alemán y el español, el francés provenzal y el normando. Luego, la casa presbiteral que ocupaba la explanada del templo de Salomón. Su cúpula enorme dominaba la ciudad, rematada con una cruz de oro y el estandarte Beaussant: negro como la muerte, blanco como la resurrección, oscuro como el pecado y la crueldad de los hombres, y claro como la inocencia y las alas de los ángeles. A su alrededor, la vivienda del gran maestre y de los oficiales de la orden, el refectorio de los caballeros y el de los escuderos, sus dormitorios, la capilla dedicada a Nuestra Señora, honor, principio y fin de la orden.

En otros edificios trabajaban los obreros del templo, llamados compañeros del santo deber: los tejedores y sastres, los talabarteros, los carpinteros, los armeros y herreros. Guiot volvía a ver las chispas que brotaban de los martillos... También, el gran y hermoso hostal separado por una reja simbólica, en señal de respeto por la regla, que excluía a las mujeres del mundo de los monjes-soldados. Los manto-blanco pasaban en esos caballos pequeños que les habían arrebatado a los sarracenos. Una campana llamaba al oficio. Los caballeros demasiado mayores para pelear, o demasiado heridos, rezaban por la victoria del rey Balduino y por la salvación de los hermanos que lo acompañaban.

Después de la cena, Maynard quiso asegurarse de que todos estuvieran cómodos. Había llevado a Jeanne y Renaud a visitar las caballerizas que se encontraban en la explanada...

Guiot murmuraba:

—Tenían capacidad para dos mil quinientos caballos o mil quinientos camellos. Los arneses colgados en la pared, engrasados y bruñidos, las lanzas e hileras de escudos con la cruz... ¡Ah! ¿Por qué todo eso se ha desvanecido, como el polvo bajo el paso de los caballos, como los años? Todo aquel poderío.

Siempre había alguien que lo hacía retornar al relato:

—Estimado Guiot, esa mañana no estabas en las caballerizas de Salomón, sino con Ancelin, en el Monte de los Olivos. Ancelin quería ver la salida del sol sobre la Ciudad Santa.

—Perdona mi distracción. Debería de hablar un poco de nuestra antigua casa presbiteral. Ninguno de ustedes la ha visto. Las de Acre y Tiro eran casas sólidas solo en comparación con el palacio que teníamos, y que hoy el sarraceno profana. ¡Ah, cómo pudieron permitir semejante sacrilegio...!

Estábamos entonces en el Monte de los Olivos. El maestro Ancelin se extasiaba ante todo, no de manera pueril como en Chipre, sino con gran seriedad. Lo sentamos en uno de esos árboles milenarios de los que se decía que fueron testigos de la última noche de Cristo y que cobijaron el insoportable sueño de los apóstoles. El cielo, que al final del día parecía hecho con flores de durazno, se teñía de azul a cada instante en tonalidades y transparencias que extasiaban a los peregrinos, muchos de ellos procedentes de húmedos paisajes rurales y montañas amenazantes. En lugar de sus sempiternos cielos nublados, lo que dominaba ese cielo era una sustancia viva, un tapizado de seda, agitado por la leve brisa, palpitante y espejada. Ese cielo coloreaba el alma y contagiaba su alegría. Blanca y rojiza entre sus colinas, Jerusalén despertaba. Una exuberancia increíble de fachadas, terrazas, arcos, campanarios y torres se alzaba hacia el horizonte siguiendo la línea almenada. Ancelin pedía que le nombráramos los principales lugares y las obras más reconocidas:

—¿Es esta la Puerta Dorada, mi Guiot?

—Sí, lo es, mi señor.

—Este sólido campanario, ¿es el del Santo Sepulcro?

—Lo es, y allá hacia el sur está Santa Ana.

—¿Aquellas cuatro torres son del joven rey?

—Sí, es su palacio de Mont-Royal. Lo llevaré mañana, si Balduino está de regreso.

—¡Dios quiera! El cielo está tan limpio que puedo distinguir, a pesar de mi cansancio, la cruz sobre el estandarte Beaussant. —Sus uñas escamadas acariciaban la corteza—: Imagino que el Señor Jesús tal vez haya rezado bajo este árbol. Cerca de esos peñascos, los apóstoles apoyaban la cabeza en los codos. Estaba solo en su última noche. ¿Pero acaso no se está siempre solo en esa situación? Dime, Guiot.

—No, a partir del momento en que murió en la cruz. Velará por nosotros hasta el final de los tiempos.

—Si perdonó a los apóstoles aunque se quedaron dormidos, creo que nos perdonará. Nosotros no solo nos hemos quedado dormidos una noche mientras él velaba, sino a lo largo de toda nuestra vida. Sufre y nosotros dormimos. Está en perpetua agonía y nosotros reímos y bromeamos, consumiendo nuestros días.

—Lo ha llevado a un buen final, mi señor, prueba de que lo ama.

—Verdad.

—Está usted aquí en el huerto de Su pasión.

—¡Qué calor hace de pronto! Es el final del mes de noviembre y el sol es más fuerte que en verano en Mauléon. ¿Ves aquella fuente, Guiot? Quiero beber su agua.

—No es razonable —intervino Jeanne.

—No se trata de la razón.

En verdad comió esa agua más que beberla, y la saboreó durante un buen rato; luego dijo:

—Seguramente Jesús tuvo sed durante la noche de los Olivos. Los Libros dicen que una angustia del todo humana le produjo gotas de sudor en la frente. La fuente estaba cerca. Tomó un poco de agua en el hueco de sus manos...

En ese momento oímos un inmenso clamor. Provenía del sur de la ciudad. En las torres, sonaron las trompetas cuyos tubos de cobre brillaban entre las almenas. Unos estandartes subieron por el Mont-Royal. Tapices multicolores aparecieron en las ventanas, entre risas y vivas. Una escuadra de caballeros se formó sobre la explanada del templo. La vimos dirigirse hacia la ciudad. También vimos a la gente correr abajo, hacia el sur; agitaban los brazos y se abrazaban, llenos de alegría. Nuestro labrador de mirada de lince distinguió un bosque de lanzas en marcha sobre la ruta de Ascalón, y las banderas blancas con la cruz.

—¡Es el rey que regresa! —gritó—. ¡Es él!

—¿Estás seguro?

—¡Sí, es él! Y veo en los montes la fila de los carruajes.

—Entonces ha vencido. ¡Dios sea loado!

Aquel hombre sencillo, con la alegría en el corazón, abrazó a Ancelin:

—¡Oh! ¡Buen amo, lo va a ver entonces, a él también! Lo verá con sus propios ojos.

—Lo veré. En camino, hijos. ¡Démonos prisa!

Unos caballeros salían por la puerta de Sión y galopaban agitando los estandartes hacia la columna que se aproximaba...

Guiot se hundía de nuevo en sus recuerdos, pero por poco tiempo. Los que ya habían escuchado el relato esperaban con ansias el instante que se aproximaba, viendo la expresión que se dibujaba en su rostro y que era de orgullo triunfante, de gloria aceptada con reconocimiento y absoluta humildad. Bajo las espesas cejas, sus ojos eran como lámparas iluminadas delante de un tabernáculo. El peso del recuerdo oprimía su ancho pecho. Sus puños se cerraban en los apoyabrazos del sillón. Se notaba que tenía ganas de gritar: "¡Yo estuve allí! Tuve la dicha de asistir a aquel regreso. Era hombre de aquel rey heroico, en el esplendor de su victoria. Montgisard bastaría para proclamar la grandeza de la caballería franca; fue más que el asedio de Antioquía en la época de la primera cruzada, e incluso que la toma de Jerusalén por Godofredo". Pero por algún secreto motivo controlaba el impulso de su corazón y se sobreponía a esa bocanada de orgullo que experimentaba. Retomaba entonces su relato con tranquilidad.

La ruta entre el Monte de los Olivos y la puerta de Sión no es larga. Se llega por el valle de Josafat, bajo las murallas y las tapias de los canteros de árboles frutales. Las tumbas de los antiguos reyes la bordean. Su polvareda es venerable; ha soportado millones de pisadas a través de los siglos. Es tal vez el camino más antiguo del mundo.

Por lo menos la mitad del pueblo de Jerusalén se apretujaba delante de la puerta. La otra mitad se disponía a aparecer, y llenaba ya las calles, callejuelas y plazas alrededor de las fuentes. Los artesanos y obreros habían dejado presurosos sus tareas. Todos acudían en ropa de trabajo, con la camisa abierta y los brazos y pies desnudos, la mayoría. Los comerciantes abandonaban sus puestos. Las mujeres, muchas de las cuales llevaban a su hijo a la manera sarracena, dejaron sus tareas en el hogar. Vestían telas multicolores; había algunas con el perfil fino, la mirada reflexiva, la sonrisa seria que los artistas dan a Nuestra Señora. Los ancianos se tambaleaban sobre sus piernas flojas, temiendo no encontrar una buena ubicación. Los lisiados andaban con sus muletas aquí y allá, más encolerizados que los demás y exigiendo que tuvieran piedad de su miseria. Los burgueses se pusieron sus trajes de fiesta, cadenas doradas al cuello y granates en los sombreros; sus mujeres estaban engalanadas con seda y terciopelo, y pintadas como muchachas. Por el campo y las colinas, una banda de caballeros caracoleaba.

Todas las campanas de Jerusalén, las del Santo Sepulcro, Santa Ana, San Jorge, las del Hospital y las del Templo empezaron a repicar, cubriendo los rumores. La gente les abrió paso al patriarca y a su cortejo de obispos, canónigos y levitas, que llevaban cirios y elevaban cánticos. La multitud los siguió, en dos hileras compactas, pero aun así quedaba mucha gente a nuestro alrededor. La columna armada se acercaba. Cuando el rey estuvo bien a la vista y reconocible, el sonido aumentó.

—¡Hosanna! ¡Hosanna! —gritaba el gentío.
—¡Gloria a nuestro joven rey!
—¡Que tenga larga vida!
—¡Ah, maravilla de maravillas!

Cabalgaba muy derecho bajo el peso de su corona de oro, no a la cabeza, sino detrás del obispo de Belén, que llevaba la Vera Cruz. Aquel obispo no se diferenciaba de los demás soldados con armadura más que por el crucifijo sobre su cota de malla. El joven rey parecía tan débil entre esos rudos hombres de armas, robustos, de espalda cuadrada, tan pálido entre esos rostros curtidos por el sol y los vientos del desierto... Pero, bajo su cota de acero azulado, enderezaba el torso, puro y delgado como una espada inflexible. La corona, adornada con gemas, rodeaba el casco puntiagudo. Un pañuelo ocultaba parte de sus mejillas y mentón. Lentamente, pasó delante de nosotros, el puño levantado sosteniendo las riendas, derecho como una estatua. ¿No era acaso la efigie del mejor de los caballeros que existió sobre la tierra, nuestro modelo y ejemplo?

—¡Hosanna, joven rey!
—¡Eres el vicario de Cristo!

—¡Más fuerte que Godofredo!
—¡Vencedor de Saladino!
—¡Salvador de Jerusalén!
—¡Gloria, gloria a ti! ¡Vive por nosotros!
—¡Los ángeles te obedecen!
—¡Eres nuestra carne, nuestro precioso cuerpo!
—¡Más grande que Fulco, tu abuelo!
—¡Y que tu padre, el rey Amalarico!
—¡Príncipe del cielo, el igual de San Jorge!
—¡Tú también venciste al dragón!

Parecía indiferente a las ovaciones, a las palabras frenéticas que esos hombres y mujeres lanzaban con violenta emoción. Era gente de las comarcas meridionales con idioma sencillo y espíritu imaginativo. Vimos que el rey rezaba. Sin embargo, y esto es una extravagancia más, a menos que existiera alguna misteriosa correspondencia entre determinadas almas, cuando el viejo Ancelin se levantó de su litera y lo saludó con la mano, hubo una breve y radiante sonrisa. Las uñas de Jeanne me pellizcaban la palma de la mano. Oí claramente, a pesar del ruido:

—Querido Guiot, ¡este sí que es un hombre!

Renaud no lograba ocultar su desazón. Observaba con envidia a los caballeros vencedores que recogían buena parte de los vítores y flores con que madres y niños tocaban las espuelas. Era verdad que llegábamos demasiado tarde. Renaud no hallaba consuelo. Se descosía con los dedos los bordados del cinto. Tal disgusto era propio de su edad, y a fin de cuentas hablaba bien de él...

Llegaron los soldados de a pie, piqueros y arqueros, con armadura liviana y en filas cerradas. Los aplaudían. Les alcanzaban odres de vino. Marchaban con alegría a pesar del cansancio, y para darse ánimo pensaban en el baño que se iban a dar y en los festines que los esperaban.

Después de ellos, aparecieron los carros, interminables;

traían el botín tomado a los hombres de Saladino en las tierras de Ascalón, las armas que esos mismos hombres, al huir, habían abandonado para escapar de la persecución de los francos, pedazos de yelmos y escudos, vajilla de plata, aguamaniles con incrustaciones, haces de lanzas, bolsas con monedas de oro.

Luego, en cuatro filas, protegidos por un cordón de guardias, los prisioneros, los poderosos emires y jeques, los reyezuelos aliados a Saladino, sus lugartenientes, el tropel de caballeros ayer intrépidos y arrogantes, hoy desmontados y amarrados como bestias de carga.

Los templarios y los hospitalarios cerraban la marcha. No buscaban la gloria insignificante y fugaz, sino solo el duro servicio a Dios. Sus dignatarios figuraban, sin embargo, en el grado más alto, en honor de la orden y no para satisfacción personal.

Cuando por fin se dispersó el gentío, Ancelin expresó:

—Quiero escuchar el Tedéum. Y, sobre todo, volver a ver al joven rey delante del gran altar, en su majestad.

Hizo falta la tierna insistencia de su hija para disuadirlo:

—Padre, está usted muy cansado luego de tanto viaje, para asistir al oficio. Además no podría entrar, y en caso de que lo lograra, estaría demasiado lejos del rey para poder verlo bien.

Decidimos comer algo liviano bajo la sombra, ya que la clemencia del tiempo lo permitía, y luego nos dirigiríamos a Mont-Royal.

—¿Crees que se dignará recibirnos, Guiot? Soy un simple señor.

—Pero yo soy uno de sus escuderos.

15
Guiot se despide de Ancelin

En el fondo de la sala, tapizada de alfombras que representaban la gesta de Godofredo de Bouillon y de la primera cruzada, el joven rey ocupaba el trono. Mostraba una dignidad singular en el desempeño de su deber. Aun rodeado de personas importantes, a la primera mirada y sin error posible, sobresalía como príncipe de aquel palacio y señor del reino. He dicho que su cuerpo era frágil. En realidad, sus anchos hombros se apoyaban sobre un torso triangular y una cintura de muchacha. Había heredado de su raza angevina esa belleza que lo distinguía de las demás casas principales de Francia.

Sobre un cuello como una torre, se sostenía la cabeza, bien trazada, con rasgos viriles a pesar de su juventud, sin nada de fatuo ni de afeminado. Se destacaban sobre todo sus ojos, de un azul profundo pero incisivo. No se percibía en su actitud arrogancia alguna, ni altanería frívola, aunque sí la convicción manifiesta de que era rey de Jerusalén y del Reino Santo. Su túnica escarlata casi no tenía adornos. Un pañuelo del mismo color le ceñía la frente y las mejillas. Jeanne creyó que era para ayudarlo a sostener la pesada corona. Nadie se atrevió a contradecirla.

Al lado de Balduino estaba su madre, Inés de Courtenay, reina viuda y condesa de Odesa –esposa repudiada por el rey Amalarico–, las princesas Sibila e Isabel y el archidiácono de Jerusalén, entre los maestros del Temple y del Hospital. Los principales comandantes y los grandes oficiales de la corona se encontraban de pie detrás del trono. Enfrente, las delegaciones que habían obtenido audiencia y venían a presentarle a Balduino sus felicitaciones y honores, decían:

—Noble rey, tienes delante de ti al portaestandarte de la cofradía de los artesanos de hierro forjado. Testimonio en su nombre nuestro humilde amor y admiración. Todo parecía perdido. Los hombres del campo abandonaban sus fincas. Por todas partes se veían los incendios de Saladino. Cuando, por un acto de valor único en nuestros anales, te abalanzaste sobre el demonio y lo venciste, arriesgándote...

—Buen señor, rey, hijo de Amalarico de inmortal memoria, en nombre de los comerciantes de la calle del Templo, cuyos delegados le presento, declaro que ha sobrepasado a los más ilustres...

—Majestad, nuestro rey, en nombre de la corporación de los contratistas de armaduras, por quienes he sido elegido maestro, le juro y certifico que no existe uno solo de nuestros hermanos de oficio que no daría su vida por usted, si la pidiera. Cada año nos haremos cargo del equipamiento de diez hombres de a caballo y de otros tantos de a pie, en forma gratuita y libre de impuestos.

Nosotros estábamos al final de la sala, esperando nuestro turno con paciencia, según las órdenes que nos había hecho llegar Balduino: quería oírnos al final, con el propósito de tenernos a su disposición.

—Rey, señor nuestro, la cofradía de los herreros lo saluda. Dice, por mi intermedio, que la posteridad lo recordará por Montgisard y futuras batallas, entre los primeros capitanes. Habrá sido el que echó al sarraceno de Palestina y redujo a Saladino a hacer girar las aspas de nuestros molinos. Para usted, la cofradía forjará una espada invencible que será la más hermosa y noble hoja confeccionada hasta hoy...

—Rey Balduino IV, si la regiduría de Jerusalén ha dudado alguna vez de su juventud, con perdón sea dicho, buen señor, y sin que por ellos dejásemos de amarlo extremadamente, hoy nuestra asamblea reconoce a su señor. Se arrodilla gustosa ante él. Sepa que ya no nos quejaremos con las alzas de impuestos de guerra, pues el beneficio redobla el ingreso de fondos. ¡Vencedor de Saladino, la ciudad entera le da las gracias con emotiva alegría!

Quiero introducir ahora un diálogo áspero y singular. Solo lo oyó el círculo más inmediato al rey. El escudero de servicio, que tenía el privilegio de permanecer cerca del trono, me lo relató. Balduino dijo:

—Maestros de corporaciones, portaestandartes y ustedes, los de la regiduría: les agradezco sus homenajes, pero los juzgo excesivos. No es a su rey a quien deben dar las gracias por Montgisard, sino a Dios Nuestro Señor. Sólo Él fue el artífice de la victoria. Él me inspiró. Fue su mano la que me prosternó y cambió en pánico el desprecio de los infieles por nuestro pequeño ejército, y no mi débil voluntad de joven rey. Dio a nuestros soldados un valor sobrenatural. Les contarán que la Vera Cruz empezó a crecer sin límites mientras se elevaba hacia el cielo, árbol de toda vida y esperanza. Es ante ella y no ante mí que deberían arrodillarse.

El decano de la caballería franca se adelantó:

—Mi rey, en mi primera infancia vi a Godofredo de Bouillon. Pronunciaba el mismo discurso de humildad que usted, según los dichos de mi padre. Pero repetiré la respuesta que dio el patriarca de Jerusalén a Godofredo: "Si te convertiste en el vicario de Cristo en estas tierras que lo vieron nacer y morir, significa que Él te eligió y que, señor, merecías serlo entre todos".

Entonces ocurrió el incidente; la reina viuda, que a pesar de su corpulencia estaba más pintada y cubierta de pedrería que sus hijas, empezó a decir, con una pérfida sonrisa:

—¡Señor, hijo mío, deténgase! Decepciona a sus súbditos con su modestia. Los pueblos tuvieron siempre la necesidad de admirar y reverenciar tontamente a un príncipe. Acepte, pues, estos homenajes; le son debidos. Es parte del juego.

Giró hacia el bello archidiácono sus mofletes pintados y su boca, más brillante y púrpura que una granada:

—¿No es cierto, mi querido Heraclio?

—Muy cierto, señora —dijo ese hombre que de prelado sólo tenía el hábito—. Dios, señor rey, es siempre de algún modo el autor de nuestros méritos. Sin embargo...

Balduino le cortó la palabra:

—¿Lo es de los suyos?

Heraclio simuló no comprender. Profirió, a viva voz, calurosamente:

—Rey Balduino, sería una ofensa a Dios minimizar su papel de intercesor. En Montgisard fue usted capitán del ejército del Señor. ¡Fue grandioso!

Los homenajes prosiguieron, hasta que la delegación de las matronas cerró en forma conmovedora:

—Señor, mi rey, te presento a esta criatura. Nació esta mañana, cuando atravesabas la puerta de Sión. Perdona el tuteo, pero podría ser tu abuela, lo cual me honraría profundamente.

—Te autorizo.

—La joven madre requiere de Su Majestad que la apadrines y aceptes darle tu nombre, Balduino. Dios permita que intente imitarte más adelante, a ti que salvaste a nuestras hijas e hijos de la vergüenza y de la muerte. Las madres de Jerusalén te bendicen, señor.

Y acercó el recién nacido envuelto en sus mantas inmaculadas. Balduino dudó un instante; luego lo tocó con el cetro y no con la mano. Los que sabían por qué, bajaron la cabeza, con tristeza.

Cuando llegó nuestro turno, Ancelin rechazó la ayuda de sus hijos. Avanzó hasta la mitad de la concurrencia, tratando de hacerlo con dignidad, pero todos notaron que tropezaba.

Jeanne, Renaud y un servidor permanecían, con inquietud, entre los labradores y los leñadores. Balduino observaba con sorpresa al anciano demacrado, a esa mujer tan hermosa y vestida con modestia, y a esos hombres toscos de mirada clara. Se preguntaba si era un notable de Palestina despojado de sus tierras, o un extranjero.

Las princesas, sus hermanas, se burlaban casi abiertamente de la humilde túnica de Jeanne y de sus cabellos trenzados, que llevaba como diadema. El instante era de capital importancia para todos ellos, pero el rey y la concurrencia no lo sabían. Esa nada imperceptible que hace de la vida un infierno o un paraíso acababa de producirse. Lo que iba detrás de Ancelin era a la vez la desgracia y la felicidad, tan mezcladas como lo están en toda criatura. El rey me reconoció y me interpeló:

—Querido Guiot, aquí estás de regreso.

—Llego, señor, acompañando a esta gente de Mauléon de Bretaña, para servirlo, con el señor Ancelin y sus hijos.

Renaud sacaba pecho, asumía una actitud llamativa, para que el príncipe lo recordara. Este comprendió que tal comportamiento se debía a su edad, y se dignó a sonreír. Con Jeanne intercambió una primera mirada, propia de almas insaciables y exigentes por igual. En uno se leía el desconcierto; en la otra, una admiración vehemente. El viejo Ancelin intentaba arrodillarse, por lo menos era lo que parecía, porque en realidad se trataba de su agotamiento.

—Señor Ancelin, le ruego que se levante.

Comprendió que Ancelin desfallecía.

—¡Acérquenle un asiento!

Ancelin se sentó y pareció recomponerse. Con la cabeza en alto, con voz sorda y áspera, ya como de ultratumba, dijo:

—Buen señor rey, perdóneme: muero... Una fiebre me devora desde Marsella y la edad ya... Me hubiera gustado pelear por usted, pero no puedo. Dios, no obstante, me hizo un gran favor, ya que he visto Jerusalén y lo veo a usted... A Él le encomiendo mi alma pecadora y a usted, mis hijos...

Lanzó un largo suspiro, luego tembló y se derrumbó, pero con lentitud y nobleza, como caen los robles en los bosques. Ninguno de nosotros ni de los que nos rodeaban hizo el menor gesto. Nos habíamos convertido en estatuas de sal. No se oyó volar una mosca. Por fin, Jeanne y Renaud tomaron la decisión.

—Vayan tranquilos —dijo Balduino—. Llévenlo a la habitación, que el escudero Guiot les indique.

Ancelin sonreía. El alma abandonó su cuerpo apenas lo tendieron en la cama. No hubo lamentos, ni siquiera un estremecimiento. Parecía dormido.

Pues bien, esa sonrisa de bondad y al mismo tiempo de liberación tenía, además, en las comisuras un dejo de ironía; su rostro la conservó por varias horas. Desapareció después de una circunstancia que relataré. A la luz de las velas que nos habían proporcionado, el muerto parecía dormido y feliz. Las venas que le teñían de azul las sienes se habían borrado. Si su calvicie no fuera tan extrema, Ancelin hubiera parecido casi un joven, apenas maduro, por causa de la delgadez debida a la fiebre. Y así, con la barba rala y como incipiente, se hubiera dicho que era el hermano mayor de Renaud.

La luz que se reflejaba en sus manos, cruzadas sobre la empuñadura de la espada, hacía que parecieran vivas a pesar de su rigidez; la muerte las había alisado y rejuvenecido. El escudo de Mauléon le cubría el pecho: el famoso león con garras como dardos y la cola bifurcada. Sin embargo, mejor que el animal heráldico, un crucifijo de madera expresaba lo que Ancelin fue en vida, un hombre de buena voluntad. Había heredado de su padre esa reliquia de Tierra Santa. Los caminos de la providencia la llevaban de nuevo a su punto de partida.

Cuando se enfrió el aire, a la caída del día, cerramos la

ventana. Como daba hacia el patio interior del palacio, se oían aires de flautas y de guitarras, toques de panderetas y cantos y risas que llegaban hasta nosotros. Atravesaban el vitral cuando las traían las ráfagas del viento o si los músicos se entusiasmaban. Entonces la voz de Jeanne se elevaba, más fuerte y más ferviente. Rezábamos. Los leñadores y los labradores del dominio se acercaron a compartir un rato nuestra velada, como en los buenos tiempos de Mauléon.

Mientras rezábamos el rosario y entonábamos responsos, una parte de su espíritu cruzaba el mar, llegando a los pastizales tiernos, a los senderos oscuros y las densas frondas de sus bosques. Con los párpados entrecerrados, veían a su amo a caballo, a través del campo, el halcón sobre el guante, seguido por sus perros; no era el hombre déspota, irrespetuoso del trabajo de los suyos, sino al contrario, atento a cada uno y de conversación sencilla. Demostraba serlo cuando se preocupaba por las cosechas, el estado del tiempo y la salud de los rebaños. También cuando se sentaba a la mesa en las chozas y besaba a los niños. Y también en su casa, en época de arrendamientos; en todo momento, en realidad, ya que el pobre necesitaba siempre de su ayuda.

En las fiestas patronales de octubre y mayo, en los casamientos, en los grandes oficios del año y en los de los domingos; también, en fin, en los entierros, siempre tratando de aliviar las penas, en lo posible, aunque solo fuera con su presencia. Tranquilizaba. Honraba. Atraía con su simpatía. Nadie lo había visto, en su señorío, cometer ninguna vileza, ni siquiera contra los animales. Pero sin duda no hubiera permitido una falta grave a su autoridad. Así marchaba por la senda donde Dios lo había hecho nacer, sin preguntarse nada. Era por eso que lo amaban.

Los bravos compañeros nos dejaron, después de obtener el permiso de Renaud y de haberse arrodillado ante Ancelin muerto. Les había conseguido alojamiento y comida en el cuartel de los servidores. Hacia la medianoche, el rey se presentó. No llevaba puesta la corona, pero conservaba el extraño pañuelo, aunque no hiciese frío. Manchas rojizas bordeaban la tela. La piel se le despellejaba debajo del labio inferior y entre las cejas. Se persignó y dijo:

—¿Así que ustedes son sus hijos? No viertan lágrimas. Miren cómo descansa y qué gracia apacible se extiende sobre su frente libre de toda mancha.

Ni Jeanne ni Renaud comprendieron la alusión.

—Pasaba —continuó Balduino—, cansado del festín, de la música, concediéndome un momento de reposo, un poco de aire puro... —corrigió y precisó—: Es mejor ir a una habitación de pena que de alborozo, según las Escrituras. —Luego, dirigiéndose a Renaud—: Señor de Mauléon, ¿cuál es su nombre?

—Renaud, señor rey, y esta es mi hermana Jeanne.

—¿Qué es Mauléon?

—Un pueblo en las comarcas forestales debajo del Loira, en el límite del ducado de Bretaña.

—¿No lejos del condado de Anjou?

—No lejos. En esa zona lindan Anjou, Bretaña y Poitou.

—Podríamos ser casi vecinos, porque los míos son de allí. Es poco común encontrarse de esta manera, tan lejos de Francia. Yo nací en estos parajes y no conozco otra cosa.

Hablaba así, porque tenía dieciséis años, y a pesar de su orgullo real, el poder no lo había endurecido. Tal franqueza no lo perjudicaba. Al contrario, era un medio para relacionarse con Jeanne y Renaud. No obstante, no era calculador y hablaba con naturalidad. Luego de un momento de silencio, dijo:

—Vienen de lejos, y en este momento están solos en la ciudad. Mi corazón se conmueve por su desamparo. Para ustedes, para nosotros puesto que estoy aquí, este hermoso día termina con esta muerte, pero todo lo que es grande tiene el mismo final tenebroso; aunque no para él, que alcanzó la morada eterna. Si puedo de algún modo aliviarles el dolor, o tranquilizarlos, díganmelo. ¿Quieren quedarse en Jerusalén o partir al término de sus oraciones? Mi primo de Flandes no tardará en reembarcarse, con muchas esperanzas. Tendrán lugar en sus naves.

—Nos juzga usted mal —manifestó Jeanne con un dejo de irritación—. A Renaud le falta un poco de experiencia, pero desea servirlo y lamenta no haber participado junto a los suyos en Montgisard. En cuanto a mí, si puedo ser de alguna utilidad... Sé tocar el arpa y conozco los secretos de las plantas curativas y bálsamos que calman los dolores. También sé reacomodar las fracturas de huesos.

—Buen señor, tenga a bien enrolarme en su ejército, o en la guardia —pidió Renaud con fervor—. Tengo hombres a mi cargo, de una fidelidad y obediencia absolutas. Me seguirán adonde sea que me manden. No solo hemos venido por devoción, sino para pelear y ayudarlo a triunfar contra los infieles.

—Que sea lo que desean, Renaud. A partir de ahora, usted y su hermana pertenecen a mi casa, por el tiempo que les plazca, y con su gente. Guiot se encargará de su instalación.

Agradecieron lo mejor que pudieron. Y él, de repente, asaltado por sombríos pensamientos, confesó:

—Tengo tanta necesidad de amigos que sean de confianza, que me hablen de Francia. Porque ustedes me han visto en este día de gloria, pero nada saben de mi soledad, de los ardides que traman a mi alrededor y de cuánto temo no saber o no poder defender mi reino en el futuro.

Entonces Jeanne se adelantó, emocionada, le tomó la mano y se la besó, en señal de obediencia, pero más aún de comprensión. Balduino retiró la mano, como si el contacto lo hubiera quemado:

—¡No, señorita! No corresponde, no debe hacerlo.

—¿No es usted desde ahora nuestro señor?

—Ay, señorita, sólo hay un Señor invisible y todopoderoso. Sépalo: el rey de Jerusalén no es digno de atar sus sandalias. No es más que una sombra con corona. Entonces, ¿por qué humillarse ante él?

Y diciendo esto, se despidió y se fue tan discreta y furtivamente como había llegado. Jeanne se arrojó a los brazos de su hermano y, temblando entera, miraba al yacente Ancelin:

—¡Mira, pero mira! Nuestro padre ha dejado de sonreír. Su felicidad se apagó con la partida del rey. ¿Qué significa esto, Renaud?

—Es sólo el oscuro trabajo de la carne. No debe quedar ninguna señal —respondí.

Pero ella insistió:

—¿Qué significa la actitud del rey? ¿Por qué no quiso que le besara la mano? Un momento antes hablaba de amistad; el alma le subía a los labios y, de pronto, esa rigidez...

—No lo sé —contestó Renaud.

—¿Por qué la luz de sus ojos me quitó la tristeza tan profunda que me atormentaba a pesar de nuestras oraciones y me permitió vislumbrar la felicidad del paraíso que disfruta en este momento nuestro padre?

—Porque su visita te honró. ¿Quién podía imaginar que un rey viniera a saludar los despojos del señor de Mauléon? ¡Qué presagio!

—No honrada, Renaud, sino conmovida por esa presencia y esa voz tan singulares.

—Porque es un rey victorioso.

—Aun vencido sería igualmente grande.

—Es posible.

—¿Pero por qué nuestro padre dejó de sonreír, si está en el paraíso?

—Es que su alma ha abandonado su cuerpo —insistí—, y ya no le imprime su marca. El señor Ancelin nos ve, nos oye y se alegra. Lo que permanece bajo las velas es tan sólo un envoltorio vacío.

—¿Un envoltorio vacío?

—Sí, señorita, nada más que esas pieles marchitas que dejan los insectos sobre los musgos, en su segundo nacimiento.

Renaud estaba absorto en pensamientos más terrenales:

—Ahora pertenecemos a la casa de Jerusalén, y no esperaba menos.

Jeanne dijo:

—Para ti, Guiot, ¿por qué el rey teme no saber y no poder seguir defendiendo su reino en el futuro? Son palabras muy extrañas en él. Sin embargo, estoy segura de que hará prodigios.

Fue así, en aquella noche de noviembre, como se tejió la famosa manta, con hilos negros para unos, con hilos blancos para otros, en la sencillez de esa habitación, alrededor de Ancelin dormido.

16
Mientras viva...

Renaud se convirtió en caballero del rey y le concedieron un puesto de mando del que estaba muy orgulloso. Consideraba que se trataba de un comienzo modesto y estaba persuadido de que, merced a la guerra, obtendría un alto cargo. Se destacaban dos partidos en el círculo del rey, o mejor dicho, retomaban sus posiciones respectivas, confundidas desde Montgisard. Unos estaban a favor de la guerra, pues estimaban que se debía sacar provecho de la victoria; otros se inclinaban por contemporizar y negociar con Saladino. Por supuesto, Renaud adhería al partido belicoso y se identificaba con los soldadotes curtidos por la aventura, que se atribuían el mérito de Montgisard, retomando su postura anterior, aunque reconocían que Balduino era un capitán de porvenir y que merecía confianza.

—Desgraciadamente —decían en voz baja—, su dolencia lo agota. Nunca tendrá la robustez de su padre Amalarico.

—¿Qué dolencia padece?

—Nadie lo sabe bien. Es por épocas. Le salen manchas rojizas en la piel. Se la protege con vendas hasta que desaparecen. Se cree que son alteraciones en la sangre y que desaparecerán con el casamiento. Las malas lenguas dicen que es una enfermedad terrible que debe ocultar.

—¿Pero cuál?

—No te preocupes, caballerito, no sirve para nada. No puedo decir más de lo que sé. La sangre de aquí, mezclada con la de nuestras familias francesas, no suele dar hombres fuertes. Entre nuestros jóvenes, conozco varios con los mismos síntomas. Los médicos no saben tratarlos.

Cuando el servicio lo llamaba al lado del rey, o cuando este lo convocaba, a menudo en mi compañía, lo miraba con poca discreción. Porque era cada vez más frecuente, sobre todo por la noche, finalizadas las tareas, que Balduino nos invitara a sus aposentos. No tardamos mucho en darnos cuenta de que quería ver a Jeanne, pero que por cortesía nos invitaba al hermano y a mí, su amigo y su guía. El placer que experimentaba se ponía de manifiesto desde que entrábamos. Sus ojos brillaban. Nos recibía con una amplia sonrisa y palabras delicadas. Nos sentábamos. Hacía traer bandejas con frutas, naranjas, limones y nuez moscada, pasteles de sabor intenso, dulces y cuernos con vino. Nunca tocaba un solo manjar y se mantenía a cierta distancia. Renaud pensaba que, a pesar de su gentileza, recalcaba no obstante su superioridad sobre nosotros; yo no me atrevía a contradecirlo.

Jeanne tenía otra opinión. Lo sé, aunque no me lo confiara. Varias veces, cuando el rey volvía la cabeza, la sorprendí mirando, con doloroso interés, las manchas de sus mejillas. Sorprendí también la crispación de sus dedos en ese instante, aunque no dejaba de sonreír, por miedo a que Balduino se diera cuenta de su ansiedad y se alarmara. Pero sabía que el rey no se dejaba engañar. Esa atención y esas dificultades y delicadezas en el comportamiento, tanto o más que los diálogos que después entablaban, establecían entre ellos una especie de complicidad y de entendimiento, teñidos de una resignación que simulaba ser alegría. Tengo la impresión de que Jeanne sabía que lo que sentía, cada día con mayor intensidad, estaba ligado a eso. Sabía, pero entraba en el juego de pudor del rey, por caridad al principio tal vez, pero más tarde por un impulso del corazón, por el deseo de estar a la misma altura que él.

Sin embargo, Balduino actuaba por debilidad e inseguridad, negándose a reconocer la inexorable verdad de que la presencia de la joven lo hacía feliz. Sus fibras más íntimas y las más ocultas en el desamparo de la carne experimentaban una satisfacción incomprensible, real y duradera, en la compañía de Jeanne. Como un animal dañino o un demonio repelente, el mal callaba, se retorcía, reculaba jadeante ante esa belleza tan sencilla, ante esa voz en cuyo sonido el oído entrenado de un músico hubiera podido reconocer las melodías más deliciosas del mundo. Ante ella, el rey se relajaba con un arrebato y una turbación que a veces no podía disimular. En pocas veladas, sin duda desde su primer encuentro en la sala de audiencias y cerca del lecho donde yacía Ancelin, Jeanne se le había vuelto más que valiosa, indispensable. No obstante, intentaba conservar un tono ceremonioso.

—Señorita, hábleme un poco más de Francia. No puede imaginarse cuánto necesito conocerla. Pero nací en Tierra Santa y quiera Dios que aquí muera. Jamás podré ir allá.

—Cuando Saladino sea vencido, señor rey, y la paz brille en su reino, podrá ir.

—Saladino mordió el polvo, pero no es hombre de rendirse; se levantará de nuevo. Mientras ambos vivamos, será para enfrentarnos, y todavía está en sus mejores años. No hemos terminado de cabalgar, señor Renaud, tenga paciencia... Pero dejemos esta cuestión que nos aflige. Señorita, cuénteme sobre sus inviernos en Francia. ¿Es verdad que la escarcha cubre la tierra durante meses?

—Sí, señor rey, y teje un sudario alrededor de las ramas. Cuando cae la nieve, el campo está completamente blanco, puro como un mantel de altar.

—¿Por qué de "altar"?

—Porque está bordado y tiene encajes, por los arbustos de hielo que se alzan en los campos aquí y allá.

—Me agrada esa imagen.

—Los techos de las casas, ya sean de paja o de tejas, tienen igual blancura, y el humo sale de las chimeneas por las mañanas y las noches. Lo único negro que se ve es la corteza de los robles y las alas de los cuervos. Cuando cae la noche, se encienden los candelabros. Pero si sale la luna, entonces toda esa escarcha y toda la nieve en polvo empiezan a brillar; hay más claridad afuera que adentro de las casas. No obstante, se está bien.

—¿A pesar de ese frío que agrieta la piel?

—Nos reunimos alrededor de la chimenea. En noches heladas, la leña arde mejor. Nuestras chimeneas son tan grandes que se queman mitades de árboles. Las rodillas y el rostro se calientan, y la espalda se hiela cuando entra el aire frío por la puerta. Pero uno se acostumbra y se viste con buenas y abrigadas pieles.

—¿Y qué pieles?

—Varían según la riqueza. De armiño, marta cibelina, o bien de zorro y de conejo. El pelo está en el interior, contra la túnica.

—¡Cómo me gustaría conocer todo eso! Solo he visto nieve dos veces en mi vida, y por supuesto, en la cima de las montañas; pero al día siguiente se derrite. Para nosotros, los inviernos son breves: lluvias torrenciales y vientos secos del desierto. ¿Es verdad que se puede caminar sobre los estanques? He oído a caballeros angevinos contarlo, y los de aquí se ríen porque creen que es una simpleza de los soldados.

—El hielo solidifica el agua de los lagos y estanques, tanto que a veces un hombre a caballo puede andar sobre él sin peligro. El herrero del pueblo clavaba planchas de metal en la base de una caja que usábamos de niños para deslizarnos a la velocidad del viento.

—¿Pero el agua de arroyos y ríos también se solidifica?

—No, señor rey, excepto en las orillas, porque fluye, y el hielo no tolera el movimiento, pues es inerte.

—Me han dicho que un río más ancho y profundo que el Jordán atraviesa el condado de mis abuelos. ¿Lo han visto?

—Sí, es el mismo que pasa por la ciudad de Nantes, donde vive nuestro duque bretón. Se llama Loira, y por él navegan barcos a vela.

—¿El condado de Anjou se parece a Bretaña?

Jeanne esbozó una leve sonrisa, no de burla, sino de gentil orgullo.

—Ah, mi señor, es todo uno; es la dulce tierra de Francia, con inviernos nevados, primaveras floridas, veranos de siega y otoños de vendimias y labranzas. Hay abundante trigo, vino, también pastizales y bosques llenos de riquezas y de cantos de pájaros, porque, mi señor, la felicidad está en todas partes para las buenas personas.

—Cuénteme más. No hay canción más melodiosa que sus palabras. Me ayudan a seguir mi propio camino.

—Hay granjas donde se apilan bolsas de trigo y heno para la temporada mala. Es un verdadero placer tener en la mano un puñado de granos brillantes, donde la vida se oculta, y de los cuales brota bajo la forma de pan; es lo más antiguo y útil que existe. Mi padre, el viejo señor Ancelin, se sentía honrado de participar en los festejos del fin de las cosechas de las granjas. Respetaba mucho al panadero del pueblo, porque —decía— saber hornear un pan bien amasado, de corteza dorada y miga fresca es una proeza. El panadero frente al horno, rodeado por sus ayudantes, es como un príncipe soberano. Me crié en la modestia, señor y rey mío, lo cual me enorgullece. Creo que aprendí lo esencial de la vida. Por las mañanas, cuando paseaba por el pueblo y respiraba el cálido aroma del pan recién horneado, me decía que era un verdadero privilegio. También lo es respirar la hierba seca que condensa todo el esplendor y las exhalaciones de la primavera, porque las flores de los prados, las margaritas y los botones dorados se mezclan con los tallos verdes, con la salvia y el tomillo. Me gustaba observar a los gatos de nuestra casa que hacían un hueco para descansar, mientras su ojo dorado permanecía entreabierto al acecho de alguna rata. En la granja de Mauléon, se iba almacenando la buena labor de diez generaciones. Dejaba un residuo dulce y vivificante. Debo decirle, mi señor Balduino, que fomentábamos la amistad con nuestra gente, y que hasta donde se recuerda, nunca ninguno de los nuestros padeció miserias. En Mauléon no teníamos mucho dinero, pero sí gran cantidad de carne y hortalizas, leña, peces y caza, provenientes de la tierra tan poco soleada pero tan fértil y rica.

"Cuando nacía un potrillo, un ternero o un niño, mi padre, que era todo sencillez e ingenuidad, se acercaba a donde lo llamaran. Decía: 'Niños, sepan que no hay cosas pequeñas, porque este potrillo puede convertirse en el más noble caballo de batalla, si Dios quiere; este ternero, en el toro más solicitado en diez leguas a la redonda; este niño, en un soldado parecido a Rolando de Roncesvalles'. Lo decía en serio, pues observaba, aprendía y pensaba mucho. Era amado, y conocí la felicidad de ver a nuestra gente pedirle consejo y apoyo, como si hubiera sido un hermano mayor, y no solo el dueño de todo. Para él, el hecho de ser tan reverenciado y requerido era motivo de júbilo.

"En el período en que las jóvenes se convierten en mujeres, cuando todo da exactamente lo mismo, y me costaba levantarme, me abrazaba diciendo: '¡Levántate con buen ánimo!'. Le aconsejaba a Renaud, mientras practicaba esgrima con nuestro escudero Hurepel: 'Hazlo con ganas, hijo. Defiéndete'. En Mauléon todo debía cumplirse con alegría en el corazón. No creo que en nuestros dominios haya habido nunca gente desesperada, porque existía ese hombre, Ancelin, mi padre, que, con mirada perspicaz y el alma en los labios, le decía a cada uno las palabras adecuadas. Su recompensa fue, para él que se creía tan poca cosa, dormir en la tierra de

Jerusalén. De manera que, aun después de muerto, seguirá guiando y dando fuerzas a nuestra gente.

—Habla un poco más... Continúa, te lo ruego...

Sólo yo pude percibir el tuteo. Balduino no era consciente de lo que había dicho. Ella estaba atrapada en su propio encanto, o en sus recuerdos; Renaud jugaba al ajedrez contra un Guiot que apenas prestaba atención a sus peones...

Jeanne se volvía más osada cada noche, olvidaba empezar las respuestas con: "Señor rey" y se dirigía a él en forma directa. Y él olvidaba decir "señorita" y la llamaba, sencillamente y de acuerdo con su edad, por su nombre, Jeanne. Renaud no comprendía tales sutilezas, y solo veía en esas discretas familiaridades una señal de preferencia, por lo que se felicitaba tontamente. No es que lo quiera rebajar; todos sabemos dónde nos aprieta el zapato. Para él, se trataba de su ambición, y repito que tenía diecisiete años, pero se había visto siempre obligado a ejercer la modestia –relativa– en la que se complacía Ancelin.

—Pero, Jeanne, en esas veladas en las que lo pasaban tan bien a pesar del frío, ¿con qué se entretenían?

—¿Le sorprende que las disfrutáramos?

—Por cierto que sí.

—Es que frente al resplandor y el calor de los leños, con nuestro vaso de vino en la mano o saboreando nuestros pasteles de miel, comiendo las castañas cocidas bajo las cenizas o mordiendo una deliciosa fruta confitada, una parte de nuestra alma erraba por esos fríos, en medio de los árboles apresados por la escarcha y por los estanques rayados por los trineos. Buscaba a los animales dentro de sus cuevas en la corteza de los troncos, y los pájaros en las ramas; pero como la naturaleza humana es contradictoria, los compadecía sinceramente y se conmovía por sus miserias, a la vez que se regocijaba por estar al calor, bajo un techo, entre amigos queridos.

—Dios mío, percibo esa forma de felicidad, yo, que no conozco más que el sol abrasador, la arena ardiente, las cabalgatas en el desierto y la única frescura del oasis. ¿Pero qué hacían? El señor Ancelin y su compañero jugaban al ajedrez; ¿los jóvenes y las damas bailaban? ¿O algún trovador les cantaba?

—Mi padre no era un señor de alto rango, como tampoco sus amigos. Por lo general, pasaba las veladas entre su gente y sus vecinos. Su mejor amigo era su sargento de armas, Hurepel, quien se encargaba por entonces de mantener la vigilancia desde la torre, para sorprender a posibles enemigos. En invierno no tenía otra cosa que hacer que esperar el relevo mientras se calentaba las manos ateridas de frío en un brasero.

—Pero abajo, ¿hablaban?

—Hablábamos de caza y cantábamos. No eran grandes discursos; cada cual relataba a su modo los hechos del día o cantaba a su manera simplona. Pero nos alegrábamos con esas pequeñeces. Las viejas sirvientas, cuyos dedos no pueden quedarse quietos, hilaban la rueca. La vida seguía su curso, con tanta rapidez que me parece haber vivido un sueño del que ahora despierto.

—A veces nos lamentamos de despertar...

—No. Un día, un hombre agotado llegó a nuestra puerta. Temblaba de frío. Lo cuidé, pero aunque los caldos de hierbas le cortaron la fiebre y la yema de huevo le devolvió los colores, siguió tosiendo mucho. Se dio cuenta de que la nuestra no era una casa mala donde el pobre es socorrido solo con bellas palabras, y pidió a mi padre morir entre nosotros. Tuvo tiempo de enseñarme un poco de música y me legó su guitarra de madera veteada, con una voluta que termina en la figura de Melusina.

—¿Melusina, el hada, patrona de los Lusignan?

—Sí, aquella de la que se dice que conquistó los poderosos castillos de la ciudad mediante la brujería. Pero es solo una leyenda, es decir, un cuento de viejas que los niños creen.

—¿No quieren a los Lusignan en su tierra?

—Se los considera muy creídos de sí y pretenciosos.

Al oír esto, Balduino esbozó una extraña sonrisa, pero se abstuvo de explicar por qué.

—Está muy bien. ¿Qué cantaba usted con esa guitarra? ¿Lo que el viajero le enseñó?

—No, en absoluto. Le quedaba tan poca voz al pobre... Eran canciones de nuestra región, sencillas y sin ningún arte, pero no tenía un auditorio exigente.

—¿Podría escuchar una, por favor?

De pronto se dio cuenta de lo desatinado de su pedido. Se rectificó y se excusó:

—Jeanne, olvidé el duelo por un instante.

La respuesta dejó helado a Renaud y lo desconcertó, pero no había llegado al límite de su asombro. Yo tampoco. La respuesta no era nada, comparada con el resplandor de sus ojos, cuyo don ofrecía por primera vez.

—Puesto que tengo la certeza de que mi padre está feliz en el paraíso, ¿por qué no alegrarnos? —dijo ella con voz alegre—. Si encuentra placer en escucharme, mi señor rey...

Mandó traer su guitarra y lo que cantó se adecuaba a aquella velada; no era alegre ni triste, sino simplemente bello:

Con gran dolor,
con gran temor,
con gran tristeza,
de noche y de día,
sigo por amor
a la mejor.
Y a mi flor,
le digo

que, entre todas,
a ella escogeré
mientras tenga vida.

Ni el rey, ni Renaud, ni yo, por más que me mantenía siempre alerta, comprendimos, desde el principio, la intención de ese canto y su sentido oculto. Fue la vida y los días agridulces de los meses que siguieron los que nos lo revelaron.

17
Corazón doliente

*P*asó un tiempo. Renaud y quien les habla formamos parte de la embajada que nuestro rey envió ante Saladino. Este llegó al Cairo a mediados de diciembre, a través del desierto de Sinaí, montado sobre un camello y con un puñado de mamelucos. Se lo creía muerto, incluso entre los infieles; y los emires sirios, recuperados, se dirigían nuevamente al rey de Jerusalén, posible aliado en la lucha que tendrían que enfrentar contra el Egipto dominante. Montgisard los había sacudido tanto como a nosotros.

El único que no se hacía ilusiones acerca de la importancia de esa victoria era Balduino. En su sabiduría precoz y su sorprendente perspicacia, se decía que el sol nunca es tan luminoso como en la hora que precede al crepúsculo. El poder de Saladino, de no mediar un asesinato político o algún complot, se había debilitado solo momentáneamente. Balduino no creía que hubiera muerto en la retirada. Dijo unas palabras cuyo enigma no entendí entonces:

—La sombra y la luz son inseparables. El ángel y el demonio habitan en toda criatura, acechándose y desgarrándose. Así son nuestros destinos. Estamos unidos. No habrá ni un solo día de mi vida en que Saladino no me cause preocupación.

Navegamos, pues, hacia El Cairo en una galera veloz y bien armada. Con gran amabilidad, Balduino le dijo a Renaud: "Es útil que su juventud aprenda y pueda estar al tanto de la extrema malicia del adversario". Pero quien hablaba en esos términos era un joven rey que no se atrevía a reconocer el motivo por el que apartaba al hermano de Jeanne por varias semanas.

Por mi parte, sentía una viva curiosidad de ver de cerca al sultán, y me agradaba embarcarme en un viaje exento de peligros. Dos banderas ondeaban en el mástil: la del rey de Jerusalén y la del Temple. Nuestros remeros eran esclavos moros, prisioneros de guerra. Los compadecía de verdad. Pero muchos de los nuestros remaban en las escuadras del Cairo, con grilletes en los tobillos y el látigo sobre las espaldas.

Fuimos recibidos con honor por Saladino. Quien comparase la riqueza del palacio del sultán con el Mont-Royal de Jerusalén, y la fuerza de su defensa y la disciplina de su guarnición con nuestras cuatro torres y guardia de voluntarios, comprendía enseguida la prudencia de Balduino. Era evidente que la derrota de Montgisard no había debilitado el poder de Saladino. Su mano de hierro no tardó en restablecer su poderío.

Así pues, avanzamos en medio de una triple hilera de mamelucos, ataviados con los colores del señor de Egipto: turbante verde y túnica de seda entretejida de oro y plata sobre la cota de malla. Él, sentado en un trono de oro y vestido con la misma túnica dorada, pero tocado con un casco con cuatro cuernos puntiagudos y curvos, nos esperaba. Tras reiterados y ostentosos saludos, nos invitó amablemente a sentarnos. Su rostro extraordinario se me grabó en la memoria, hasta en sus mínimos detalles. No basta con decir que era el de un gran príncipe.

La inteligencia que lo animaba sobrepasaba la del común de los hombres. Un fuego sombrío ardía en el fondo de sus pupilas, grandes y redondas como las de los caballos de raza. Por momentos, esos ojos inmensos brillaban de tal manera que era imposible sostener su mirada. Sus cejas eran tan oscuras como su barba recortada en punta, y tan renegrida que se veía azul sobre la claridad de la túnica. Pero no era ni esa barba agresiva ni esa boca de un rojo violento lo que atraía la atención. Lo que daba vida a esa cara estrecha, como de bronce bruñido, surcada de ojeras producidas por el cansancio, las preocupaciones del poder y la inquietud de la reciente derrota, era su mirada. No se sabía si expresaba generosidad, odio, desprecio, tristeza o ambición desmedida. Se discernían todas esas cosas, pero en conjunto era indescifrable. Cuando quería, llegaba al fondo de las cosas, pero fingía indiferencia. Tenía la voz ronca e imperiosa, como gastada de tanto dar órdenes. Pero, como la frescura del oasis que matiza el desierto, sabía adoptar sugestivas inflexiones. Como no sé la lengua mora, aprecié mejor su acento.

Hermanos, ¿los sorprende mi falta de rencor, después de todo el mal que nos causó ese hombre? Solo podíamos lamentarnos de que no hubiera nacido en nuestras filas y con nuestra religión. Las banderas de Godofredo estarían todavía ondeando sobre Jerusalén. Hubiéramos conquistado la tierra de Oriente y Egipto, con el río Nilo incluido. Por lo demás, toda su persona transmitía una indiscutible grandeza natural. Los acontecimientos que siguieron demostraron que no era superficial y que su corazón y carácter podían ser caballerosos. Tenía también la forma de la elegancia que llamamos cortesía. Al reconocer al jefe de nuestra embajada, Balian de Ibelin, uno de los héroes de Montgisard, elegido con ese propósito, dijo sin ira, casi con amabilidad:

—Eres el que por poco me mata. Te vi galopar hacia mí a rienda suelta, con la lanza apuntándome al pecho. Me di por perdido, pero tres de mis mamelucos interrumpieron tu carga y rodaste en el polvo. Creí que estabas muerto. Me alegro de poder expresarte mis elogios. —Pero añadió con una sonrisa desafiante—: Siempre hay que herir al jefe. Solo los mamelucos están dispuestos a dar su vida por él.

Un intérprete traducía; era un renegado armenio. Esa

casta, como la de los falsos conversos, nos era muy útil, a la vez que nos causaba grandes daños. Si bien nuestro rey tenía espías en la corte del rey Saladino, este último contaba con sus secuaces en Mont-Royal y en Jerusalén. Esas costumbres pérfidas, y tan opuestas a las leyes de la caballería, irritaban a nuestros guerreros más antiguos cuando llegaban de Occidente; sin embargo, eran necesarias.

—Si el joven rey —dijo Saladino— se sentía tan seguro de haberme vencido, ¿por qué proyectaba la construcción de un castillo cuyo emplazamiento ya estaba asignado y era el Vado de Jacob? ¿Por qué su condestable Onfroy de Torón soñaba con edificar un fuerte en esa misma región? ¿Tal vez para proteger su frontera sur? Sé también que los grandes de Jerusalén pagan su cuota para restaurar las murallas de la ciudad capital. Cuando se está seguro de la propia fuerza, no se toman tantos recaudos; más bien se desprecia a los vencidos.

—Admito al menos, señor sultán, que con Montgisard la iniciativa cambió de manos —replicó Balian.

—Será como usted dice, señor de Ibelin. Pero si es así, ¿por qué acudir a mí para negociar una tregua en lugar de darme el golpe de gracia? —Pérfidamente, completó su pensamiento—: Si yo estuviera vencido, ustedes armarían una flota y lanzarían una incursión al estuario del Nilo.

Sabía que no podíamos intentar semejante empresa, que hubiera resultado en la destrucción total de nuestra armada y que no hubiésemos podido reconstruirla nunca. También sabía que el rechazo del conde de Flandes, obstinado, odioso e injustificado, había interferido durante mucho tiempo entre los reyes de Bizancio y los de Jerusalén. Tal desunión entre cristianos de Oriente le permitía ser optimista. Pero como había perdido prestigio en Montgisard y también su autoridad, acabó por concertar una tregua. Antes de reanudar la guerra contra Balduino, necesitaba recuperar a algunos de sus lugartenientes y emires sirios.

Por uno de ellos, conocido por su perfidia, supimos que se preguntaba ansiosamente si su dios no habría cambiado de clan, si no estaría protegiendo, quién sabe por qué, al joven rey. Porque, y no era la única extravagancia de su carácter, el realismo político y la furia guerrera se aliaban a una fe viva. Era más que un creyente; su fanatismo no conocía límites. Nuestro joven rey estaba persuadido de que era el vicario del ejército del Cristo de Jerusalén; consideraba sagrada su misión. Saladino, a su vez, creía que era el brazo y lugarteniente de Alá. Por esa razón, la lucha entre ellos sería despiadada. Por desgracia, Saladino gozaba de una salud robusta, sin nada que condicionara sus pensamientos, mientras que Balduino...

Al mismo tiempo, en Jerusalén, por culpa de su madre, ya percibía las primeras señales de su martirio. Lo supimos a nuestro regreso, cuando Jeanne nos contó toda la escena en detalle. Ella no tenía una tarea determinada en la corte de Mont-Royal. Los puestos para atender a la reina viuda y a las princesas Isabel y Sibila ya estaban ocupados. Era libre de ir y venir a su antojo, llevando la vida de las hermanas y esposas de los señores francos, que consistía sobre todo en atenderlos, ya que la inseguridad del reino era tal que patrullaban y luchaban durante buena parte de la jornada. El rey la mandaba llamar cuando tenía ganas de distraerse. Jeanne le hablaba de Francia y le cantaba, a pesar de su luto, aquellos viejos aires que él apreciaba. Pronto empezó a llamarla todas las noches.

La juventud y la sensibilidad de ambos se llevaban de maravilla. En la corrupción de ese palacio, luego de conversaciones hipócritas y agotadoras, la gracia de Jeanne lo iluminaba; el día terminaba con una nueva aurora. Cuando se inclinaba sobre las cuerdas de la guitarra, le miraba con avidez el largo cuello, de donde nacía esa fina pelusa dorada que se unía a las trenzas y resumía para él toda la gracia de la tierra. Por fin el corazón de Jeanne palpitaba por otro; se sentía útil y además indispensable. El ser que disfrutaba con su servicio era digno de admiración, más aun debido a lo que disimulaba con tanto cuidado.

No había ni una palabra, gesto o actitud de él que la decepcionara. No obstante, como era lúcida, se esforzaba por descubrirle algún defecto, con el fin de desembarazarse del extraño encanto que ejercía sobre ella. En su presencia, no era menos feliz que él con ella, y eso la asustaba. Él era un príncipe; ella, la hija de un humilde hacendado, apenas algo más que nada. El sentimiento que la empujaba en forma irresistible hacia él era locura, peligroso fantasma y vana ilusión. ¿Pero qué puede la razón cuando hablan los sentimientos?

Cuando estaban juntos, no existía ni un rey llamado Balduino ni la hermana modesta de un cruzado de su corte, sino un hombre y una mujer. Ese pensamiento derribaba los obstáculos y las reticencias entre ellos. Además, se hablaban igual que el primer día. Su familiaridad no había progresado. Pero lo que pasaba entre ellos estaba por encima de las palabras y de las apariencias. Tardaron mucho en admitirlo, más todavía en confesárselo, ¡y en qué trágicas circunstancias! Sin embargo esperaban con gran impaciencia el final del día, y después de la cena, el momento de su encuentro.

Ahora bien, una de esas noches en que conversaban con total inocencia, tanto que las puertas no estaban siquiera cerradas y los cortinados permanecían abiertos, se apareció la reina Inés. Oyeron el tintineo de sus joyas y el roce de sus zapatillas de oro sobre el pavimento. Acercó las mejillas fofas y pintadas al pañuelo de su hijo, pero no lo besó, sino que retrocedió vivamente antes de dejarse caer en un sillón. Se llevó los dedos gordos abarrotados de anillos al collar, tan pesado y grotesco como su persona, y recobró el aliento. Bajo sus pestañas pintadas de azul, brillantes de ungüentos, sus ojos duros miraban a Jeanne.

—Señor, hijo mío, vengo... Estoy conmovida por algo de lo que me acabo de enterar.

Balduino se ensombreció. Un pliegue cruel e irónico le endureció la boca. Su mirada, filtrada por sus párpados entornados, era la de un gato.

—¿Tal vez —arriesgó la reina— convendría que esta bella criatura nos dejara solos?

—No estoy de acuerdo —se enojó él—. Jeanne no es una sirvienta.

—Lo sé, hijo, y también sé cuánto le agrada su compañía... al punto de abandonar a la propia familia que, a pesar de todo, tanto lo quiere.

—¿A pesar de todo?

—Por favor, no use ese tono. Es su madre quien le habla.

—¡La escucho!

—Solo sugiero que Jeanne no oiga lo que vengo a decir, pues se trata de algo muy penoso.

En aquella matrona que luchaba contra la edad, todo era falso: la voz fina como su sonrisa, y las zalamerías que desmentía la mirada punzante.

—¿Y bien?

—Mi querido hijo, ármese de valor; le hará falta, se lo advierto. Mi corazón de madre se parte al decirle esto, y se conmueve al percibir su inquietud extrema.

Disfrutaba del terror que provocaba en el espíritu de Balduino. En ese momento, él hubiera querido que Jeanne estuviera lejos de la sala, que no oyera nada de lo que la reina venía a anunciarle. Estuvo a punto de despedirla, pero ya era tarde. Su madre se le adelantó. Percibía a la perfección las sensaciones que se producían en él.

—Mi señor rey, los médicos se han pronunciado en forma terminante. Dos de sus servidores moros padecen el mal. Las manchas que se les han manifestado no se prestan a confusión y no ofrecen ninguna esperanza. Son los que le ofrecían sus cuidados.

—¡Salga de aquí!

—Existe el riesgo de contagio —agregó, refiriéndose a Jeanne—. Felizmente, esos no eran más que esclavos moros.

—¡Salga de aquí, señora, o la haré echar!

Era el ladrido de un perro furioso, más que el grito de un hombre. Jeanne tembló de pies a cabeza.

—¡Deje de meterse en mis asuntos e intereses!

La horrible mujer no se inmutó; apenas si se turbó ante tal violencia.

—¿Quién mejor para hacerlo que su propia madre? —afirmó ella con su tono dulzón.

—Una madre que toma partido a favor de mis enemigos y que no se detendrá hasta que renuncie a mi corona. Una madre que me visita solo para comprobar los avances de mi mal y disfrutar de mi debilidad.

—Su enfermedad le inspira palabras injustas.

—¿De veras? Usted fue de esos fieles que, para mi beneficio, mandaron matar a Miles de Plancy, el amigo de mi padre y mi senescal, cuando era niño. De los que apartaron a Raimundo de Trípoli, el único que me pudo haber ayudado con sus consejos y su experiencia, quitándole a usted la capacidad de hacer daño. Pero tocarme es llevar desgracia a la ciudad y al reino de Jerusalén. No hay día en que usted no conspire contra mí, sin tener en cuenta sus propios intereses, que dependen de mi poder. Su maldad es tan desmesurada como su estupidez.

—¡Balduino!

—Retírese, señora. Su sola vista me ofende. Su hipocresía no es digna de lo que pretende ser: esposa y madre de reyes. Me rogó que despidiera a la señorita de Mauléon nada más que para incitarme a retenerla.

—¿Qué insinúa?

—Con la finalidad de que escuchara y me tomara horror, oyendo de su boca la verdad de mi miseria. Con la intención de que se asustara del contagio y me dejara para siempre. Por la mentira, el asesinato o el veneno, usted ha apartado de mí a todo lo que me era querido. Es monstruoso y rebaja la belleza de la palabra madre.

—¿Niega usted que esos esclavos moros, expuestos a tocar sus ropas y sábanas, se contagiaron la lepra? Hoy es su última noche entre los hombres. Mañana serán conducidos fuera de las murallas, a nuestros lazaretos del barrio de los leprosos.

—Ahora que ha pronunciado la palabra lepra, que paladeó como un bombón delicioso antes de escupirlo en la cara de Jeanne, márchese. Ganó, señora. Tráguese su vergüenza, pero no olvide que Dios la juzga.

—También lo juzga a usted, pobre niño. Pero disculpo su furia. Sin embargo, me pregunto si es propio de un príncipe, de su renombre y ejemplo, exponer a sus amigos a tal contagio.

Se retiró con esa última perfidia y Balduino permaneció frente a Jeanne, con el corazón doliente.

—Jeanne —dijo después de una pausa—, de todos modos tendrá que retirarse.

—¿Por qué?

—Porque ahora está enterada del mal que me aqueja.

—No, señor.

—¿Oyó usted? Esos esclavos moros van a morir por mi culpa. Mis ropas están infectadas. El aire que exhalo está contaminado. Sólo soy germen de podredumbre... Jeanne, despierte, lo único que puedo ofrecerle es la muerte.

—Explíqueme.

—Difundimos en el pueblo la idea de que padezco una enfermedad insignificante de la piel, de un humor en la sangre, para tranquilizarlo, y sobre todo para desconcertar a los infieles, que están muy atentos a nuestras debilidades. Pero, según dicta el derecho, debería ser un muerto vivo, instalado en nuestros lazaretos.

—Tenga piedad, señor rey.

—Este rey tiene la desgracia de ser un leproso; este leproso, la suerte de ser rey. ¿Entiende el dilema? Pero no sería justo que se expusiera usted por mí. Apruebo a mi madre por haberle advertido, aunque la condeno por privarme de un ser querido. Ya está, terminé. Se acabaron nuestras veladas, nuestras charlas. ¡Retírese a sus habitaciones!

—¿Me volverá a llamar?

—No lo sé.

—¿Si se lo ruego?

—Algo se rompió, Jeanne, y es irreparable. Por ahora no puedo mirarla a los ojos porque le doy un nombre a mi actitud hacia usted: cobardía.

—Dignidad, señor. Usted lucha contra el mal y contra la idea de ese mal.

—No, mis dedos están infectados; mi aliento es pestilente; mis sábanas y mis ropas están impregnadas de esta corrupción contagiosa. Pero tenía la ilusión de su presencia, y me daba valor. Cuando usted estaba presente, me sentía un hombre normal. Una esperanza se despertaba en mí. Ya no será así.

—Lo será siempre.

—¿Con este miedo a contagiarse la lepra? Sería usted como mi madre y mis hermanas, todos los que se me acercan, por obligación o adulación, y que los días siguientes se examinan la piel durante largo rato, temiendo encontrar una mancha. Váyase, ahora. ¡Se lo ordeno!

—Hasta mañana, querido señor.

—Hasta nunca, le digo, y le ruego que perdone mi engaño.

Jeanne se fue, pero como una muerta, tan pálida y titubeante, que él casi se levantó, casi la llamó. Pero no lo hizo. ¡Qué poco duró su felicidad!

18
El beso sublime

Durante más o menos un mes, Jeanne lo veía sólo en público cuando, aislado en la plaza de honor y bajo su palio, presidía los festines para él tristemente obligatorios, y daba audiencia a los embajadores. La invitaban, pero mostraba poca diligencia y poco interés. Era costumbre exhibir a las mujeres en esa suerte de eventos y reunirlas con los hombres, aunque fuesen señores moros. Jeanne sospechaba que el rey deseaba en secreto que se enamorara de algún vasallo de gran feudo. Eran las pobres y únicas armas que había encontrado contra ese amor tenaz. Se decía, y se lo había confesado, que si se enamoraba de otro, podría y debería no amarla más.

—¡Ah, Guiot! ¿No es acaso la pena más grande la de un corazón enamorado? ¿Puedes comprenderme?

—Sí, mi señor rey.

—No del todo. No padeces esta lepra que me devora. Contamino todo lo que toco. La mujer que deseo acariciar se pudriría con mis abrazos, perdería en pocos años o meses la belleza que me sedujo. ¿Te das cuenta de lo trágico de la situación? La gracia de un amor compartido entra en una vida que había dado por perdida toda esperanza en ese sentido. La amarga Providencia me colma con sus favores por una vez. Pero me es forzoso renunciar a esa felicidad que me ofrece, en la que me hubiera extraviado y restablecido, y resignarme a perderla... Alejándome de ella me queda la posibilidad de convertirme en poco tiempo en un objeto de repulsión para todos y para mí mismo, ver cómo mis manos y mis pies se desprenden como ramas muertas, mi rostro se disuelve y toma el aspecto de un monstruo... Guiot, ¿no temes estar tan cerca de mí desde hace al menos una hora? ¿Y si te contagié la lepra?

—No, buen rey, no tengo ese temor.

—Con todo, eres un hombre robusto y sano.

—Esa lepra la tomaría gustoso de usted si se la pudiera quitar.

—¿Qué dices?

—Digo que no tendría importancia que esa lepra viniera a mí, porque no tengo la responsabilidad de un reino, sino solamente la de ganar mi lugar en el paraíso. Mientras que el rey debe salvar a uno y a otro.

—Pero es bueno que yo tenga este reino, querido Guiot, y también que Saladino lo amenace.

—En un sentido, sí. Saladino nos presta un noble servicio a pesar suyo: lo mantiene en alerta y le permite olvidar su tristeza.

—Eres el único que piensa así.

—No, señor, conozco a otra persona que tiene las mismas ideas, y que, sin duda, vale más que yo...

Para no oír el nombre de Jeanne, ni conmoverse, con un vago pretexto me despidió bruscamente.

Dejó de aparecer en público y se confinó a sus habitaciones. La enjoyada reina, las princesas pintarrajeadas, el senescal Jocelyn de Courtenay y otros dignatarios del palacio divulgaron la noticia de que estaba enfermo, no más que de costumbre, pero que no podía mostrarse. Misteriosamente fui destinado a las torres y el rey no me mandó llamar. En cuanto a Renaud, fue enviado por un tiempo al Vado de Jacob. Pero tenía mis contactos y supe que la reina le había escrito a Saladino pidiéndole socorro y el envío de un médico famoso entre los infieles. Era una falta grave, ya que siempre se había hecho el esfuerzo de disimular la enfermedad de Balduino.

Era también el indicio de un agravamiento excepcional. Jeanne se lamentaba y se atormentaba:

—Guiot, no me dices toda la verdad. Alrededor del pobre rey hay un nido de víboras. Lo sé, lo siento. Su cuerpo desfallece, pero su alma permanece inflexible. Mientras viva, será el amo y señor. Esa voluntad molesta a la reina madre, a sus hijas y a su corte de rapaces; molesta a sus amores y a sus ambiciones. Esperan que el rey caiga en el delirio, para disputarse sus despojos. Para apresurar su caída, usan la lepra para alejar todo lo que lo reconforta y sostiene; sus amigos fieles, lo que ama y lo que quiere. Necesitan que se quede solo con su espanto.

Debí tranquilizarla, desengañarla y devolverle la paz. Pero había observado a la reina y a Sibila, y desconfiaba, despreciándola, de esa corte donde demasiados aventureros y pupilos degenerados convivían con hombres de buena voluntad, cuyo celo y esfuerzo reducían a la nada. Yo no intentaba ni siquiera sustraerla de esa pasión que la dominaba, como la lepra a Balduino, y que crecía con la distancia. Había adquirido tanta fuerza que, aunque el rey se revelara injusto, pérfido y cruel, ella lo hubiera aprobado sin reservas, e incluso hubiera encontrado justificaciones para su crueldad. Se parecía a las lobas que defienden con uñas y dientes a su lobo herido y están dispuestas a morir por él, con nobleza.

Lo único que pude conseguir fue que postergara su loco y peligroso proyecto. Pero sabía muy bien que esa prórroga era tan solo un engaño. Cuanto más meditaba acerca de las razones y sinrazones de ese corazón, más me persuadía de que, en adelante, nada ni nadie podría aliviarla de la pasión que la colmaba, la impregnaba y modificaba su naturaleza original. Me decía que solo en ella él encontraba cómo satisfacer su avidez. Que la única felicidad a su medida era esa, al lado de la que cualquier otra hubiera parecido vulgar. Que habiendo hecho esa elección extraordinaria, a menos que hubiera sido el destino mismo el que lo hubiese hecho, perseguía a su manera la gesta de Ancelin, tardíamente emprendida, pero soportada con el mismo apasionamiento sublime. Que tratar de disuadirla era aliarse al partido de la reina y perjudicar al reino, acabando por privar a Balduino de lo poco que incita a un hombre a proseguir una lucha, y privar a Jeanne de esa ocasión única de llegar hasta el final de su extraña fortuna y alcanzar los confines de su propio universo.

Noche tras noche me convencí, para mi pesar... Ya que, lo habrán entendido, la amaba como un hombre ama a una mujer y no como un espíritu místico que busca un alma para compartir con ella la felicidad eterna. Me convencí entonces, aunque destrozado por la pena y el sufrimiento secreto, de que Jeanne no estaba dispuesta a gemir bajo las sábanas de un voluptuoso muchacho que la hubiera estrechado entre sus brazos para su placer exclusivo. Adentrándome más en mi alma, me dije que mi misión, desde el momento en que toqué a la puerta de Mauléon, fue hacer que su camino se cruzara con el del rey leproso. Los sentimientos en que me debatía confusamente eran, pues, una especie de traición. Podían, al menos, convertirse en ello, y mi deber era ignorarlos, ya que no podía olvidarlos.

Hermanos, mis amigos, no sientan vergüenza por oír estas cosas por demás mundanas para ustedes. Si han sido protegidos contra la tentación, les aseguro que se les ha concedido una enorme gracia, y reverencio con humildad su inocencia. Pero debo decirles que tampoco han conocido el mérito de vencerla. Confieso que me costó mucho tomar la decisión de no retener a Jeanne para mi propio beneficio. Ocupaba el segundo lugar, después del rey, a quien ella más amaba. Con espíritu de sacrificio, Balduino nos hubiera casado y me hubiera concedido algún cargo o feudo para que no padeciéramos ninguna necesidad. Jeanne habría sido para mí una mujer buena y fiel, pero ello no hubiera impedido que solo pensara en el joven rey. Habría sido ese cuerpo mártir el que hubiera abrazado a través del mío, en esos momentos en los que nos enorgullecemos de poseer a la mujer en su totalidad. Y de ese modo la habría marchitado sin remedio, creyendo quererla. Cada noche habría agrandado su herida, menos visible pero tan cruel y dolorosa como las manchas en la piel del leproso. De pronto, una voz me persuadía de que el rey no viviría mucho tiempo, que el recuerdo más doloroso acaba por desgastarse y borrarse. En pocas palabras, una opinión contradecía a la otra, apoyándose en ella primero para invalidarla después.

Con esa espina clavada en el corazón, decidí salir a cabalgar por las colinas de Jerusalén. De pronto, ante aquellas piedras blancas y esas colinas, bajo ese cielo divino e incomparable, me pareció que todo el tumulto interior no era más que una nadería banal, propia de toda criatura. Había llegado a esos lugares para luchar al servicio del Señor y no para disfrutar del cuerpo de una mujer y desviarla de su camino. A partir de ese momento tomé la resolución de aconsejarle a Jeanne que obrara según sus deseos.

Al regresar a nuestras habitaciones, orgulloso de mi pobre victoria de generosidad, ella no estaba.

Había forzado la puerta de Balduino. Los guardias, el escudero de servicio, a pesar de las órdenes recibidas, no se atrevieron a impedirle el paso. El rey no tuvo tiempo de ponerse el pañuelo, ni de acomodarse el cuello de la camisa. Un servidor moro, con asco y temor, le ponía lienzos sobre las heridas. Entre sus párpados hinchados y enrojecidos, los ojos del príncipe ya no ostentaban esa altiva dulzura y el destello de inteligencia que Jeanne amaba por sobre todo. Tenían reflejos verdosos como los de los gatos. Sonrió lastimosamente. Luego, con una voz que ella no estaba acostumbrada a oír, chillona y enronquecida, la increpó:

—¡Ya está hecho, señorita de Mauléon! Su curiosidad ha sido castigada. Venga, venga más cerca, así no se pierde nada... Más. Bien cerca... Es usted valiente, pero palidece. La realidad es peor que sus sueños más pesimistas, ¿no es así?

En las mejillas oscurecidas y tirantes, y como cubiertas de baba, sobresalían granos con puntas blancas. Los tenía también bajo las sienes, en las mandíbulas y el mentón, y en el cuello y el pecho. Los ganglios le agrandaban las orejas tumefactas. Los bordes de una herida horrible supuraban y palpitaban en medio del torso. Despedía una purulencia que el moro secaba. La mesa estaba llena de telas sucias, entre aguamaniles de oro y cuernos de cristal de roca. Jeanne me describió toda esa miseria de pústulas y líquidos pestilentes con los ojos atormentados, pero a la vez con un estremecimiento indecible en la voz.

En vez de huir despavorida, se inclinó sobre él. Apartó con un gesto al esclavo moro, acercó un dedo, dos, después toda la mano, y tocó esos granos, esas glándulas, ese endurecimiento de la piel y los bordes insensibles de la herida, contra los que apoyó la cabeza y la oreja.

—Perdón —decía la voz rasposa—. ¡Oh! ¡Perdón! Jeanne, aléjate...

—¿Le hago daño?

—¡No! Podrían pellizcarme, cortarme, que no sentiría nada. ¡Qué espanto soy!

Los ojos de gato, los ojos terribles, examinaban el bello rostro con una ferocidad involuntaria, pero también con un sufrimiento sin nombre. Jeanne tuvo una expresión casi juvenil, traviesa quizá, una risa cristalina, liviana, y dijo de golpe:

—Señor rey, sus médicos son gente rara. Por fortuna, tienen menos conocimientos que pretensiones.

—¿Qué mentira es esa?

—Su mal tiene la apariencia de la lepra, pero no lo es.

—¿Qué crees que sea?

—Una enfermedad de la piel, común en nuestros bosques lluviosos, bastante grave pero curable con paciencia, cuidados y la voluntad de sanar.

—¿Quién me engaña? Desde los diez años me han tenido por leproso.

—¿Quiénes?

—¡Ay, Jeanne! El santo obispo de Tiro, mi preceptor. Al verme jugar con los hijos de los barones se sorprendió por mi falta de sensibilidad, y creyó que, siendo hijo de un rey, me resistía a quejarme. Pero ante mi negativa, me hizo examinar por los médicos. Desde los diez años, sé que tengo lepra y que me irá devorando hasta que me llegue la muerte.

—Y yo insisto en que no es así.

—¿Pero cómo lo sabes? Consulté a los mejores médicos y curanderos, incluso a nigromantes.

—¿No le dije que conocía los bálsamos y las hierbas cuando me tomó a su servicio?

—Sí, lo recuerdo. Pero tus remedios se aplican a las heridas recientes y no a semejante fuego de podredumbre.

—¿Cree usted que me atrevería a tocarlo como lo hago –siendo una mujer frágil, como soy–, si no supiera la naturaleza exacta de su mal?

—Me han dicho siempre, incluso este último médico moro, que mi aliento era suficiente para diagnosticar lepra.

—¿De veras?

Entonces esa adorable loca apoyó, sorpresiva y largamente, sus labios sobre los del rey.

—¿Pero quién eres, pues? ¿Quién eres? Mi Dios, ¿qué me das?

—Soy yo, a partir de ahora, quien cambiará sus vendas y velará por usted, si me concede el permiso.

—¡Ay, Dios! —repetía él—. ¿Qué significa este regalo demasiado generoso para mí?

No eran vanas palabras, nacidas del entusiasmo o de la imprudencia de un instante. Jeanne, a despecho de las calumnias, se instaló en una habitación cercana a la del rey, y no lo dejó nunca más, salvo cuando se iba a la guerra.

19
"La amiga del rey"

~

*L*a esperanza volvió a Mont-Royal, aunque, por cierto, no a todos los corazones. Bajo la buena influencia de Jeanne y en su compañía, el rey volvió a adquirir fuerza y valor. Los bálsamos que ella preparaba cerraron la herida principal. Las puntas de los granos se desprendieron. Una hierba que recogía al amanecer, en determinadas lunaciones, en el huerto de Getsemaní, reabsorbió las úlceras. Se cubrieron de costras que se redujeron hasta deshacerse en polvo. Por fin, un día Balduino pudo presentarse ante todos sin vendas y sin pañuelo. ¡Qué orgulloso estaba de esa piel renovada por los remedios, de la fineza de sus rasgos recuperada, de esos cabellos ayer todavía secos y duros, y hoy sanos y brillantes, como era propio de su juventud! El mal había retrocedido de tal manera que la voz ya no se le enronquecía, apenas rechinaba, y solo bajo el efecto de un gran cansancio.

No sé si Balduino, después de esa oleada de optimismo, justificada en un ser tan joven, se convenció realmente de que estaba curado, o pensó que se trataba de una remisión pasajera de la enfermedad. Curiosamente tal prudencia era significativa. Se mantenía siempre a distancia de sus huéspedes, salvo de Jeanne. No tocaba los manjares ni los frutos, ni los aguamaniles y vasos comunes. Pero su vivacidad, por discreta que fuera, se percibía siempre en sus palabras, su paso alerta, sus actitudes, su celo al presidir los consejos, comidas y diversiones, tanto como su lucidez, que nos era tan necesaria. Se distraía riendo e incluso cantando. Ese buen humor nos devolvía el nuestro.

Los viejos soldados, que no tienen más malicia que sus caballos, estaban felices. Su sencillez, exenta de ambiciones, de dinero y tierras, no tenía malos pensamientos. Pensaban que ningún otro príncipe se había identificado tanto con su reino, y que Balduino IV era el alma y el corazón de Jerusalén. Aquellos hombres rudos, tan diferentes de los protegidos y cortesanos, empezaban a mirar a Jeanne como a una maga, reverenciándola con un poco de temor. A ninguno de ellos se le ocurrió pensar que, viviendo y casi durmiendo en la intimidad del rey, pudiera comportarse de manera indebida, aun siendo su belleza muy superior a la de las demás mujeres del palacio.

Pero la corte, los altos dignatarios, sobre todo sus esposas, se asombraban de que "la amiga del rey" llevara vestidos tan modestos, ninguna joya, y tampoco esos afeites tan costosos que estaban de moda. Jeanne podía aparecer tal y como la naturaleza la había hecho. Su cabellera no se deslucía por la falta de aceites perfumados. A sus labios y mejillas, cuya frescura era la de un pétalo, no les hacían falta cremas. Sus ojos, semejantes al mar junto a las orillas de arena, no necesitaban ungüentos azules o negros. Ni su cuerpo grácil y esbelto, esas túnicas extravagantes en que la reina ocultaba su voluminosa decadencia. No lanzaba a los hombres miradas triunfales, como Sibila, ni concupiscentes, como Isabel, impaciente por caer en las redes del amor. No era que las rechazara, pero seguía siendo ella misma, inmutable, dentro de la armadura de la pasión exclusiva que consagraba al rey, feliz de poder decir con una pizca de timidez:

—Guiot, ¿qué piensas? Creo que está feliz.

Las caras largas de la reina madre y de sus allegados condicionaban un poco su alegría, pero en forma superficial y sin provocar de su parte ironía o maldad. Le resultaba muy penoso comprobar que, quienes deberían alegrarse más que todos por la salud del rey, se entristecieran. No podía concebir, a pesar de mis advertencias, que hubiese arruinado sus planes, y que prefirieran lamentarse por el infortunio de Balduino con tal de que fuera cierto, disimulándolo como "insignificante enfermedad de la piel". Se decidieron entonces por el ataque sutil y pérfido. Primero insinuaron que la cura respondía a una brujería, y se mostraron preocupados por la salud de Balduino, ¡almas devotas!

El patriarca de Jerusalén y Guillermo, el arzobispo de Tiro, se encargaron de examinar el caso en forma secreta; pero cuando vieron y oyeron a Jeanne, la bendijeron. Entonces el partido de Inés empleó otras armas. En vez de un eclesiástico, le enviaron a un joven seductor, que por cierto abundaban en Tierra Santa, con la misión de cautivarla, o por lo menos, ponerla en una situación comprometida. Con cuánto placer lujurioso le hubieran entregado al rey las pruebas de su mala conducta y de su infidelidad.

Pero se comportaban de acuerdo con su carácter lascivo y voluptuoso, y no el de Jeanne. Las prendas y pequeñas dádivas de amor de ese personaje le fueron devueltas sin una palabra. Se jugó entonces el todo por el todo. Una noche que Jeanne volvía de la habitación del rey y se desvestía con tranquilidad, se apareció entre las cortinas con muy poca ropa. Jeanne observó esa boca como un hocico, los ojos saltones y el torso afeminado. Lentamente tomó un candelabro de hierro y lo levantó. Él era tan débil, de una casta tan enclenque, que se cubrió la cabeza pidiendo piedad y se dejó echar a patadas como un perro bastardo.

Renaud no se atrevió a matarlo, a pesar de su orgullo herido, porque el bello joven tenía un nombre ilustre y se parecía demasiado a la reina Inés y a su hermano, Jocelyn de Courtenay, senescal del reino. Tal complacencia me preocupó más aún que la duplicidad de los De Courtenay y sus aliados. No me atreví a confiarle a Jeanne mi pensamiento, para no calumniar a Renaud pero, a partir de esa situación, dejé de apreciarlo. No me quería arriesgar a que mi parcialidad desuniera a los hermanos.

No se dejen engañar, amigos. No es mi propósito perjudicar a quien sumó a su valentía un arrepentimiento vivo y verdadero, y resultó ser riguroso con sus propias faltas, como generoso con nuestra Orden. Solo quiero explicar cómo era con respecto a lo que parecía, y cómo su destino se fue manifestando. Tomó primero nuestro mismo camino, se extravió después, y finalmente llegó a la meta, o al menos eso deseo para él.

Sin embargo, en aquella época, hacía uso de su libre albedrío. El partido de la reina todavía no le había otorgado su confianza. Su corazón estaba lleno de buenas intenciones, aunque la ambición lo acicateara desde hacía tiempo. A pesar de ello, el aire envenenado de la corte, las conversaciones que oía, los coqueteos y las sordas amenazas que conformaban el trajín diario del palacio lo influenciaban.

—¡Sí! —le decía a Jeanne—. ¡Él está contento! ¿Pero y tú? ¿Adónde te llevará todo esto?

—No importa.

—Se cree que está curado, o en vías de estarlo; pero tú, que aprendiste los secretos de Hurepel y del pastor, ¿crees sinceramente que lo esté?

—Te he dicho que eso no importa.

—Para mí es muy importante. Porque si realmente ha contraído lepra como algunos siguen creyendo, no se curará nunca. La enfermedad se manifestará con mayor intensidad, lo sorprenderá sin aviso.

—¿Y eso qué cambia?

—¿Has perdido la cabeza?

—Créeme que he analizado la situación y sé lo que hago.

—Entonces, vuelvo a preguntar, ¿cómo terminará todo esto?

—Es mi problema.

—No tiene ningún sentido que una muchacha como tú, noble, atractiva y sana, mi Jeanne-del-rostro-iluminado, se exponga al contagio y sin beneficio alguno, ya que el rey, de todas maneras, morirá.

—Suponiendo que el riesgo de contagio exista, el peligro es menor que el que tú corres exponiendo tu vida en una batalla.

—Pero tú eres mujer.

—¿Acaso es ese un motivo de debilidad?

—¿Qué esperas? ¿Casarte? El rey de Jerusalén nunca tomaría por esposa a la hija del humilde señor Ancelin, apenas un adalid. Los reyes se casan con reinas.

—¿Crees que eso me importa?

—Te equivocaste. Te acusan de ser la amiga del rey. ¿Sabes lo que significa? Que eres su amante y que te sometes a sus abrazos, por ambición o porque perdiste la cordura.

—¿Quién me acusa?

—El rumor es general; los cortesanos, no sé quién. Pero te conozco, hermanita, y pondría mis manos en el fuego por tu inocencia.

—Todo esto es monstruoso.

—Siendo el jefe de nuestra Casa a partir de ahora, debo advertirte contra los rumores y la imprudencia de tu excesiva generosidad... —Mitad en broma mitad en serio, agregó—: ¿No es monstruoso también que el rey no recompense mejor tus servicios? Piensa en los esclavos contaminados. Es extraño que no encuentre un medio de satisfacerte, que no vele por tu delicadeza y te proteja de las habladurías.

—¿Qué quieres decir?

—Tal vez podría, ya que tú no aceptarías nada para ti, confiarme un mando más importante. No te enojes. Es solo una sugerencia. Pero permíteme que te reproche que te olvidaste de mí desde que estás junto a él, solo atenta a tu pasión.

Aquel día, Jeanne lloró.

—Acepta que me contagie la lepra y pierda mi reputación, con la condición de obtener algún beneficio —me dijo—. Ay, Guiot, ahora solo puedo confiarte a ti mis preocupaciones.

A partir de esos hechos, Renaud recibió una suma de dinero, una armadura nueva y un ascenso. Tuvo el cinismo de decirme:

—Por fin se muestra más comprensiva.

Pero cuando le agradeció a Balduino, este lo desengañó; Jeanne no había hablado a favor suyo.

—Me he enterado —dijo el rey— de que está aprendiendo árabe. Para mí es un excelente indicio.

—¿De qué, señor?

—De que en lugar de regresar a su tierra de Mauléon, una vez que su cruzada haya llegado a su término, usted tiene la intención de quedarse y, quizá, de tener descendencia, si Dios lo quiere. Estas disposiciones me satisfacen. Muchos de los nuestros, como mi primo de Flandes y sus vasallos, solo piensan en reembarcarse. Una vez cumplidos sus deberes religiosos, y después de unas cuantas estocadas bien dadas o recibidas, ya sienten que pueden marcharse.

—Es verdad, señor rey, que tales son mis intenciones, a menos que carezca de los medios necesarios.

—Es por eso que en poco tiempo más, cuando conozca mejor el país, le otorgaré el mando de los guerreros turcos. Es una tropa de elite, similar a la caballería de Saladino, móvil y ligera.

—Hay tanta gloria en cabalgar delante de los guerreros turcos como en pelear en forma anónima y perdida en el seno de un escuadrón de caballeros enfundados en armaduras. Y si tales son sus intenciones para mi persona, todo será para mejor.

—Nos vamos a poner en campaña nuevamente. Saladino me inquieta más cuando no hace nada que cuando actúa. Está preparando la guerra; no sé hacia dónde dirige su empeño.

—Junto a usted lo venceremos, como en Montgisard.

—Así lo esperamos. Cuento con que en estos próximos encuentros demuestre usted su valor, del cual no dudo, pero es con la finalidad de que nadie recele después.

—No lo decepcionaré.

—Si sigue siendo tan buen servidor, nada se opondrá a que lo case con alguna joven viuda, o hija de algún señor rico. ¡Mueren tantos! Entonces, sabiendo que no tendré que desconfiar de usted, lo otorgaré un feudo de buena gana.

Y como Renaud le expresaba su gratitud, multiplicando sus promesas de fidelidad, incapaz de frenar su exaltación porque ya se veía como conde de Jaffa o de Ascalón, Balduino le advirtió:

—No obstante, cuídese de los aduladores. Son maestros en el arte de perturbar los corazones y los espíritus, y de manchar la devoción que se me tiene. Me perjudican para beneficiarse. Les molesta mucho que tenga hombres y capitanes predilectos, consejeros íntimos. —Luego, con repentina aspereza—: Temen que me harte de sus traiciones y los castigue como se merecen. No se preocupe por las responsabilidades que les concedo, son provisorias. Los libraré de ellas, y dentro de poco. No quieren obligaciones, sólo el beneficio inmediato y mediocre. Antes me lamentaba por ello, pero ya no. —Sonrió con aquella sonrisa de los Plantagenet, tan famosa entre los príncipes de Occidente—: Incluso sus artimañas me divierten tanto como el ajedrez. Son malos adversarios, muy apresurados, demasiado...

Otro que no hubiese sido Renaud se hubiera conmovido por esa última reflexión. Pero no advirtió la sospecha que el rey dejaba entrever ni la advertencia que contenía. Poco inteligente, era incapaz de imaginar que existieran seres de personalidades más complejas que la suya, o que en la persona del rey, el distribuidor de castigos cohabitaba con el hombre de Estado, y el negociante precozmente hábil con el impetuoso y sagaz guerrero. A pesar de su orgullo y sus apetitos, el niño aún vivía en su cuerpo de hombre. No tardaría en convertirse en adulto.

20
La gruta de Pan

Aquel año la sequía castigaba Damasco. Se agravaría en los años siguientes, lo que nos sería de gran ayuda. Los pastores damascenos llevaron sus rebaños al bosque de Paneas, o mejor dicho, a los valles de sembrados de sauces y álamos donde nace el Jordán y se encuentra la gruta de Pan. Saladino residía en Damasco, con su ejército, mientras se llevaba a cabo el traslado de los animales. Balduino se dirigió hacia Paneas, con su condestable Onfroy de Torón. Los rebaños damascenos parecían poco o mal cuidados; le pareció bien espantarlos, en castigo por los pillajes e incendios de los infieles.

El rey cometió la equivocación de escuchar a su condestable, y dividió el ejército en varias columnas con el fin de perseguir a los animales y sus pastores. Pero Saladino, advertido de nuestro avance, había enviado a su sobrino Farruj Shah a hacer el reconocimiento. Si nuestra incursión se confirmaba, debía dar la alarma y Saladino acudiría entonces con su ejército. En pocas palabras, los unos y los otros actuamos a la buena de Dios, pero nos guiaba la mala fortuna. Porque Farruj se apareció de pronto ante nosotros, cuando nuestras dos columnas estaban atrapadas en un profundo desfiladero. No éramos más que una escolta, ya que el grueso de nuestras fuerzas se encontraba en la llanura recogiendo pasto para los caballos. Tuvimos que pelear con vigor.

—¡Huya, señor, que somos muy pocos!

Entre la polvareda y el calor precoz de abril, tuvo lugar

una fea refriega en la que muchos perecieron sin siquiera ver quién los mataba. También creo que, en los giros y corcovos de nuestros caballos, intercambiamos golpes entre hermanos. En todo caso, por torpeza o por lo que fuera, recibí un golpe que me rasgó la cota y me abrió la espalda. Todos maldecían la imprudencia de Onfroy, que había conducido al rey a esa aventura a pesar de sus dudas. Pero no se trataba de echarle la culpa al condestable, sino de salir del mal paso lo antes posible.

Los destellos que despedían los cascos, los yelmos y las hojas que se entrechocaban, aumentaban el ardor del sol y entorpecían nuestra visión. Nuestros caballos lanzaban relinchos parecidos a ladridos de dogos; se mordían entre sí y pisoteaban los cadáveres con ferocidad. Los gritos de los heridos, las órdenes, los desafíos, los llamados, se mezclaban con el choque de las armas. Traté de no alejarme del rey, reconocible por la corona de oro que ceñía su yelmo. No quiso huir ni abandonar a los suyos a su suerte. Se exhibía en forma peligrosa mientras se defendía con habilidad. Pero los infieles nos abrumaban por su ventaja numérica.

—¡Salven al rey! —bramó Torón—. ¡No puede caer prisionero!

Algunos caballeros se sacrificaron para contener el asalto, formar una barrera y permitir que Balduino se retirase. Acribillados a golpes, fueron desmontados, y nos rodearon.

—¡Rey! —gritó una voz mora—. ¡Ríndete! Un rey no mata a otro rey. Salva tu vida.

—¡No! ¡A mí, Torón, Guiot!

Torón les hizo frente, desesperado. Los detuvo un instante. Abraham de Nazaret, Godofredo de Torolt y otros lo imitaron. Algunos sucumbieron. El condestable, sangrando y afligido como estaba, se mantuvo en su montura y pudo huir con nosotros. El estrépito de las armas por fin alertó a nuestros hombres, que cabalgaban en calma por la llanura. Llegaron los refuerzos. Los caballeros de Farruj interrumpieron el combate.

Habíamos salvado lo esencial. El rey no había caído en manos de Saladino, lo que hubiera significado la peor de las catástrofes. Pero cuántos valientes compañeros habían pagado con su vida. El rey envió emisarios a Jerusalén, a fin de "tranquilizar" al partido de la reina y de pregonar por las calles que no hubo tal batalla, sino un simple choque con una patrulla de avanzada. Si llegaba a la ciudad el rumor de que había caído prisionero, como se difundía por el campamento, ¿qué habría hecho la reina? Era capaz de declararse regente, o de provocar un movimiento popular con la excusa de salvar el reino.

Esa misma noche, mientras disfrutábamos de la seguridad del campamento y de un merecido descanso, el rey fue a visitar a su condestable. Onfroy de Torón tenía heridas de flecha en la nariz, en la rodilla y en el pie. Las estocadas le habían fracturado dos costillas y abierto tres heridas en el costado. Yacía en su catre de soldado, en la hermosa tienda bermeja con la cruz, famosa entre los infieles. Lejos de quejarse y gemir, tuvo fuerzas para apoyarse en los codos y saludar cortésmente al rey. Balduino quiso consolarlo.

—No, mi señor Balduino —respondió—. Estoy perdido, lo sé. Si fuera más joven, me restablecería. Pero la edad me lo impide, y también la conciencia de mi error. Si bien lo he servido con lealtad y dedicación, esta jornada me quita todo mérito, porque he fallado por presunción.

—Onfroy, mi buen amigo, no fue más que una escaramuza, un doble error porque estábamos en inferioridad de condiciones.

—Casi me burlé de su clarividencia. El condestable expuso la vida de su rey. Por una tontería incomprensible, perdí ciegamente la razón, cuando mi función era la de velar sin descanso por usted... Indigno de cumplir con mi deber, a partir de este momento, no merezco seguir viviendo.

—¡Qué locura! Si me abandona por vergüenza, agrava su falta, que es leve, ya que pudimos escapar.

—¿Qué nos garantiza que semejante falta no me conduzca a equivocarme más seriamente?

—Onfroy, ha sangrado mucho y no está en condiciones de pensar con claridad. Le suplico que se calme, porque pierde energías sin necesidad. Saladino está en Damasco y no se marchará, sépalo. Lo necesito. Todo lo demás son consideraciones sin importancia.

—Buen señor, mi rey, le repito que la vergüenza y la pérdida de sangre me separarán de usted.

—Onfroy, le ordeno que se cure.

—Eso quisiera, por obediencia a usted, pero el frío que siento no me da esperanzas.

—Nuestros médicos lo sanarán.

—Lo único que deseo es que me perdone.

—Nadie me obligó a seguir sus consejos. El error es compartido. Pero, de todos modos, le concedo gustoso mi perdón.

—Es usted mejor capitán que el viejo Onfroy. Me alegro de todo corazón. Tenga a bien impartir las órdenes para que me trasladen a mi castillo de Hûnin. Allí esperaré que se cumpla la voluntad de Dios. Señor, le pido que sólo recuerde nuestros buenos momentos, y no este.

Pude acompañar al rey en esa visita, ya que mi herida no era grave. De regreso me dijo:

—Es una pérdida irremediable, Guiot. No hay quién pueda reemplazar a nuestro viejo amigo. Muere por mí. Pero es una muerte sin sentido.

Quiso que me quedara un momento con él. Hacía mucho calor, a pesar de que el colgadizo de la tienda estaba levantado. Un olor nauseabundo manaba de la persona del rey. Es cierto que el campamento no olía a rosas. Me dije que mi propio cuerpo, al final de la cabalgata, no debía tener mejor aroma. Sin embargo, el olor que se insinuaba en mis narices me asqueaba, era diferente. La palidez del rey se recortaba contra el panel azul de la tela. La luz de las lámparas acentuaba las marcas de sus mejillas. Me arriesgué:

—Necesita descansar. Mañana será una dura jornada.

—Mañana será una jornada vacía e inactiva. El acontecimiento memorable será la partida de Onfroy. —Observó las estrellas; luego, pensativamente, las estacadas y los haces de lanzas—. Me digo que este enfrentamiento no ha sido fortuito, que ese traslado de los rebaños era una trampa de Saladino. Tengo que pagarle con la misma moneda. No habrá condestable capaz de salvarlo de mis garras.

En otra tienda, Jocelyn de Courtenay conversaba con Renaud. Había aprovechado la circunstancia para atraerlo y reprenderlo a su manera, que dejaba mucho que desear.

—Buen señor Renaud, no participó usted en la contienda; le será tomado en cuenta.

—¿Qué quiere decir?

—Que eso no le gustará a nuestro rey.

—Pero, senescal, el viejo Onfroy me dio la orden formal. Estaba patrullando en la llanura, mientras arreaba cabras, ganado y caballos. Lamenté no haber podido ser de la partida.

—Igual que yo, hijo, con la diferencia de que mi reputación es incuestionable.

—¿Cree usted que el rey me guardará rencor?

—Es vengativo, y para peor, su memoria es implacable. Se me ocurre que recordará los nombres de los caballeros que lo defendieron en el desfiladero, y también cómo se desempeñó cada uno.

—Pero yo había recibido una orden.

—No se enfade, noble y pequeño camarada. Solo le estoy dando mi opinión. No obstante, usted conoce el carácter de Balduino, caprichoso, arbitrario y cambiante de humor y de opinión. Otros, y por faltas menores, fueron enviados al exilio, lejos de Jerusalén porque le disgustaban.

Amigo Renaud, no sea demasiado franco, podría perjudicarlo.

—Le creo a medias, senescal.

—Al rey sólo le gustan los aduladores.

—No puede ser.

—Se siente usted seguro porque cuenta con su hermana... No lo tome a mal. No dudo de que sea una santa, una heroína. Desconfíe, sin embargo, del entusiasmo de Balduino. Es joven, pero francamente no tiene edad. A los dieciocho años, es más viejo que Onfroy de Torón. Hace uso y abuso de lo que quiere, y luego lo desecha, porque así es la mentalidad de los príncipes.

—Aconséjeme entonces, Jocelyn.

—Es bueno destacarse en la primera ocasión, pero no arriesgarse de antemano con promesas ridículas; aunque sin desecharlas por completo. ¿Me entiendes?

—Más o menos.

—Su cura no es más que una apariencia.

—Sin embargo...

—Los médicos no se hacen ilusiones. Los he interrogado mucho sobre esta cuestión. La lepra es un fuego que carcome la carne, al punto que el agua no puede mojar la piel del enfermo, pues se evapora. Es tal vez más temible cuando aflora que cuando permanece adentro, porque entonces lo que se quema son las raíces de la vida.

—¿De modo que, a su parecer, los cuidados de Jeanne le resultarán funestos?

—Así es, querido Renaud. No obstante, estamos agradecidos, porque los médicos creen también que la enfermedad puede quedar como adormecida, incluso durante años. Ahora bien, lo más conveniente en la situación actual es que el rey parezca curado. De todas maneras, saldremos ganando en estas circunstancias.

—¿Adónde quiere llegar?

—Si no fuera por tu juventud confiada, interrumpiría aquí nuestra conversación. Pero la simpatía supera la prudencia.

—Cada vez entiendo menos.

—Te jactas de las promesas del rey, sin demasiado fundamento. ¿Pensaste que en pocos años, sin ninguna duda, el rey estará muerto o incapacitado para gobernar? ¿Crees que el sucesor designado recompensará tu devoción por él y cumplirá sus promesas?

—No lo sé.

—¡No lo sabes! Dime, pues, ¿qué conseguirías de ese casamiento con una rica heredera o una viuda respetable?

—Dígame entonces qué debo hacer.

—No desprecies a los amigos de la reina Inés, que es más activa y mejor política de lo que crees. Y menos a Sibila, que representa el porvenir. No estaría mal cortejarla un poco, siendo un hombre joven y apuesto, algo que la princesa aprecia mucho.

—¿Debo apartarme del rey por esas mujeres?

—No se te está pidiendo que entres en el partido de Inés, solo que no lo menosprecies por ignorancia. Y que además confíes en los que quieren tu bien y apoyarán tu causa, por supuesto si lo apruebas.

—¿Puedo saber quién sucederá a Balduino?

—El esposo de Sibila.

—No puedo ser yo. ¿Me está tomando por tonto?

—No, en absoluto, a pesar de esa cabeza de chorlito... —De Courtenay lo dejó pensando un buen rato, y luego dijo—: El escudero Guiot tiene la confianza del rey, es evidente. Pero se dice que es un bastardo. No sabría dirigir la guardia de Balduino.

—En efecto, Guiot nunca habla de su familia.

—Puede que tenga un buen linaje y lo quiera ocultar... Puede ser también que ese mando de suma importancia en el porvenir le sea ofrecido a Renaud de Mauléon. En ese caso, acepta sin dudar y, por lo demás, confía en mí con respecto al marido de Sibila, futuro rey de Jerusalén. Si eres astuto, me será fácil conseguirte algún buen condado, tal vez algo más, porque te estimo, mi querido Renaud, y no tenemos otra intención que la de proteger este reino.

El pobre ingenuo se apresuró a repetirme las palabras del senescal y los suyos:

—Guiot, ¿qué debo hacer?

Tuve que hacer un esfuerzo para no gritarle, a pesar de mi cólera y disgusto: "¡Haz lo que te manda tu pobre corazón! ¡Acaba de perderte de una vez!". Pero pude responderle con calma:

—Es muy difícil servir a dos amos. Tal vez el senescal tenga el propósito de confundirlo.

Vacilaba al borde de un abismo que lo oprimía.

—Guiot, ¿adónde conduce este manejo?

¡Si él lo hubiera sabido! ¡Si yo mismo lo hubiera sabido! Fui poco hábil.

—El senescal es pésimo guerrero, más peligroso con la lengua que con la espada.

—¿De veras? ¿Y usted quién es para juzgarlo de esa manera? ¿Dónde está su nobleza? ¿Bajo qué concepto?

—De Courtenay es un aventurero codicioso. Para él la Tierra Santa es un pastel cuyos trozos se reparten. Para nosotros, para Balduino, es la cuna de Cristo. ¡Esa es la diferencia!

—¿Quiere decir que me desaprueba?

—No, Renaud; no, por cierto. Para toda criatura, aun para el rey soberano del universo, llega la hora de la tentación.

—¿Es esta la mía, Guiot?

—Es posible. Al diablo le gustan los disfraces. Puede presentarse bajo la apariencia de una mujer o de la barba rojiza de De Courtenay. Pero si el momento ha llegado para usted, señor Renaud, acuérdese de su gente de Mauléon, y de su padre Ancelin, que murió por haber querido ver Jerusalén.

21

El leprosario

Ahora bien, la reina Inés, aprovechando nuestra ausencia, empezó de pronto a interesarse por Jeanne. Ella, en quien se mezclaban sangres principescas, posó su mirada en la hidalga de campo. Como mujer experta, hecha a los usos de la corte, no procedió de golpe, para no contrariar esa naturaleza íntegra y poco dócil. Comenzó por ganarse su confianza con elogios hacia su hijo Balduino, alabando sus méritos excepcionales. Al mismo tiempo, le decía que el rey, desde su primera infancia, la había colmado de orgullo y satisfacción, y que lamentaba que su mal entristeciera a veces su carácter afectuoso.

Con la mano en el corazón, le confesaba que sentía mucho haber intentado alejarla del rey, sin otro motivo que los celos maternos. Se alegraba de haber fracasado, dijo, ya que ella había resultado una excelente influencia para él. Jeanne, aunque tenía reparos contra esa mujer intrigante, era inocente y generosa, y se dejó engatusar. La otra, entusiasmada por el éxito, desplegó sus encantos. La aduló con palabras acarameladas, mientras intercalaba cumplidos y alabanzas. Acompañaba sus dichos con regalos, como broches dorados, horquillas para el cabello y hebillas para cintos. Más aún, al intuir su punto débil, le rogó que cantara "esos aires que alegran a mi hijo". Con el terreno así despejado, se desenmascaró, aunque solo a medias, porque aquel carácter rebelde la desconcertaba siempre.

—Como madre de un rey que padece ese mal, comprenderá, mi querida niña, que soy limosnera de los leprosos de esta ciudad. Viven en cabañas, fuera de las murallas. ¿Le gustaría acompañarme? Le prevengo que la vista es poco agradable. Pero es verdad que usted no siente repulsión por esos enfermos.

—No, señora, lo admito. El Señor misericordioso los ha bendecido especialmente a todos ellos. El mal que les inflige es su redención y la promesa del paraíso. Es por eso que los honro.

—Estoy de acuerdo. Sin embargo, no deja de ser duro para el corazón de una madre agradecerle al cielo que haya bendecido a su hijo con tal misericordia.

—El Señor nos entregó a su hijo único.

—Mi querida niña, todo es sencillo para usted, claro como un libro de horas iluminado. Dios nos ha dado, en efecto, a su hijo; así pues, debemos sacrificarle el nuestro y agradecerle. Pero cuando un cuerpo salga del suyo, al que amará más que a sí misma, ¿qué dirá entonces?

El leprosario se encontraba en el valle de Josafat, apartado de los senderos y caminos, y entre las tumbas de los antiguos reyes de Judea. Pequeñas cabañas hechas de tablones rodeaban una casa bastante grande donde se alojaban el director y sus auxiliares. Una empalizada delimitaba ese lugar de sufrimiento que una columna de cipreses señalaba al viajero. Los leprosos tenían prohibido salir de allí, salvo los días en que podían mendigar a las puertas de Jerusalén. Vivían de la caridad pública y privada.

La reina había invitado a Jeanne a compartir su litera con cortinas de seda, acarreada por esclavos moros. Servidores armados y mulos enjaezados avanzaban a paso lento.

—Una vez al año —comentaba— tengo la costumbre de gratificar a estos pobres desgraciados. Elijo yo misma las frutas, las carnes y los pasteles que les destino, además de pescado salado. Se imagina cuánto significa para ellos este placer. No les queda más que la glotonería. —Entornó los ojos y una risa breve surgió de su gruesa garganta—: Y también algunas satisfacciones poco lícitas, ante las que hacemos la vista gorda. Porque, imagínese usted que las leprosas procrean, claro que sí. Naturalmente, son unas criaturas inmundas. Me pregunto cómo pueden provocar algún deseo masculino. Hay que pensar que esa especie de piedad que sienten los unos por los otros se parecerá de algún modo al amor.

La reina concedía una limosna espectacular, pero prudente. Un soldado de la escolta tocó la campana con la mano enguantada. El maestro del lazareto acudió con sus leprosos. De un momento a otro, se reunieron más de cien ante la barrera blanca y negra. Los árboles en flor sobre el fondo azul del cielo y esos rostros y cuerpos martirizados conformaban una visión exquisita y trágica a la vez. La reina se protegió tras las cortinas y se puso un pañuelo sobre la boca.

—¡Repartan ustedes! —ordenó.

Jeanne, fingiendo haber entendido que la orden se dirigía a ella, tomó una canasta con monedas pequeñas, bajó de la litera y se acercó a la barrera. Las manos como garras, o sin dedos, se extendieron. Los ojos felinos, verdosos, bajo párpados hinchados, bebían su juventud y frescura intactas. Los labios deformados, brillosos, se abrían sobre las encías desdentadas, balbuceaban agradecimientos, palabras olvidadas de ternura, de deseo. Uno de ellos se apoderó por sorpresa de un mechón rubio y lo besó. El director del lazareto blandió su bastón. Pero el hombre reía bajo los golpes.

—Suéltame —dijo ella—. Tus hermanos esperan su turno. Te lo ruego.

Era necesario tener un corazón sólido para soportar el horrible olor que se desprendía de las carnes putrefactas, ver esas costras que se deshacían, esos trapos empapados de pus, esas miradas involuntariamente agresivas o esas orejas deformadas. Muñones negruzcos –protuberancias deformes que salían de las mangas roñosas– se tendían hacia Jeanne. Otros acudían, agitando sus cascabeles por ese paseo delicioso lleno de flores y de aves. Se tambaleaban sobre las piernas envueltas en sucias vendas. La barrera cedió. Rodearon a Jeanne. Querían palpar esa cabellera de miel y lanzaban gritos inarticulados al tocarla. Uno de ellos exclamó:

—¡Eres un hada! ¡Un hada nuestra!

—¿De dónde eres?

—De un bosque en tierra bretona.

—¡Hada, hada! —chillaban algunos que bailaban y daban saltitos, risueños y temblorosos.

Cuando regresó a la litera, la reina se levantó el velo:

—No, ¡quédese allí! Esos muñones sobre usted, pobre niña. ¿Cómo no vomitó? Me vi obligada a volver la cabeza; no podía soportar semejante espectáculo. Camine a mi lado.

La litera, vacilante, bajó hasta la ruta. Se detuvo ante la tumba de Absalón, que Jeanne deseaba ver.

—¿Qué le atrae de este lugar? —le preguntó la reina—. La sala está vacía y maloliente. Hace mucho tiempo los ladrones se llevaron el tesoro. Los caravaneros depositan aquí sus excrementos.

Partieron. La reina comía frutos confitados. De pronto, dijo:

—No se olvide de lavarse los cabellos y de quemar su ropa, se lo recomiendo.

Jeanne tuvo ganas de gritar que los leprosos del lazareto no eran más contagiosos que el rey, pero asintió.

—Jeanne —continuó la reina—, le reprocho su temeridad inútil y nefasta. La alegría que les dio a esos desdichados despertará su nostalgia y agravará su desolación. El miserable que la llamaba hada llorará por su culpa.

Mientras hablaba, no dejaba de estudiar a Jeanne, aunque solo le veía el perfil.

—Mi padre, Ancelin —respondió—, decía que la vida vale la pena aunque solo sea por unos instantes de felicidad. De ellos nacen la fuerza y el ánimo para seguir adelante.

—Inocente, su sabiduría es seductora, lo reconozco. Sin embargo, tiene usted solo diecisiete años. La edad de las pasiones y las tempestades. Solo disfruta con las situaciones extremas y comete faltas irreparables a partir de una corazonada. ¿Sabe usted que en Mont-Royal sólo se habla de su persona? Pero a los favores de la corte se los lleva el viento; le sigue el disfavor.

—Señora, con todo el respeto que le debo, me importa poco incurrir en tal disfavor.

—Porque es una niña, pero los que cantan sus loas serán los primeros en preocuparse y en exigir que las matronas y los médicos la examinen si, por desgracia, una mancha aparece en ese rostro demasiado bello.

—Me someteré. ¿Quién tomaría mi lugar al lado de su hijo?

—Pero, si él muere o dimite, ¿qué ocurrirá con usted? Entonces, ni su honor ni su servicio contarán. Es necesario que usted sepa lo que puede llegar a suceder. Será marginada del mundo de los vivos. Le cubrirán los cabellos con la tierra de los muertos. Se entonará el *Libera*. Le serán entregados los cascabeles y el sayo de los leprosos. Será conducida al leprosario, donde el resto de su antigua belleza excitará la lujuria, antes de marchitarse del todo.

—Si es la voluntad de Dios, señora...

—Eso es fácil decirlo.

—Parece usted olvidar que si voy a parar al leprosario quizá sea porque me he contagiado del rey.

—Precisamente, es la madre la que le habla. Me apiado de su juventud. Mi mejor manera de agradecerle es previniéndola.

—¡Contra su hijo! El mayor agradecimiento, el único que acepto, es que no se fijen en mí. Solo busco la paz.

—¿Acaso no la tiene ya? ¿Se lo pregunta todavía, temerosa del futuro que la espera?

—Dios juzga a los que me tientan.

—Mañana, en la iglesia de Santa Ana, la hija de un señor tan bella como usted, pero leprosa y denunciada por sus servidores, asistirá al *Libera*, a la hora sexta. Le exijo que vaya a la ceremonia.

—Solo el rey tiene el derecho de exigir, no usted.

—Consienta que es su madre, muerta al dar a luz, la que se lo pide por medio de mi voz.

—La obedeceré, por ella... y para demostrarle que todo esto es inútil.

—Y yo después la dejaré en paz. Pero he obrado de acuerdo con mi conciencia, aun en perjuicio de mi hijo.

Jeanne cumplió su promesa. Se ubicó en las primeras filas y pudo ver cómodamente el rostro de la leprosa vestida como una novia y rodeada por sus padres y los habitantes de la casa. Oyó al arzobispo, un hombre mayor con barba y cabellos plateados, cuando pronunciaba la repulsiva fórmula que la excluía de la vida civil:

—A partir de este momento, te prohíbo entrar en las iglesias, mercados, molinos, cocinas y otros lugares en los que haya afluencia pública. Te prohíbo lavarte las manos y todo lo que uses en las fuentes y arroyos, y si quieres beber, debes sacar agua con un recipiente adecuado. Te prohíbo usar otra ropa que la destinada a los leprosos. Te prohíbo tocar cualquier cosa que quieras comprar, salvo con tu propia varilla. Te prohíbo entrar en las casas, excepto en la que esté tu habitación, y si quieres obtener vino o carnes, que te sean llevadas a la calle. Te ordeno, si tienes conversaciones con alguien o alguien quiere hablarte, hacerlo lejos de donde sople el viento. No debes pasar por ningún camino angosto en el que te verías obligada a ayudarte con las manos, y si lo haces, usa guantes. Te prohíbo comer y beber en otra compañía que no sea la de leprosos. Has de saber que, cuando mueras y tu alma abandone tu cuerpo, serás sepultada en tu cabaña, a menos que una gracia te sea concedida por el prelado de Jerusalén o por sus vicarios.

Jeanne vio cuando la mano del sacerdote le echaba agua bendita y luego un poco de tierra sobre la cofia blanca. Oyó los gritos de la madre y los suspiros del padre, y no pudo controlar las lágrimas. Sin embargo, el sacerdote agregó, caritativo y lleno de compasión:

—Recuerda que estás muerta para el mundo, pero que renacerás en Dios. Ten paciencia. Este mal te redime de tus faltas; perdona los pecados de tus padres a través de su sufrimiento. Salvándote, los salvas también a ellos. Dios te hizo nacer entre los ricos, y te degrada hasta lo más profundo porque te ama y te quiere solo para Él. Este mundo es un valle de lágrimas, pero la vida es corta. Si el dolor te atormenta, reza. Si tu alma se rebela, reza, porque la liberación se acerca.

Jeanne se imaginaba a sí misma ante ese altar. También a ella el sacerdote la rociaba con agua bendita y le tiraba un puñado de cenizas sobre la cabeza inclinada. Pero ni su padre Ancelin ni su madre, fallecida en forma prematura, asistirían a la misa. Renaud estaría casado y ocupado en su feudo, indiferente. Le pareció que la pena sería más fácil de soportar, ya que su degradación no ofendería a nadie y podría ofrecer su sacrificio entero, libremente, a Balduino, muerto o vivo. Ni siquiera le asustaba la soledad. La haría sentir más cerca del rey y la uniría más estrechamente a él.

De regreso, le dijo a la reina Inés:

—Mil gracias, señora; debido a usted ya no tengo nada más que preguntarme: mi elección está tomada. —Y con aire de desafío añadió—: Esa misa no es tan terrible.

Su naturaleza inclinada a la indulgencia se convenció de que la reina lloraba, porque un líquido viscoso se le deslizaba entre las pinturas y cremas.

No cualquiera vierte lágrimas verdaderas.

22

Gui de Lusignan

Otra vez la enfermedad fulminó a Balduino. En pocos días, las cejas y las orejas se le espesaron. Los cabellos se le apelmazaron en matas como de pelo de lobo; las pústulas le infectaron la piel y la voz se le cascó, volviéndose una especie de ladrido penoso y molesto. Su mirada adquirió de nuevo el aspecto felino. El asalto fue tan repentino e intenso que, a pesar de su voluntad, el rey se desconcertó por el peligro extremo en que su reino se encontraba. No podía sostenerse una hora a caballo, ni soportar el contacto de la cota de malla. La languidez lo dejaba sin fuerzas en medio de las cabalgatas, incesantes por necesidad, debido a la situación. Se vio obligado a guardar cama.

Y nuestro reino atravesaba un momento de extremo peligro. Por desgracia, la iniciativa se le había escapado de las manos al leproso y se hallaba en el puño de acero de Saladino. Es una historia larga y confusa, pero que deben conocer para comprender lo que sigue.

A partir de abril y de la victoria de Farruj Shah, Saladino se había acercado a nuestra frontera. Estableció su base en las alturas de Paneas, desde donde dominaba la planicie y los valles. Desde allí, despachaba columnas de merodeadores a tierra franca. Pillaban las cosechas, robaban ganado e incendiaban todo lo que no podían llevarse. Resolvió encabezar él mismo una gran expedición hacia Tiro y Beirut, con el fin de arruinar de manera definitiva los campos galileos. Con ese propósito, envió a su sobrino, al mismo Farruj, para que hiciera un último reconocimiento.

Entonces Balduino, cuya aparente inactividad había enardecido a los merodeadores, decidió intervenir. Reunió a toda prisa la mayor cantidad posible de caballeros y soldados de a pie, pero cometió el error de arremeter contra Paneas sin reforzar el ejército. El conde de Trípoli, el gran maestre del Temple, y Eudes de Saint-Amant, lo acompañaban. La Vera Cruz precedía el ejército. Por Tiberíades, Seforia y Torón, llegamos a Paneas. Se llevó a cabo un consejo de guerra, en medio de tierras asoladas, de donde se elevaban por todas partes columnas de humo.

Echamos de menos a Onfroy. Había muerto en su torre de Hûnin, el día de san Jorge, patrón de los caballeros. Trípoli y Saint-Amant conferenciaban con el rey. La cercanía del campamento de Saladino lo inquietaba mucho. Pero sus dos interlocutores, imprudentes, lo convencieron de la necesidad y la ventaja de atacar por sorpresa. Después, esperaríamos la leva general y pelearíamos contra Saladino. Balduino creyó en la posibilidad de repetir la experiencia de Montgisard. Cierto deseo de venganza le embotaba el juicio, además del recuerdo del valle de los Terebintos.

Al igual que en esa ocasión, les caeríamos encima a los merodeadores con sus camellos abrumados bajo las gavillas, y sus caballos cargados de cofres y fardos. La sorpresa se trocaría en pánico y la huida, en desbande desenfrenado y provechoso. Enseguida se refería a Jerusalén y a la entrada triunfal luego de Montgisard. Pero a la vez que se exaltaba y se ilusionaba, observaba las tiendas de Saladino a lo lejos, en las colinas. En ese mismo momento las patrullas indicaron la presencia en la planicie de una inmensa columna de moros, abarrotada de equipos y prisioneros. Eran más de los que Trípoli, Saint-Amant y muchos otros podían soportar. Se dirigieron hacia los caballos en un desorden indescriptible; montaron y cargaron con tanta furia y brusquedad que la columna fue acuchillada, avasallada y puesta fuera de combate en menos tiempo del que se tarda en decirlo.

El emir Farruj logró reagrupar un cuerpo de elite, pero en vano. Pudo salvar el honor y la vida gracias a la velocidad de su caballo. Nuestros propios corceles, arrastrados por el declive, arremetían derecho hacia delante, obligándonos a perseguir a los moros que, mezclados entre los rebaños, huían hacia el campamento de Saladino. El rey, al ver el peligro de la situación, ordenó la retirada. Trípoli y Saint-Amant, en la euforia de la matanza, hicieron oídos sordos y continuaron la carga.

El sultán esperó hasta que nuestra caballería se quedara sin aliento y se dispersara en grupos pequeños. Entonces, descargó contra ella el grueso de sus fuerzas, la rodeó por completo, y a pesar de los actos heroicos de muchos de los nuestros, convirtió nuestra primera victoria en desastre. Nuestros infantes no pudieron brindarnos apoyo; permanecieron en lo alto, incapaces de correr a la misma velocidad que nuestros caballos de batalla. A duras penas y sufriendo grandes pérdidas, sacamos de allí al rey, y nos reunimos con nuestra infantería, ya inservible.

Aquí y allá, nuestros compañeros más afortunados huían a rienda suelta. Pero cuántos muertos dejábamos en esa planicie siniestra, empezando por Eudes de Saint-Amant y varios de sus oficiales. Cuántos prisioneros se había llevado Saladino. Entre ellos, el yerno del conde de Trípoli y el famoso Balduino de Rames, de quien les hablaré pronto. Ningún refuerzo podría llenar el vacío que dejaban, a menos que se presentara una improbable cruzada. A diferencia de Saladino, el rey no iba a poder reorganizar su ejército, destruido durante mucho tiempo.

Creo que Balduino tuvo la recaída a causa del disgusto que sufrió en esa jornada funesta, y también por la sensación de impotencia que le producía la incapacidad de expulsar al sultán de sus fronteras. Cosa extraña, este último, que hubiese podido hacer cualquier cosa, solo obtuvo de su victoria un provecho moderado. Quizá se engañaban en cuanto a la salud de Balduino. Tal vez sus espías nos atribuían reservas de hombres que ya no poseíamos. Se conformó con sitiar el Vado de Jacob, esa fortaleza que controlaba la ruta de Damasco y que construimos después de Montgisard. La tomó antes de lo que creíamos, a pesar de la tenaz defensa que lo enfrentó.

Hizo ejecutar a los templarios y guerreros turcos que integraban la guarnición. Balduino estaba en ese entonces tan atormentado por su enfermedad que no hubiera podido comandar el ejército. Por otra parte, tras la muerte del condestable, no le quería confiar el mando a cualquiera, así que se demoró esperando mejorarse. Pero vimos elevarse una humareda en Tiberíades y supimos que Saladino arrasaría el Vado hasta sus cimientos.

—Lo borrará de la tierra, como a las letras de un pergamino —dijeron los emisarios.

Cuando la noticia llegó a Jerusalén, el rey padeció una fiebre tan alta y violenta que su muerte se dio por segura. El arzobispo le administró los santos óleos. Entonces, la vieja Inés, sollozando entre sus velos, dijo:

—Buen señor, debe usted dictar su testamento. Tal precaución no acortará sus días pero hará saber a cada uno de nosotros su voluntad, la que respetaremos.

La despidió, como también a Sibila, a la delgada Isabel con sus ojos de basilisco y a todos sus parientes, y solo dejó a su lado a Jeanne. Al amanecer, todavía estaba vivo para disgusto de los cortesanos. Luego el mal cedió. Pero en esa lucha contra la muerte, una mañana el rey perdió dos de sus dedos, que se le desprendieron de la mano como hojas muertas. Pasaron varias semanas antes de que se levantara.

Ahora bien, entre las sombras que lo rodeaban y lo oprimían, las serpientes se deslizaban, realizando su tarea en silencio. No les preocupaba el peligro del reino, sino el rebrote de lepra y la mutilación que devoraba a Balduino. El centro de sus pensamientos era Sibila, heredera del reino. Viuda de Guillermo de Montferrat, quien le había dado un hijo, Balduino el menor, no se había vuelto a casar. Con ese fin, se habían llevado a cabo varias negociaciones infructuosas, de modo que convenía retomarlas con urgencia en esos momentos. Jocelyn de Courtenay se encargó de convencer al que ya consideraban como muerto en suspenso.

—Buen señor, rey y sobrino, ¿es acaso razonable en el sufrimiento en que se halla y sobre el lecho en el que está, no tener quién lo suceda?

—¿Quiere sucederme usted?

—¿Es prudente que lo agobien con cartas, para leer o dictar, firmar y sellar? ¿Que debata sobre asuntos públicos como un hombre sano? Los esfuerzos que todo ello ocasiona, atrasan su cura, en mi opinión.

—Soy y seré rey.

—Nadie dice lo contrario. Pero, mi querido Balduino...

—Soy su señor, no el hijo de su hermana, reina repudiada.

De Courtenay, a pesar de su natural zalamería, no pudo disimular el odio que lo invadía. Sin embargo, no estalló en reproches. Su ferocidad derivó en la apariencia de una alegría perversa:

—¿Se cree usted inmortal? Vanidad de los hombres que se jactan de virtudes que el pueblo les otorga; están mucho más locos que los otros. Suponga que la enfermedad lo ahoga en una noche; que el alma, mi señor rey, abandona rápidamente el cuerpo, como es frecuente en sus hermanos leprosos, ¿qué ocurriría? ¿A quién le tocaría ese reino al que dedica tanto empeño? No le habrá servido para nada haber dado su vida por él si los príncipes se lo disputan. ¿Nunca pensó en volver a casar a Sibila, con el propósito de que, en caso de necesidad, hubiera un hombre que tomara las riendas?

—Es verdad.

—Admito que la idea de su sucesión le disguste. Hay que reconocer que ha llevado las negociaciones de este nuevo casamiento sin convicción ni celeridad de su parte. Tanto que han fracasado, de acuerdo con sus deseos.

—Hugues de Borgoña había aceptado. Todavía estamos esperando su llegada.

—Usted sabe bien que no vendrá.

—Los príncipes de Occidente desprecian una herencia que debe ser defendida a cada instante.

—Pero, señor, no solo existen los príncipes de Occidente.

—No quiero uno bizantino. Lo rechazo por adelantado.

—¿Cree usted que no tenemos señores dignos y valerosos en Tierra Santa, ya instalados o de paso? Casarla con alguno de ellos no sería deshonroso.

Por otra parte, desde hacía varios años Sibila tenía un pretendiente, Balduino de Rames, en esos momentos prisionero de Saladino, como ya les he dicho. Era un Ibelin, perteneciente a una familia que fue un semillero de valientes. Enamorado de Sibila, había dejado por ella a su mujer, Rachilde de Batsan. Cuando la princesa se casó con el conde de Montferrat, por despecho él se casó con la hija del conde de Cesarea, que murió poco después. Mientras se consumía en la prisión de Saladino, recibió una carta de Sibila prometiéndole casamiento a condición de que consiguiera la libertad lo antes posible. El sultán olfateó el negocio y fijó el rescate en doscientos mil besantes de oro, una suma enorme. Rames declaró su imposibilidad de pagar, y Saladino amenazó con "arrancarle todos los dientes de la boca", y para empezar, le mandó sacar dos.

Rames prometió todo lo que le pidieron, confiando en la generosidad y el amor de Sibila. Sin embargo, ella se negó a comprometer sus bienes personales por él, y exigió que saldara la deuda lo antes posible. El pobre Rames partió a Bizancio, a implorar al emperador Alexis Comneno. El emperador apreciaba la bravura y cortesía del caballero y le entregó la suma. Rames acudió a Jerusalén. Pero el tiempo le había jugado en contra. Durante su ausencia, el partido de la reina había promovido a otros demonios, uno de los cuales era el más encantador de todos.

Gracias a Inés, intrigante sórdida y política inescrupulosa, un tal Amalarico de Lusignan sucedió a Onfroy de Torón en el cargo de condestable. Calando de una sola mirada el carácter emotivo, sensual y caprichoso de Sibila, con gran astucia y prontitud mandó llamar a Poitou a un sobrino suyo llamado Gui de Lusignan. Se expresó en términos tan halagüeños y exagerados que la princesa se enamoró del desconocido antes de verlo. Apareció en la corte, y todo estuvo dicho.

Debo reconocer que le hacía justicia al título de hombre más bello de su provincia. De una elegancia rebuscada, aunque escaso de dinero, de modales corteses y rubia cabellera rizada con bigudíes, piel sonrosada y mirada cándida, era un digno descendiente de la encantadora Melusina. Por desgracia, la belleza excesiva lo entontecía. Hinchado de importancia y lleno de ensueños malsanos, se proponía sacar el mejor partido de sus intereses mientras estuviera a tiempo. Dedicaba horas a pulirse las uñas, a estudiarse frente al espejo, a peinarse y cubrirse de afeites. ¡Cómo nos reíamos! Pero Sibila no podía dominar la pasión que sentía en su presencia. El trecho entre el salón y la cama era corto. Los rumores que siguieron llegaron a oídos de Balduino.

—¿Lusignan? —se enfadó—. ¡No! Es un engreído y un inútil. Nuestros barones no lo aceptarán nunca. Esta promiscuidad debe terminar.

Pero no había tenido en cuenta el amor de una mujer, ni su propia debilidad.

Vuelvo a ver esa escena. Renaud, que resultó levemente herido en Paneas, patrullaba en el norte con sus guerreros turcos. Se decía que en breve recibiría la jefatura de la guardia. A la espera de su regreso, la asumí yo con carácter excepcional, ya que solo era un escudero. Jeanne y yo fuimos, pues, testigos mudos de esa conversación que trajo aparejadas tantas consecuencias.

Quisiera que los ojos de ustedes pudieran ver, como los míos, aquel cuerpo cubierto de vendas y apósitos, tendido entre las columnas del lecho. Tiene la cara ennegrecida y salpicada de manchas grises. La barba se le deshilacha en mechones miserables. Una mano, la izquierda, se disimula bajo la manta. A través de la ventana, la mirada brillante observa el cielo azul y los peñascos blancos entre los olivos. Un olor insidioso y rancio impregna las cortinas y los tapices. Se oyen pasos. Las picas golpean las losas.

—¡Son ellos! —gruñe el rey.

Suspira, se vuelve hacia la pared. Sibila está ataviada como una novia, con muselinas y sedas blancas. Pero esta virgen de iglesia tiene un cuerpo de demonio, bañado en perfumes y moldeado de placeres. Sostiene la mano del elegido de su corazón. El señorito es bello y fuerte, vestido con una túnica azul con bordados en plata, sus colores. Intercambian miradas tiernas y cómplices, a fin de darse valor para enfrentar al rey. Él no puede comprender las emociones de sus cuerpos, sus estremecimientos y las culpables delicias que siguen. Es un mártir en su cruz.

—Señor y hermano mío —comienza Sibila, parpadeando—, le agradezco que nos reciba. Hace semanas que espero este favor. Le presento a Gui, a quien desposaré con su aprobación.

—Nada he prometido ni decidido.

El pequeño rostro, demasiado pintado, se endurece. Gui toma la palabra:

—Señor rey, no he venido hasta Tierra Santa solamente para servir. El azar me puso en presencia de la princesa y ella me eligió; no soy responsable. Mi única ambición es servirlo a usted.

—No quería ofenderlo, Lusignan. Como hombre sólo le deseo el bien, pero el hecho de que despose a Sibila...

—¿Consiente usted? ¡Por fin!

—De ninguna manera.

—La fiebre lo trastorna, o le causa placer torturarme; dice que sí y después que no, usted, ejemplo de reyes.

—Tranquila, hermana. Esa elocuencia es superflua. Lusignan, me dirijo solamente a usted. ¿Es usted consciente de la carga que lo espera, si desposa a Sibila? ¿Pensó usted en eso? ¿Midió las consecuencias?

—Me parece que sí.

—Le parece, pero no está seguro. Tarde o temprano, esta enfermedad me inmovilizará definitivamente en una camilla, me restará facultades y quizás hasta me quite la voluntad de gobernar. Entonces, de ser señor de su mujer y nada más, pasará a tener que defender el reino contra Saladino. Deberá usted cabalgar y luchar sin descanso. ¿Se siente capaz de asumir esa responsabilidad enorme y aplastante? Si fracasa, ¿está dispuesto a responder ante la Historia por la pérdida de un reino, con la única excusa del amor que Sibila le profesa?

—Pongo al cielo por testigo. Si no, por el bien del reino, ya me hubiera ido y hubiera renunciado al sentimiento que me reprocha.

—No se lo reprocho, lo lamento. El pueblo lo denigrará. Dirán que debe su ascenso a un capricho femenino, y no a su valor.

—Impondré respeto a los que me calumnien.

—Pero ¿y los barones, Gui de Lusignan? Creo que se embriaga con palabras para no ver la realidad, a menos que Sibila lo haya persuadido de un talento que me temo sea ilusorio. Olvida su rango, la razón de Estado y oye solamente los consejos de su corazón enamorado.

Sibila replicó, con su vocecilla aguda y cruel:

—¿De qué rango, herencia y razón de Estado me habla, si no tengo quién los defienda?

—Pero, querida Sibila, todavía no estoy muerto. Hasta el momento he sabido defender lo que le es tan querido y, aunque le disguste, mantener a los infieles a raya.

—Sí, pero debilitándose y acortando sus días.

—¿No se avergüenza de decirme tales cosas?

—Su salud me es muy preciada.

—¡Quién lo hubiera dicho!

—Pero, en fin, ¿qué ofrezco en Gui de Lusignan? ¡Un apoyo necesario! No un usurpador, sino un lugarteniente fiel, cuyo único interés es el bien de la corona y un poco de alivio para usted.

—Y que a partir de ese día —afirma Lusignan— le jure obediencia total y para siempre, por su honor de caballero.

—Pues bien, hermana, despósolo y que él cumpla con su palabra si puede.

—¿Qué me quiere decir?

—Simplemente que se ocupe de que usted no lo haga faltar a su juramento.

—Mi querido hermano, me gustaría poder besar sus mejillas, como cuando éramos niños.

—No se haga la tonta, le sienta mal. ¿Algo más?

—Mi marido será el cuñado del rey. Es pobre. ¿Cómo mantendrá su rango, se impondrá a los barones o tratará con hombres de armas?

—Ah, de eso se trataba. ¿Cómo comprará los ungüentos con que embadurnas tu hocico de hurón y los atavíos con los que te disfrazas, olvidando que eres hija y hermana de rey, princesa de Jerusalén? ¡Oh, Dios, que me librarás de esta corte y de estos seres repugnantes y frívolos!

—Señor rey...

—¡Déjenme! ¡Váyanse, les digo! ¿No comprenden? Tienen mi aprobación. Bien, retírense. Son muy poca cosa para mí...Vuelvan a sus caricias y a sus lamentos de amor. Veo que el aguijón del deseo los empuja uno hacia el otro. Sólo eso conocen. ¡Ay, Dios, Dios! ¡Solo deseo la soledad y el silencio! Para qué vivir: lo que se hace, se deshace. Vanidad de vanidades, todo es vanidad...

23
Saladino

Lo abrumaban demasiados presentimientos oscuros. La fiebre lo volvió a poseer, aun con más fuerza, siempre intermitente. La vieja muñeca que era su madre aprovechó para arrancarle nuevas concesiones, y completar así el trabajo de su hija. Llegó a esa hora del crepúsculo en que el moribundo se entregaba por fin al descanso para aliviar sus sufrimientos.

—Hijo mío, el permiso que le ha otorgado a Sibila lo honra.

—No sé si es así, pero tengo una sola palabra para usted: déjeme.

—Lo honra, le decía, y es también un buen negocio que dentro de poco dará sus frutos.

—Espero que no sean frutos de perdición.

—¿A qué se debe ese tono lúgubre, señor, esa respuesta cargada de amenaza y de desprecio? Gui de Lusignan pertenece a un elevado linaje, descendiente de caballeros de insigne reputación, al menos en el reino de Francia. No tiene mentalidad política, pero nos haremos cargo.

—¡Eso es lo que más me preocupa!

—¿Por qué cree que su hermana no es apta para tales asuntos?

—En tiempos normales, hubiera podido ser reina y dominar con sonrisas al infeliz que elige como esposo. Pero olvida usted que Saladino está esperando su hora, que Occidente descuida sus deberes para con nosotros y que la traición, la indisciplina y la desidia desgastan nuestro interior. Se necesita un rey fuerte, como lo era Amalarico, mi padre, y no el príncipe arruinado por la lepra que soy yo.

—Siempre está usted acusando, y solo ve lo malo.

—Acuso a los grandes de este pequeño reino indefenso, y a las mujeres cuya rapacidad no conoce límites y quieren reinar a través de los enfermos y los estúpidos... Señor, Dios mío, ¿dónde estás? ¿Cuándo terminarán estas pruebas?

—No se agite tanto. Aumentará la fiebre... A sus sospechas y a sus injurias responderé con ternura, a pesar de su desamor. Una vez más, Balduino, si fuésemos todo eso que usted dice, habríamos convocado al pueblo de Jerusalén para dar a conocer su enfermedad. La Iglesia le hubiera impuesto su ley implacable y estaría usted en este momento, no en su lecho real, sino en la cabaña de los muertos vivientes.

—Y yo le repito que mi pueblo me ama más que todos ustedes, a pesar de mi fealdad y de mis ropas de leproso.

—Es la prueba de que no hemos hecho nada contra usted.

—Porque no pudieron.

—Hijo mío, no tomaré en serio sus palabras. Son las de un enfermo. He notado que su carácter taciturno, sus sospechas y furias coinciden con los períodos de crisis. Esa pestilencia enciende en usted un fuego de odio.

—¡Cállese!

—El fuego que lo quema llega por momentos hasta su corazón y su espíritu.

—¡Mentira!

—Esta disputa entre madre e hijo, ¿no es acaso inadmisible en semejantes circunstancias? Se lo pregunto. No me deja siquiera decirle para qué he venido.

—Pues bien, hable.

—Es acerca de Lusignan. Desapruebo su actitud para con él. Es injusto e impropio quitarle las posibilidades de imponerse y tener éxito.

—Ya es bastante con que se case.
—Debe usted ponerlo a prueba.
—¿Concediéndole feudos?
—Sí, hijo, a fin de que viva con honor, y pueda tomar iniciativas que nos permitan observarlo.
—Ya he oído suficientes de esas buenas sugerencias. Ustedes se reúnen y luego me asedian por separado. Pero no cederé, madre. Lusignan será sólo el marido de Sibila, y ella la mujer de Lusignan, mientras yo viva.

A la larga, sin embargo, cedió. A Lusignan se le otorgaron los condados de Ascalón y Jaffa. Se convirtió sin esfuerzo alguno, y solo por sus encantos, en uno de los principales feudatarios del reino. La boda que tanto deseaba Sibila se llevó a cabo.

Balduino sólo presenció una parte de la ceremonia. Se excusó del festín y de las soberbias fiestas que siguieron a la boda, menos por temor a Saladino que por desinterés y obcecación. Hablo de oídas, ya que yo no asistí, pues se había reforzado la guardia alrededor del rey y yo la controlaba muy severamente. En semanas anteriores, habían sorprendido a tres sospechosos armados merodeando por los pasillos. Murieron antes de hablar, estrangulados o envenenados por sus empleadores. Renaud, que se había ganado la simpatía de Lusignan, se daba importancia en la mesa principal, no lejos del senescal y de la princesa Isabel. ¿Acaso no era "el paisano" del flamante esposo, del futuro rey de Jerusalén? Jeanne había rechazado los hermosos vestidos y los adornos que el rey quería obsequiarle.

—Señorita, ¿no puede usted divertirse por una vez? No me parecería mal.
—¿Y usted, mi señor rey?
—No quiero arruinarles su diversión... —dijo, y agregó en tono arrogante—: Ni encolerizarme inútilmente.
—Me quedaré con usted, si me lo permite.
—¿Y si prefiero estar solo?

—No sería bueno.

Fue con su guitarra, pero ataviada con una túnica blanca. El rey leía en su sillón, o más bien hojeaba nerviosamente un libro. Afuera se oían risas, voces, música, corridas de criados, el bullicio de la gente, hipos y discursos de borrachos que vagaban por los jardines.

—Cierre la ventana, no aguanto más. —La miró asombrado—: Parece una túnica de novia.

—Casi —dijo ella con esa sonrisa que alegraba en otro tiempo a Ancelin y hasta al sargento Hurepel, hombre más bien gruñón.

—¿Qué significa?

—La corté y cosí yo misma.

—¿Porque finalmente irá a la fiesta?

—No, señor rey, es una fantasía, nada más. Me ve usted siempre arreglada de la misma manera. ¿No puedo tener algo de coquetería?

—Ay, Jeanne, todo lo que usted hace y dice me agrada... ¿Así se visten las novias en su tierra?

—Casi.

—Ese ruido me perfora los oídos.

Jeanne cerró las cortinas, encendió las velas de los candelabros y llenó un cuerno de cristal que ofreció al rey:

—Beba, mi señor.

—¿Qué le echaste al vino?

—¿Desconfía de mí?

—No, es para saber.

—Un polvillo tranquilizante, lo necesita.

—Siempre sabes lo que necesito y lo que me hace bien.

Ella sonrió, porque le gustaba mucho que le hablara de tú, como si hubiera sido su íntima amiga.

—Siéntate, querida Jeanne.

Calló un momento. Ella respetaba siempre esos silencios que sabía llenos de pensamientos.

—¿No es extraño y maravilloso que cerca de usted me sienta tan bien? —dijo él—. Cuando la veo ir y venir o la oigo cantar, se disipan en mí las tinieblas. Es como si fuera otro hombre...

—¿Quiere usted que cante?

—Quiero que cantes y hables a la vez —volvió a tutearla—. Cuéntame sobre los casamientos en tu tierra, cómo se preparan, cómo se desarrollan. ¿Es como aquí, una pantomima?

—No, por cierto. Todo es mucho más sencillo, excepto entre los ricos. Pero para nosotros, humildes señores de campo, todo ocurre con sencillez. Es apenas un poco más que una fiesta familiar.

—Cuéntame qué comen.

Comprendió que pretendía olvidar esa jornada y que ya no quería oír las risas y la música de afuera, sino concentrarse en una historia inocente y verdadera.

—Al alba —comenzó ella—, la novia se peina con una sirvienta que le presenta moños y lazos de seda. Las muchachas llevan el cabello suelto sobre los hombros. Después del casamiento, deben llevarlo trenzado. La novia lo divide, con su peine de marfil, en dos coletas que entrelaza con moños y cintas ribeteadas, y que caen por delante de los hombros, a menos que las recoja con una diadema.

—¿Así como lo haces tú?

—Para imitar a las de aquí, y porque hace calor.

—Estoy bromeando. Continúa. Su vestido, dime, ¿se lo pone enseguida?

—No, buen señor, no, ya lleva su camisa más fina, de tela de lino plisada, blanca como la flor del prado, y apenas azafranada. No hace calor en nuestras comarcas, ni siquiera en Pascuas, ni en verano, por las lluvias que nos trae el viento, un viento que se llama galerna. Entonces nos ponemos nuestra pelliza de piel de marta y armiño, forrada de seda. Luego la sirvienta la ayuda a ponerse la túnica, cuya riqueza de bordados depende de la fortuna o de la vanidad de cada uno. Después, abrocha la capa con nuestro símbolo de nobleza. Algunas tienen cintos incrustados con zafiros y esmeraldas, pero en nuestro caso, son piedras de menor valor compradas en los montes de Auvernia, donde las recogen los pastorcitos entre la hierba. Cuando la novia se calza los zapatos dorados con punta, está lista.

—¿Y él?

—Por su parte, ya se ha aseado. Se pone la camisa, la túnica y se abrocha la capa. A menudo, la túnica está adornada con cintas, y la capa, con presillas de piedras finas.

—¿Y está tan hermoso como ella, tal vez?

—¿Acaso los animales, cuando llega la época de sus amores, no se engalanan del mismo modo?

—Tienes respuesta para todo.

—La iglesia no está lejos de las casas. Se parte en grupo, formando una procesión, precedida por los juglares que tocan la flauta, tañen las zanfonías y rasguean las guitarras. El novio va montado en un soberbio palafrén, cuya silla está adornada con tréboles y florcillas azules. Ella va en una mula cuyo arnés resuena con sus cascabeles. Cuando se cruzan el puente o la puerta, un juglar entona la canción de la novia.

—¿Cuál es?

—*Gentileza del corazón y del recuerdo*
me invitan a cantar el buen amor;
así cantaré yo y que Dios en su poder
me ayude a encontrar tal canto y tal canción
que haga perder el sentido a los maldicientes,
y sea agradable para mi señora,
a quien siempre he servido con leal corazón
porque, desde que la vi,
solo en ella he podido pensar.

—Ay, Jeanne, esa sencillez le habla a mi corazón.

—Otro juglar recita el canto del hombre:

Cancioncilla, vete pronto
hacia el ruiseñor de este bosque.
Cuando me veas saludar
a la dulce rubia de luminoso rostro,
a quien amo sin mentira
pero que, por cierto, no oso nombrar.

—¡Canta, canta otra vez! Me siento como si estuviera en ese cortejo y mi caballo engalanado se pavoneara. Unas palomas vuelan hacia su jaula...

—Sí, señor, a veces se les devuelve la libertad, pero regresan. Ese cortejo en el que está usted sube hacia la iglesia, en medio de los labradores y los leñadores. El camino está adornado con flores cortadas, algunas silvestres, otras cultivadas, y huelen a lavanda. El sacerdote espera bajo el portal. Allí recibirá el juramento recíproco y solemne.

—¿Antes de entrar en la iglesia?

—Antes. También allí el contrato será leído y firmado. Allí también intercambiarán el anillo nupcial sobre el cual el sacerdote recita la oración de la liturgia: "Que el Creador y Preservador del género humano, que el Dador de la gracia y la eterna salvación bendiga esta alianza". El esposo entonces lo coloca, sucesivamente, en tres dedos de la mano derecha de su mujer, y dice: "En el nombre del Padre, del Hijo y del Espíritu Santo". Desliza el anillo en la mano izquierda, donde debe ir, y agrega: "Con este anillo, te desposo; con mi cuerpo te honro; con mi bien te doto". Luego ofrece la moneda y el denario a su nueva esposa, según la costumbre inmemorial. Después, oyen la misa, con devoción y júbilo. En el Agnus Dei, el esposo recibe del sacerdote el beso de la paz y se lo transfiere a la esposa. Y luego se parte hacia la casa, riendo, cantando y conversando alegremente.

—¡Dios mío, esa felicidad existe! Hay personas que tienen esa felicidad, y para toda la vida.

—¿Qué le ocurre, señor mío? Palidece.

—Son cosas tan bellas las que oigo.

—¿He hecho mal en contarlas?

—Más bien que mal.

—He sido una tonta imprudente. Esperaba distraerlo y lo he atormentado.

—Es posible.

—Son cosas tal vez demasiado dulces para decirnos entre nosotros. Cuando esté usted solo, tal vez le hagan más daño.

—Porque nosotros no tenemos derecho a nada, excepto a la decadencia y la muerte, ¿no es así?

—¡Señor!

—¿No tengo ni siquiera el derecho a una esperanza de ternura?

—Esa ilusión, ¿sabe usted que la comparto y que se ha convertido en mi razón de ser, y que tampoco puedo soportarla, igual que usted?

—No me engañes. Estás fingiendo; lo haces por caridad y por compasión.

—Cuando usted está lejos, estoy como muerta. Como una novia o una esposa a la espera de su regreso cuando va a la guerra. Lo sigo con el corazón en un puño, atenta a la llegada de los emisarios. Lo acompaño con toda el alma por los caminos que recorre, rezo por usted y lamento no ser más que una mujer y no un hombre armado para defender con mi vida su cuerpo y su corona...

—¡Cállate!

—Como una novia, mi querido señor, que ha comprometido su fidelidad para siempre.

—¿Una novia del paraíso?

—Y de la tierra también, de nuestros días humildes... Perdóneme.

—¿Perdonarte?

—Había decidido ocultar estas cosas que llevo en la sangre y que me quitan el sueño. No pude.

—Y yo me lleno de emoción con esta alegría que me

causas. Acércate. Escucha... A veces una locura juvenil me invade. Corre y vuela hasta la locura, y mirándote, amándote, a ti tan hermosa, sencilla, luminosa, sonriente y melodiosa, me nace una esperanza. Voces extrañas susurran en mi oído palabras de curación, de amor y de victoria. Cierro los ojos y me veo tal como era antes de padecer la lepra. Te llevo al Santo Sepulcro. Te coloco en la cabeza la corona de las reinas de Jerusalén, mis abuelas.

—Semejante carga me agobiaría. Me basta con ser la esposa sin corona de mi rey.

—Es imposible.

—¿Ni siquiera la esposa secreta, bendita por algún sacerdote desconocido?

—¡Qué he hecho! ¿Qué le he hecho, Juez Celestial? ¿Qué hemos dicho? No tengo derecho de desposar a una mujer ni de tener un hijo. Ese bien común a todos los hombres, le está negado al rey podrido por la lepra.

—Es usted quien lo rechaza. Nadie lo ha declarado leproso. No se ha cantado el *Libera*, ni le han arrojado cenizas en los cabellos.

—¡Adorable insensata! Si toco una mujer y la hago mía, se contagiará la lepra, y lo sabes, porque lo sabes todo.

—Dios todo lo puede.

—Los hijos que nacerían de nuestros abrazos serían pequeños leprosos con grandes orejas, nariz hundida y los miembros deformes o ya mutilados.

—No necesariamente. Dios puede todo lo que es de su agrado.

—Quieres engañarme, engañándote a ti misma, porque me amas y te amo tanto que me es fácil perder la cordura.

—Aunque me vuelva leprosa, no temo ser su mujer.

—¿Y compartir el lecho con este cuerpo que pronto será repugnante y fétido?

—Su verdadera esposa, y no nominal, si Dios lo quiere.

Se hizo un silencio. Llegaba la música desde los jardines, siempre mezclada con risas, canciones e hipos.

—¡No! —continuó dolorosamente Balduino—. No, no tengo derecho. Esa boda, aunque fuera secreta, no tendría valor a los ojos de la Iglesia. Un leproso no puede casarse. Aun en vida, ya ha dejado la tierra.

—Pero usted es el rey y señor.

—Me toleran. Verás lo que harán conmigo el día que los miembros se me desprendan de mi cuerpo.

—¡La alegría que le ofrezco, en cuerpo y alma, se transforma en dolor!

—Adorable, adorable, debes saber que hay en mí un destino funesto. El único derecho que tengo es el de luchar y sufrir. La felicidad de los hombres no es para mí. ¿Comprendes? La lepra que me carcome es el castigo de Dios. Castiga en mi persona los pecados de la corte, y los de mis padres, pobres animales de presa, como ese tal Fulco de Nerra, el primer conde de Anjou, fundador de nuestra Casa. Todo se paga y se redime con el paso del tiempo. Sólo debo soportar mi mal en silencio. Es mi función, al menos en este mundo.

—Porque usted lo quiere.

—Pero estás ahí, con tu ternura, tu luz y todo lo que eres, en cuerpo y alma.

—Sin poder amar a nadie sino a usted.

—Yo tampoco puedo amar a otra mujer. A falta de algo mejor, por causa de esta lepra y sus consecuencias, si tú lo quieres, seguiremos siendo lo que somos: novios del paraíso.

—Y de la tierra.

—También de la tierra, puesto que es tu deseo.

—Sí, y le juro por mi fe no dejarlo jamás.

—¿Aun cuando ya no pueda levantarme y me vuelva repugnante?

—Sí.

—¿Cuándo los demás se hagan cargo del poder y me exilien?

—Compartiré su exilio.

—Si me llevan al valle de los leprosos y me conceden como último palacio una cabaña, ¿vendrás?

—Iré.

—Si muero, te dirán leprosa, te echarán de todas partes y nadie te querrá por esposa. ¿Qué harás?

—Me retiraré en soledad, o a algún claustro, si me aceptan, por el resto de mi vida. Será el fin y quedaré en paz. No estaremos separados mucho tiempo, mi señor rey.

—¡Ah, mi bienamada! Eres la mejor. Eres mi bienamada. Te daré un anillo bendecido en secreto.

—Lo llevaré a la vista de todos, pero nadie sabrá nada.

Entonces, lo poco que quedaba en él de hombre carnal atrajo hacia sí esa cintura y la abrazó. Jeanne apoyó la sien en aquel pecho y sus cabellos se esparcieron como estrellas. Permanecieron así largo rato. Ella no lo veía tal como era. No sentía el olor que despedía. Ya no oía la música del mundo, sino el latido sordo de aquel corazón, y que a partir de ese momento, lo hacía sólo para ella. Entonces el rey dijo:

—¿No estás cansada? ¿No quieres dormir?

—Puesto que soy su mujer y usted me cuida...

El mismo día, a esa misma hora de la noche, después de enterarse por su espía de la boda de Sibila, Saladino mandó traer a Reinaldo de Châtillon, uno de sus prisioneros, para decirle:

—Te voy a liberar, señor Reinaldo.

Había hablado en su lengua, pero Reinaldo comprendía, ¡hacía tanto que era cautivo de los moros!

—No me lo agradezcas. Te libero, porque estoy harto de verte, viejo rapaz.

Un emir se levantó, furioso hasta el punto de amonestar al sultán.

—Gran Saladino, ¿devuelves a este hombre, nuestro peor enemigo, al niño leproso?

—Con gusto.

—El pueblo murmura contra ti, y duda de tu capacidad, porque dicen que podrías haber tomado Jerusalén y no lo hiciste. Por supuesto que se equivocan y que tienes razones que todos aprobamos. Sin embargo, nos topamos por todas partes con ese leproso maldito y su manada de lobos. ¿Y resulta que refuerzas sus filas con el más vehemente de todos?

—Respeta al leproso, te lo advierto. Si no padeciera ese mal ni estuviera marcado por la cruz, lo quisiera tener como hijo.

—¿No sabes, acaso, que los tuyos retrocederán mientras tenga un soplo de vida, por encanto y brujería del demonio?

—Demuestra más paciencia, por Alá, y más sagacidad. Pronto el rey leproso verá el fin de sus penas. Entonces su reino se hundirá en el caos. Se borrará delante de nosotros. Está escrito.

—Señor, ese perro de Reinaldo nos escucha.

—Qué importa. Solo se trata del reino de Jerusalén. ¿Acaso crees que me detendré ante presa tan fácil? Tú que me crees poco religioso, te voy a confiar mi propósito. Cuando el último cristiano de Oriente sea reducido a la esclavitud, yo, Saladino, cruzaré el mar; llevaré hacia el oeste el hierro y fuego. Volveré a conquistar España. Avanzaré sobre el reino de Francia, el territorio de las sombras más frescas, según se dice, y de las tierras más fértiles. No solo le devolveré al profeta ese mediocre señorío de Jerusalén, sino que le brindaré el mundo. Créeme, me tiene sin cuidado que el leproso pueda resistirme con tanta desesperación, que sobreviva un año o más, que este se reúna con él para apoyarlo o para precipitar su caída. Nada, nada detendrá el avance de Saladino, excepto la voluntad de Alá todopoderoso.

Reinaldo se felicitaba de haber aprendido la lengua mora.

Sacaba provecho de las cosas que oía, o al menos eso pensaba. La rabia le brotaba de los ojos y las narices. Saladino, observándolo por el rabillo del ojo, sonreía mientras hablaba con el emir, demasiado bienintencionado.

24
La patriarquesa

Era verdad que la lepra ensombrecía a menudo el carácter de Balduino, modificaba su naturaleza, y en sus brotes, aniquilaba hasta su voluntad, tan sólida. Su corte, en especial la insaciable reina, que solo tenía ingenio para perjudicar y elegía siempre a los menos talentosos y a los más mediocres, se aprovechaba de esos períodos cada vez más seguidos. Lo que el mal hizo ese año fue nefasto, porque tomó posesión de ese pobre cuerpo, rodeó su espíritu de tinieblas, y agregó obsesiones, algunas justificadas y otras imaginarias. La principal y más constante era que le arrebataban el poder y la corona. En ese debate en que todo zozobraba en su persona, la voluntad de reinar subsistía, sostenida por la presencia de Jeanne. Sí, tantos días. Fue como un hombre que cae al mar y que, defendiendo su vida, medio ahogado, medio ciego por la espuma de las olas, reúne sus últimas fuerzas para agarrarse de algún resto del naufragio. Así abrazaba, con sus manos que perdían los dedos, a Jeanne. El mismo viento furioso los arrastraba.

Sin embargo, se mantenía vivo por el milagro cotidiano de ese amor que no se parecía a ningún otro. Y como no se parecía a ningún otro, Balduino lo quería de esa manera; quizá porque amaba tanto a Jeanne que no quería provocarle el asco que le hubieran producido los abrazos de su cuerpo tachonado de úlceras y llagas. Dejándola en esa espera y esa hambre, sin proponerse seducirla, mantenía esa llama que era su único bien. Jeanne le pertenecía más así que por la carne. Estaban tan unidos, casados de tal manera, que ella terminaba por aceptar el rechazo que él oponía a sus tiernas solicitudes, y terminaba por aceptarlo y deleitarse en esa ternura inacabada, contenta de hacerlo tan feliz como fuera posible. Jeanne reprimía las ganas de besar ese rostro torturado, porque era tan magnífico y de tal nobleza humana que la hubiera apartado con dulzura a causa del contagio. Para evitarle ese gesto tan penoso, se privaba de su único placer: el contacto con esa piel leprosa.

Hablé tanto con ella —por las mañanas y las noches rojizas de Jerusalén, en ese jardín dispuesto para las delicias, mientras se tomaba un momento de descanso, venía de estar con el rey o esperaba que él la llamara, cuando él mismo deseaba estar solo— que puedo decir todo de esas dos almas y del amor que se tuvieron. Un amor que me daba que pensar, a mí, que sólo había conocido hasta el momento las monerías de las damas de la corte, que despreciaban lo poco que yo era. No obstante, por vanidad, yo a mi vez desechaba los sencillos idilios que las campesinas me ofrecían. Jeanne y su rey estaban tan unidos que se comprendían con media palabra, tenían las mismas impresiones, opinaban lo mismo de tal o cual persona y compartían las mismas ideas sobre las cosas.

Creía que eso solo era posible por la emoción de los sentidos y por una ardiente intimidad, de manera progresiva. Pero ellos, cuyos cuerpos no conocían esas noches de las que se alimentan los días y cuyo recuerdo ilumina el resto de la vida, eran más amantes y más esposos en su castidad que los verdaderos. Me decía, y me repito, que su amor sacaba fuerzas de la misma castidad. Por ella, ese misterio que comparten los que se aman tomaba un cariz sin igual, del cielo tanto como de la tierra, y más. Y yo respetaba esa pasión. La defendía de las malas lenguas, con la espada en alto y el brazo fiel, de modo que contenían la risa en mi presencia. Me había convertido en el escudero de ese amor, tanto como del rey, y me siento muy orgulloso de eso.

Me parecía que participaba de aquel encantamiento cargado de promesas mudas y de consecuencias útiles que los ángeles manejaban en secreto. Escúchenme sin sonreír, buenos amigos. A lado de ese amor, por no sé qué gracia concedido a mi alma, respiraba un aire más puro y me elevaba por encima de mí mismo. Como un perro guardián que empieza a entender el sentido de las palabras humanas, comprendía de pronto un lenguaje sobrehumano. Y es verdad que yo sólo era el perro del rey, vagando por los pasillos y las habitaciones con la oreja atenta y el ojo al acecho, y conforme con poco. Él sabía cuáles eran mis sentimientos hacia Jeanne. Pero no se preocupaba. Me apreciaba por no intentar nada contra él y por callar mis deseos de hombre. Un día me dijo:

—Querido Guiot, espera. Todo terminará para nosotros; la vida es solo un sueño. Nos reuniremos en algún lugar donde no habrá ni rey, ni escuderos, ni corona, ni servicio, excepto una adoración común y plena. Entonces, nos reiremos de tanto sufrimiento pasado. Todo lo que me pesa y te pesa habrá concluido, mi fiel y buen amigo.

Escuchando esa voz de otro mundo, que salía de entre las vendas y los velos, me estremecía de alivio. Disfrutaba por adelantado de la felicidad que me anunciaba. Les repito que yo tan sólo era un perro unido a su amo, y que sentía, como un perro, las alegrías más sencillas, pero también más ardientes. A cada cual su juego. No había nacido para grandes cosas. Por eso, no tengo vergüenza, sino orgullo de lo que he sido. Jeanne, que percibía con facilidad y claramente los torbellinos que me agitaban, se dignaba mostrarse atenta conmigo. Me quería como una hermana, más que a su hermano Renaud.

Se preocupaba por el color de mis mejillas, por mi cansancio o mis insomnios, remendaba mi ropa y cuidaba que mi aspecto fuera digno de nuestro rey, ya que debía conducir a los embajadores de un lado a otro, recibir y guiar a los señores de visita, moros o francos, asistir a las audiencias públicas y a las reuniones privadas. Me hacía regalos. Las noches en que me asaltaban esas nostalgias confusas en que el alma se debilita, me hablaba de la dulce Francia y del paraíso: eran lo mismo para ella.

Ya casi no veíamos a Renaud. Apenas aparecía, nos humillaba con su elocuencia y sus relaciones, e incluso con sus burlas. Visitaba con frecuencia al senescal y a Gui de Lusignan, y ejercía su puesto en Mont-Royal solo en forma nominal. Me encargaba todo a mí, demasiado ocupado de su porvenir, de sus bellas amigas y de las fiestas y banquetes.

Estos se sucedían tanto en palacio, las casas ricas de la ciudad y en las castellanías de los alrededores. La princesa Sibila rivalizaba con su madre; el senescal quería llevarla a visitar al patriarca Heraclio, como si el reino atravesara un período de gran prosperidad y Saladino nunca hubiera existido. Pero ya no quiero hablar más sobre todo eso, ni tampoco sobre Renaud, porque me lleno de cólera y es en vano.

Sin embargo, porque describe mejor que nadie la sociedad de aquella época, me voy a detener en Heraclio. Ese extraño sacerdote conocía mejor a las mujeres que las Escrituras. Clérigo de Gévaudan, había llegado a Jerusalén trayendo como único viático su prestancia, potenciada y condimentada por el santo hábito que vestía. La reina Inés lo distinguió enseguida. Como lo amaba, le consiguió el cargo de obispo de Cesarea, y cuando el viejo De Nesle murió, lo prefirió a Guillermo de Tiro y mandó que fuera elegido patriarca. Este Heraclio tenía una amiga que se llamaba Pâquerette de Riveri, esposa de un comerciante. Llenaron de oro al marido para comprar su silencio, y lo despacharon, por así decirlo, cuando se tornó molesto. Convertido en patriarca, llamó a la tal Pâquerette a Jerusalén y la instaló en un lugar magnífico. Todas las noches se reunía con ella, ante el desprecio de la opinión pública. La Pâquerette iba a su casa, en litera, rodeada de numerosos servidores y cubierta de perlas y joyas. Al verla pasar, la gente gritaba: "¡Allí va la patriarquesa!".

Hubo más. Un día en que el rey estaba reunido en consejo, un juglar se presentó diciendo:

—Señor patriarca, le traigo buenas noticias. Si me da una recompensa se las diré.

El patriarca, el rey y los barones creyeron que se trataba de noticias relacionadas con la cristiandad, y entonces Heraclio le ordenó:

—Pues bien, ¡habla!

—La señora Pâquerette de Riveri, su esposa, ha dado a luz una hermosa niña —respondió el juglar.

—¡Cállate, loco, no hables más! —exclamó el patriarca.

Pero cualquiera fuera su indignación, tenía un poder tan grande por ser la cabeza del clero en Tierra Santa y por su alianza con la reina Inés, que ejercía una temible influencia, como lo demostraron los acontecimientos que siguieron.

Para Heraclio, Balduino había capitulado durante un acceso de su mal, así como lo había hecho ante Sibila y Lusignan y para la boda de su segunda hermana, Isabel, con Onfroy IV, triste vástago del condestable, codicioso y abúlico, con la excusa de su sangre contaminada. Así, a cada rebrote de la lepra, la madre con sus hijas, el senescal De Courtenay y el patriarca y sus amigos asediaban al rey, y sacaban ventaja de la situación para obtener favores y privilegios, como buitres despedazando un caballo herido. Los trozos de poder que arrancaban de su debilidad, ¿no eran acaso su propia carne viva? A partir de la distribución arbitraria de cargos, aumentaban el número de sus partidarios, de manera que, muy pronto, el rey quedaría rodeado de enemigos. Peor aún, se aprovechaban de sus malos humores para estimular su desconfianza, y lo enloquecían con complots inventados, a fin de eliminar de esa manera a sus últimos seguidores.

Cuando Raimundo de Trípoli llegó con un brillante séquito a cumplir con sus deberes religiosos ante el Santo Sepulcro, lo persuadieron de que intentaba destronarlo. Balduino lo desterró en el acto. Raimundo olfateó la trampa y también a su autor; sin embargo, se retiró mortificado a su condado de Trípoli. Por otra parte, era un hombre sabio por excelencia y el más adecuado para ejercer el poder, razón de más para apartarlo.

En esa corte decadente hacía falta un abanderado, algún personaje colorido, alguna bestia voraz y sanguinaria o un hombre entero que fuera capaz, de un solo manotazo y con una sonrisa en los labios, de acabar con esa fachada de hipocresía y fingido respeto que, por las buenas o por las malas, tenía lugar delante de Balduino. Ese demonio entre los futuros condenados fue Reinaldo de Châtillon, señor de Transjordania; y esa función lo introduce en nuestra tragedia. ¡Saladino lo había mantenido tanto tiempo confinado, tan colmado de insultos y humillaciones, tan atragantado de rabia y embebido de veneno! Lo había soltado en el momento justo, es decir, cuando ya destilaba venganza por las narices.

Así pues, llegó liberado de su servidumbre. Lo vi. Algunos se dieron cuenta de que ese olvidado, ese resucitado, nos traería la perdición. Como hombre, sólo le quedaba el lenguaje. Por lo demás, el rostro, la mirada, el humor y su actitud eran los de un ave de rapiña de perfil curvo, ojos redondos, seco y nervioso, con derrotas infinitas. Rezumaba odio por los poros. En menos de un día selló su compromiso con los partidarios de la reina Inés, caló el carácter de Lusignan y se declaró a sus órdenes, sin hacer caso de los acuerdos del rey. Expuso en el foro que la tregua consentida por Saladino era una trampa grosera, que el sultán sólo soñaba con aniquilar el reino y llevar la guerra hacia Occidente. En la audiencia real osó decir:

—Se resiste usted a creerme, mi señor rey, porque su dolencia le impide actuar y obnubila su entendimiento. ¿Qué espera usted para creer en sus verdaderos amigos, que son hombres más fuertes? El tiempo nos juega en contra.

La respuesta de Balduino fue la orden de exilio inmediato. Sorprendido por tan pronta reacción, el fanfarrón se retiró, mascullando vagas amenazas. Por desgracia, se había casado con la viuda del señor de Transjordania. Por ella tenía el famoso Krak de Moab, castillo bajo el que pasaban las caravanas egipcias y damascenas. A pesar de la tregua y las advertencias de sus vasallos, la vieja fiera se lanzó sobre una de ellas que se dirigía a la Meca, y la arrasó llevándose un botín inmenso. Y luego intentó vender a los creyentes como esclavos.

Era la ofensa al adversario en lo más sagrado, es decir, en sus convicciones religiosas. Ninguno de los reyes de Jerusalén, ni sus barones, había cometido semejante atentado, ni siquiera en su época de mayor poderío. Loco de rabia, pero encantado con el pretexto, Saladino exigió la liberación inmediata de los prisioneros y la restitución del botín. Balduino convocó a Reinaldo de Châtillon, quien se negó a presentarse en Jerusalén. Le mandó un emisario:

—Señor de Transjordania, ha atacado en forma indebida a esos hombres desarmados que confiaban en el honor de los príncipes.

—La ocasión era demasiado buena. Hubiera sido una estupidez y una cobardía dejar ir a esa manada de impíos, por añadidura cargados de riquezas.

—La tregua jurada compromete a nuestro rey ante Dios.

—Mi fe es más fuerte que la suya. El juramento prestado ante los infieles no tiene ningún valor.

—Se arriesga usted a provocar una guerra general. El rey dice que no está seguro de que podamos sostenerla. Obedezca para evitar esa desgracia.

—¡No! Saladino me retuvo en su prisión y me sometió a

vergüenzas que usted ni siquiera se imagina, impregnado y saturado de ignominias. Tengo cuentas pendientes con esa casta. Donde la encuentre, en armas o rezando, en manada o en soledad, ataco.

—Esa es una costumbre de otro tiempo. El deseo del rey es tolerar la cercanía de los infieles, a fin de que ellos toleren la nuestra y que los cristianos de Occidente conserven el acceso al Santo Sepulcro.

—Su debilidad censura mi valor porque no puede imitarlo.

—Señor de Transjordania, nuestro rey ha sido vencedor de Saladino, a pesar de esa debilidad que menciona. Olvida usted que el palacio de Krak de Moab no ha sido una conquista suya. Lo obtuvo de él como vasallo, y se lo puede quitar.

—Que lo intente, entonces.

—Obedezca, porque el rey solamente desea su bien. Libere a los cautivos y a sus bienes.

—Obedecería gustoso si no fuera Saladino el que habla por boca del rey y la suya. No respondo a sus exigencias.

—No se rebaje usted, sirva al interés general.

—¡No! Alentaría al infiel. Si lo restituyo, estaría reconociendo nuestra debilidad. Entonces la audacia del sultán no tendrá límites.

—El rey se lo ordena.

—¿En nombre de qué? ¿De esa corona que soportamos sobre su frente sarnosa, sin tener en cuenta nuestras leyes? Admiro su valor; lo tiene de sobra. Pero constato a la vez que la enfermedad le quita todo espíritu agresivo; piensa sólo en defenderse y retrocede. Es necesario atacar ahora y siempre. Saladino no tiene otra estrategia.

—Por última vez, obedezca. Su acatamiento calmará la furia del sultán, pero ante todo le demostrará que, a pesar de estar enfermo y confinado en su lecho, Balduino, nuestro rey, merece la obediencia de los señores más grandes de su reino, y que entonces puede negociar legítimamente.

—¿Me implora el rey, por decirlo así?

—Tenga cuidado. Si no hace lo que le digo en nombre del rey, perderá usted todo...

Los espías del Cairo señalaron, por palomas mensajeras y otros medios, que el sultán movilizaba su ejército y se alistaba para marchar hacia el Krak de Moab. Entonces Reinaldo de Châtillon sintió la punzada. Saltó sobre su jaca a toda velocidad y galopó de un solo trecho hasta Jerusalén. Y porque el salvaje no valía tanto como pretendía, de manera espectacular y llorando a lágrima viva, se arrojó a los pies del rey. La reina y sus amigos se quedaron estupefactos cuando vieron el rostro empapado en lágrimas de su matamoros inclinarse sobre el pie de Balduino y besarlo lleno de humildad.

—Mi rey y señor, solicito su perdón. Le ruego y le suplico que olvide mis ofensas y no me guarde rencor. Es hora de la unión de todos y no de querellas individuales.

—¿Debemos unirnos todos porque lo amenazan a usted personalmente?

—Sí, soy responsable, grande es mi vileza, aunque dolorosa y profunda mi amargura y mayor todavía la rabia que siento contra mí mismo.

—¿Contra usted?

—Tomé a broma y me burlé abiertamente del mejor de los reyes. Dudé de él y sembré esa duda en otras almas tan confundidas como la mía. Pero tome en cuenta mi arrepentimiento; la fiera se rinde a sus pies.

—¿Es usted juglar, señor de Transjordania, para darnos semejante espectáculo?

—Señor, el que predicaba la revuelta se subordina a usted y renueva en solemnidad su juramento de vasallaje.

—Lo hace porque, con justa indignación, Saladino intentará destruir su palacio y despojarlo de sus bienes. ¿Reconoce usted ahora que debía presentar excusas corteses y no responder con insolencias?

—Declaro ante todos los aquí presentes que el señor de Transjordania es leal a usted para siempre.

—Porque un soberano debe protección a su vasallo, no porque sienta usted un afecto súbito por mí.

—Señor rey, desahogue su ira, pero salve el Krak. Se lo imploro.

—Lo haré, no para proteger al saqueador que es usted, sino porque el reino lo necesita para restablecer la soberanía que su presunción ha criticado con tanta severidad. Señor de Transjordania, ha escuchado usted a su señor esta vez.

—Mi señor rey, es usted más grande de lo que se dice y más generoso; a una afrenta responde con un favor.

—Tenga cuidado. No podré hacerlo siempre.

Balduino reunió a su ejército y partió audazmente hacia el Moab. No sin que la reina Inés hubiera intentado una última maniobra para lograr sus fines. Dado que los contingentes llegaban a Jerusalén y ya estaba fijada la fecha de la partida, porque la intención era adelantarse al sultán, fue a lloriquearle al rey:

—Mi dulce señor, venero y admiro en usted al héroe impaciente por combatir. Pero permítale una palabra a su madre: mi buen hijo y rey, no durará dos días a caballo con este calor de verano y el mal que lo atormenta. Sé que vuela de fiebre casi todas las noches.

—Tales exhortaciones y advertencias cuyas intenciones percibo son inútiles, madre mía.

—Buen hijo, tropezó dos veces yendo a la sala del trono.

—Aunque hubiera tropezado treinta veces, no cambiaría mis proyectos. Iré al frente de mi ejército, donde está mi lugar.

Sibila creyó oportuno insinuar:

—Sé, de la mejor fuente, que se queja usted de que se le nubla la vista. ¿Cómo hará para dirigir sus batallas si tal vez no pueda distinguir al enemigo?

—Y por qué, ya que ardo de fiebre, vacilo al caminar y

mis ojos se apagan, no tendría el buen gusto de confiar mi ejército a tu esposo, ¿no es cierto?

Lusignan se estremeció pero, para dárselas de valiente, tonta y mezquinamente dijo:

—Mi señor cuñado, ¿duda usted hasta tal punto de mis conocimientos? Poitou no es como estas comarcas sensuales y se nos prepara desde temprano para la guerra.

—Mi pobre Gui, esa es una torpeza que lo condena. Si nuestros barones lo hubieran oído, ¿qué pensarían? Desde ya lo consideran un extranjero entre nosotros, si no algo peor. No, se quedará en Jerusalén y cuidará de las mujeres.

—¿No quiere ponerme a prueba al menos?

—Más adelante, Gui. Usted gasta su saliva, y yo, un tiempo precioso. Iré con mis hombres y la Vera Cruz por donde sea necesario...

Todo se cumplió según su voluntad, excepto una cosa, pero que fue agradable, excitante y, cuando aconteció, magnífica. Con audacia e ingenio guerrero, Balduino desguarneció Palestina y se dirigió a Moab, donde su llegada frustró los planes de Saladino. Este último no se arriesgó a acampar alrededor del castillo de Reinaldo de Châtillon y a encontrarse en breve plazo, a pesar de su superioridad numérica, asaltado afuera por Balduino y adentro por los asediados. Simuló enfilar hacia Damasco, pero se volvió bruscamente sobre Galilea, donde atacó, entre otros, el torreón de Belvoir. Balduino salió de Moab y enfiló al mismo lugar. Su ataque fue tan impetuoso y dirigido con tanto acierto que rechazó al sultán al otro lado del Jordán y lo forzó a retirarse.

Pero Saladino no era hombre de fácil renuncia. Su reciente derrota no había hecho mella en sus fuerzas. Remontó hacia el norte, siguiendo nuestras fronteras. Al tanto de las desavenencias entre nuestro rey y el conde de Trípoli, se decidió por un golpe de gran astucia, similar al fingido por Balduino, de dividir en dos su reino. Cabalgó hacia Beirut, saqueando todo lo que encontraba a su paso con el fin de aterrorizar a las poblaciones y de desalentar las posibles ayudas, y sitió la ciudad. Si la hubiera tomado, el condado de Trípoli habría quedado aislado del resto del reino y habrían doblado las campanas por nosotros.

Sin embargo el rey, interpretando esas sutilezas, nos condujo también hacia el norte a galope tendido. Saladino no esperó nuestra llegada para iniciar el repliegue. Se retiró, incendiando, pillando y saqueando. No se trataba de falsa ira: el golpe había fallado. Beirut estaba a salvo y también la unidad del reino.

Como no podía hacer nada contra nuestro pobre rey y su ejército, Saladino, cuyo poder parecía de veras invencible, aunque fuera el resultado de tantos asesinatos políticos y usurpaciones, quiso al menos sacar partido de su costosa campaña. Con la ayuda y el apoyo de los príncipes de Jerusalén, los atabegs de Alepo y de Mosul habían conservado su independencia hasta el momento. Trató de destruirlos de manera que la totalidad del islam de Oriente cayera en sus manos.

Pero Balduino, con una extraordinaria maniobra de diversión, arruinó su proyecto. Invadió sus tierras victorioso y avanzó hasta los suburbios de Damasco, algo que Saladino no había podido conseguir ni siquiera en Jerusalén. ¡Ay, no haber contado con suficientes hombres y reservas para culminar con un remate perfecto aquella empresa! Una vez más, el leproso le sacaba la presa de las garras. Así pues, esa campaña agotadora –duró cinco meses– había vuelto a salvar el reino de Jerusalén, y convirtió en aleatorio el poder de Saladino al arrebatarle Siria del Norte.

Finalizada la empresa, nuestro rey fue a pasar la Navidad a Tiro, cerca de su amigo y antiguo preceptor, el archiduque Guillermo. Fue recibido triunfalmente en esa ciudad. En su cortejo, cerca de su servidor, cabalgaba un escudero con rostro y silueta juveniles. Se creyó, o se quiso creer, que era el hijo de algún señor, ubicado al lado del rey como era costumbre. La verdad era otra. Muy pocos la supieron.

Sucedió que una noche, cuando nos preparábamos para invadir las tierras de Damasco, un emisario se presentó en la entrada del campamento. Declaró que venía de Jerusalén y que debía hablar con el rey. Fue conducido a la tienda de Balduino. Calzaba y vestía como hombre, pero reconocí enseguida el corpiño de ante.

—¡Increíble imprudencia! —exclamó el rey—. ¡Sola por esos caminos!

Pero abrió los brazos, sin pensar demasiado, olvidando mi presencia, el campamento erizado de lanzas y banderas, y hasta las costras de la lepra.

—Señor, moría por estar con usted.

—Quítate el casco... ¡Oh, Jeanne, tu hermoso cabello! ¿Qué has hecho?

—Me lo corté. Crecerá rápido. De otro modo, no sé si hubiera podido llegar hasta aquí. No hay que tentar al diablo y hay muchos en estos tiempos.

—¡Loca, loca de amor! Podrían haberte capturado o raptado los moros, verdaderos o falsos. O podrías haberte caído del caballo y fracturado algún miembro.

—Soy buena jinete. Si no hubiera venido, ¿quién lo ayudaría?

Observó el rostro del rey y dijo:

—Guiot, acércame una lámpara para ver bien... Ah, era hora de que viniera.

Hasta Damasco cabalgó con nosotros. No sabía quién era más digno de admiración, si la escudera cuyos cabellos había sacrificado, desafiando peligros, sin permitirse queja alguna, preparando los bálsamos y cambiando las vendas cuando nos deteníamos a descansar molidos por la fatiga, o el rey cuyas purulencias y costras se hundían bajo la malla de hierro. En aquel verano tórrido, con los vientos del desierto soplando fuego y arena, costaba mucho resistir. En cada instante se sumaba a nuestro agotamiento la aprensión de ver aparecer los escuadrones de Saladino o de ser asaltados por la retaguardia o por nuestros flancos mal cubiertos, incluso de morir a causa de alguna agua envenenada.

La presencia de nuestro rey a la cabeza de nuestras columnas, erguido sobre su caballo blanco, con la corona en la frente, la mirada fija en la Vera Cruz y la bandera con las cinco cruces flameando por encima de su cabeza, alentaba nuestro valor desfalleciente e imponía silencio a las quejas que los hombres de armas profieren cuando el éxito no es proporcional al esfuerzo, o la victoria prometida tarda en llegar. A la hora del combate, la ronquera de leproso cesaba, y su voz volvía a ser fuerte y clara. Los más conscientes entre nosotros percibían que al lado de ese hombre participaban de una acción que dejaría su huella en la historia. Incluso ganaban su lugar en el paraíso sirviendo al arcángel herido.

Los locos y los generosos —que son la sal de la tierra— se decían que la muerte se esfumaba, que se volvía una pequeña molestia fugaz al lado de semejante sufrimiento, superado con tanta valentía. Y todos, incluso los viejos animales de presa, fuera de sus madrigueras feudales, tristes amantes de asesinos y de máquinas de matar, reverenciaban la fuerza de voluntad que sostenía a nuestro rey sobre el caballo, ágil para decidir, pronto para ejecutar, capaz de maniobrar el peso de la espada.

Él, a quien tantos de nosotros habíamos visto yacer en su lecho, o vacilar por el efecto de súbitas languideces, podía, en el momento del ataque, blandir la espada, apuntar con la lanza y luego, galopar horas enteras. A veces, temíamos por su vida, porque, a pesar del calor del sol, se envolvía en su capa blanca. Yo sabía mejor que nadie que bajo esa lana, las mallas y la seda, temblaba de frío como una hoja de otoño. Pero tenía orden de callar. Jeanne había preparado un recipiente de cobre que llevaba colgado de su montura, y del que bebía para confortarse. Contenía un brebaje que le calmaba la fiebre.

Así fue como entramos en los suburbios de Damasco y luego en Tiro, donde echaron las campanas al vuelo.

25
La regencia

El tañido de las campanas daba la bienvenida al Mesías, pero también a nuestro regreso victorioso. Balduino fue recibido por los señores y ediles, los obreros y burgueses, la gente humilde, hombres y mujeres, viejos y jóvenes, como si hubiera sido él mismo el Salvador encarnado. ¿Acaso no lo era en cierto modo? Su rostro oscurecido y llagado por la lepra no suscitaba disgusto, sino que arrancaba lágrimas de admiración y reconocimiento. Sembraba en esos corazones de índole terrena una semilla de eternidad triunfante, otorgándoles a aquellas naturalezas tan humanas un germen de fe. La lepra del rey había dejado de ser un motivo de vergüenza, para convertirse en una promesa soberbia del paraíso y la señal indudable de que Dios protegía la corona de Jerusalén. Les digo que aquellos que tuvieron la gracia de verlo atravesar la puerta de Tiro, erguido sobre su caballo blanco y con la mirada en alto, de besar el paño de su manto y de tocar sus espuelas, no lo pudieron olvidar nunca más.

En el atrio de la catedral, entre el tumulto de las alegres campanadas y de la multitud justamente exaltada, del entrechocar de yelmos con montura, escudos y estandartes, el viejo arzobispo –de quien fue alumno y discípulo– agradecía a Dios por haberlo inspirado en las lecciones de antaño referidas a la honestidad y la fe, al rigor moral y a la renuncia de sí mismo. Así pues, el desgraciado niño golpeado por la lepra recobraba su gloria. Nada borraría nunca la visita navideña a Tiro como broche de oro de tantos esfuerzos victoriosos. Saladino podía llorar por sus derrotas y comprender cuál era el verdadero Dios, el suyo o el del rey franco.

Fue sin duda un milagro sobre la tierra que ese cuerpo débil hubiera logrado semejantes prodigios. Y además, con qué entusiasta docilidad y abnegación se había sometido Balduino a la voluntad del Señor. El viejo Guillermo, que por su parte había luchado tanto y sufrido la decadencia de los grandes, la elección de Heraclio y todo lo demás –perversión de las buenas costumbres, decadencia de los pupilos, fiestas injustificadas, renuncias sin nombre, sin precio–, derramaba lágrimas. Porque era un hombre esperanzado, le parecía que, a pesar de las faltas y los pecados de su pueblo, de sus ultrajes y traiciones, de sus insolencias y acomodos, Dios Nuestro Señor no se había apartado totalmente de él, ya que su poder reaparecía a la hora del peligro.

En la misa de Navidad, yo estaba al lado de Jeanne, que se había vuelto a vestir con ropa femenina y ocultaba bajo un velo el cabello cortado al ras. El rey estaba una fila delante de nosotros. Ahora bien, en el instante en que se celebraba el nacimiento de Jesús, recitó la oración del caballero:

> *Padre nuestro que estás en los cielos,*
> *que de todos quiere la salvación,*
> *santificado sea tu nombre,*
> *loado y satisfecho en nosotros,*
> *venga a nosotros tu reino*
> *para que hasta ti podamos llegar.*
> *Hágase tu voluntad así en la tierra*
> *como en el cielo. Que alcancemos tu reino,*
> *para que como tus ángeles te honremos.*
> *Nuestro pan de cada día*
> *dánoslo hoy para que no padezcamos hambre.*
> *Al alma, el santo sacramento*

y al cuerpo, el sostenimiento.
Perdona nuestras ofensas
como también nosotros perdonamos
a los que nos ofenden.
No nos dejes caer en la tentación;
del mal pensamiento
apártanos según tu voluntad.
Líbranos, Señor, de todo mal,
digamos amén, que Dios todo lo conceda,
Él, que todo lo oye y que todo lo ve...

Jeanne la rezó con él. Fue en aquel enlace de las voces cuando alcanzaron su cima sobre esta tierra, y muchos fueron los que entendieron lo que significaban uno para el otro; la voz de Balduino, imperiosa, transportada por una fe invencible y ardiente, y aquella música de follajes y aguas que albergaba toda la ternura humana y la dulzura de las cosas iluminada por un destello misterioso. Luego se oyó decir a Jeanne:

—Que me sea concedido el don de esta gracia divina que será la protectora y la dueña de mis cinco sentidos, que me hará trabajar en las siete obras de misericordia, creer en los doce artículos de la fe y cumplir los diez mandamientos de la ley, que finalmente me liberará de los siete pecados capitales hasta el último día de mi vida.

Y enseguida se oyó la voz de Balduino junto con la suya en esa oración. Cuando el arzobispo elevó la santa hostia, unos niños dijeron que habían visto unas alas de luz que se agitaban bajo los arcos y alrededor del altar. Yo no las vi. Seguramente eran las llamas múltiples y danzantes de las velas. Pero qué importa.

Sí, qué importa. De lo que estoy seguro es de que el demonio vigilaba en la puerta, como siempre. No podía contra el santo cuerpo del rey, al igual que el sultán Saladino. Pero este, infiel como era, seguía siendo una especie de caballero. Su grandeza se arrodillaba ante el leproso. No podía evitar admirarlo, aunque tal admiración forzada lo hiciera rabiar de impaciencia. El demonio rechazaba esa delicadeza de sentimientos. Solo reconocía el obstáculo contra el que tropezaba su maldad.

Regresamos a Jerusalén. Los emires de Alepo y de Mosul, por estupidez o cobardía, se sometieron a Saladino cuando aún no había pasado la primavera. A partir de entonces se convirtió en el amo de toda Siria. Ni siquiera podíamos esperar neutralidad por parte de los príncipes que dependían de él. Nuestro aislamiento era total. Supimos poco después que Saladino permanecía en Damasco con el fin de preparar la invasión de Palestina. Balduino convocó a sus contingentes en los manantiales de Seforia, donde fue a reunirse con el de Jerusalén, más los templarios y hospitalarios.

En ese momento y sin previo aviso, la lepra lo fulminó. En poco tiempo lo privó del uso de las manos y los pies, que perdieron varios dedos, y lo debilitó de tal manera que parecía más un cadáver que un ser vivo; la voz se le enronqueció de nuevo y le destruyó los ojos casi del todo. Lo transportamos a Nazaret, según sus órdenes. Sintiéndose morir, quiso que fuera en la ciudad que llevaba el nombre de Jesús. Pero estaba escrito que no tendría un solo momento de paz. Mientras los barones y sus guerreros se preparaban para rechazar a Saladino, desesperados por la ausencia y la recaída del rey, y se preguntaban quién asumiría el mando en caso de batalla, otros acudían a Nazaret a cumplir con su despreciable tarea: la reina Inés, su hija Sibila, su yerno Lusignan y el patriarca Heraclio.

No perdieron un minuto. Llegamos casi a la misma hora. ¿Quién les había avisado? Algunos acusaron al senescal De Courtenay y otros a Renaud de Mauléon, a quien habían visto alejarse del campamento, solo, montando un caballo veloz. Pero se decían tantas cosas que nada se podía afirmar, excepto que Renaud no se separaba ni un instante de su amigo senescal. Yo no trataba de averiguar la verdad, por Jeanne, que se asombraba:

—Renaud está al mando de la guardia; debería estar con nosotros.

—También está al mando de los guerreros turcos y es más útil en Seforia.

Le ocultaba asimismo que su hermano me demostraba un desprecio cada vez mayor y que me confinaba a tareas subalternas. Esto me convenía, ya que sólo deseaba la ocupación que yo mismo había elegido para mí: seguir a mi rey y señor como su sombra, estar a su disposición a toda hora y en la circunstancia que fuera.

Todos creían que el toque de acoso había sonado y se dirigían a la presa rodeada, como buena jauría ladradora que eran. Pero primero fue la vieja reina sin corona, apestando a los perfumes que se echaba sobre su obesidad para protegerse del contagio. Siempre había abusado de su título de madre y del poco afecto que quedaba entre ella y su hijo. Nunca dejaba de repetir la misma táctica hipócrita y los mismos argumentos:

—Buen y dulce hijo, ¡en qué situación desesperante lo encuentro! ¿Me escuchará usted esta vez? ¿Acaso no tenía razón en querer retenerlo? Sacrificándose por el bien del reino, ha hecho que su enfermedad empeorara. Mire dónde lo lleva su obstinación. ¿No puede tomarse unos meses de descanso para reponerse?

—No puedo. Saladino está en Damasco.

—Saladino está en Damasco, usted en este lecho en Nazaret y el ejército esperando a su jefe.

—No bien pueda, iré a reunirme con él.

—Eso es, mátese en el intento y deje sin soberano a ese desgraciado reino, ya que es su deseo.

—¿Cómo?

—Se me parte el corazón por tener que decirle cosas tan inhumanas.

—Dígalas, que a eso ha venido.
—Hijo mío, la muerte puede sorprenderlo...
—¿Y mi sucesor no ha sido designado?

Después fue Sibila, también fingiendo pena, aunque más franca y decidida:

—Soy por derecho su heredera, y no se puede ir en contra de ello. Sin embargo, Balduino, sería mucho mejor que usted lo proclamara. Su elección haría callar a los ambiciosos.

—Y sobre todo al señor de Trípoli, tan cerca del trono por su ascendencia que podría pretenderlo.

—Sí, lo admito.

—¿Quién sería el verdadero rey? ¿Su esposo?

—Lo desprecia sin motivo. Pero, por Dios, sepa que es capaz de devolver amor por desdén, y siempre se refiere a usted, a pesar de sus burlas, con palabras y pensamientos de respeto.

—Gui de Lusignan y Raimundo de Trípoli solo desean ardientemente la corona. Uno es sagaz; el otro, no.

—¿Deshereda usted a su propia sangre?

—Todavía no lo he decidido.

Se presentó el patriarca, con su desvergüenza, aunque no tenía siquiera conciencia de ella, y cada tanto, según las circunstancias y necesidades, se jactaba de su escandaloso sacerdocio.

—Mi rey y señor, ¿escuchará usted al patriarca del reino santo?

—A él o a cualquier otro.

—Conozco su doloroso debate: Trípoli o Lusignan. Y le aseguro que su elección se ha demorado demasiado. Se obstina usted en vano y agregaría que hasta en forma peligrosa. Están los asuntos del reino, y está su alma. En medio de las responsabilidades del poder, el tumulto de sus reflexiones y las preocupaciones que le causa la guerra inminente, ¿piensa tan sólo en su salvación? ¿No siente el deseo de alcanzar por

fin una paz compasiva, ofreciendo al Señor las oraciones y el recogimiento que no han podido darle sus esfuerzos?
—Él me juzga y me ve.
—Tal vez. Sería de todos modos admirable que al término de tantos esfuerzos y combates victoriosos, dimitiera de esa carga y, a la hora de morir, se volviera un hombre igual a los demás.
—¿Eso es todo?
—Perdone al sacerdote que soy y curador de almas pero, mi señor rey, no está usted bien... está débil, muy decaído... Piense en su salvación.

Gui de Lusignan dijo que el rey ya podía retirarse a un lugar alejado, y vivir de muy buenas rentas cuyo monto él mismo fijaría. Con un moribundo no se escatima.

Después de tantos ataques de esa naturaleza, cedió, como el ciervo que al final de su lucha se deja clavar el cuchillo, aunque mantiene a distancia a la jauría. ¡Ah! Cómo lamenté en esas horas ser tan poca cosa, desarmado y pobre. Para ser tolerado al lado de Balduino, debía mantenerme en silencio.

El pueblo, tan bien dispuesto por su misma sencillez y buena índole, lo ignoraba todo. Lo hacían rezar para que el rey se restableciera. El patriarca decía las misas en persona, a las que asistía sin falta su Pâquerette de Riveri. El rey, privado como se encontraba, salvó sin embargo lo esencial. Gui de Lusignan sólo obtuvo la regencia del reino, que era lugartenencia provisoria, capitanía del ejército, pero ocasional y revocable. Apenas firmó la bula, la jauría partió hacia Jerusalén. Solo nos quedamos con él Jeanne y yo, y nuestros hombres, poco numerosos pero fieles.

—Ahora que ya no les intereso —dijo—, me dejarán en paz. Los estudiaba, aunque apenas los veía durante nuestras disputas. Por cierto, le perdieron el miedo al contagio...

Salí del recinto, por discreción. Pero una fuerza me retuvo y me senté muy cerca, en un banco en el pasillo. Piensen lo que quieran, pero necesitaba saber, aunque deseara ignorar. Los oí hablar:

—Jeanne, ¿no dices nada? Sin embargo sigo siendo yo. Yo, Balduino, rey sin corona, rey sin poder.

—No se atormente así.

—Ahora estoy solo. Sentiré el peso de la soledad. Sabré, hasta gritarlo, que mi única compañera es la lepra.

—¿La lepra?

—Sí. Con qué rapidez se fueron de Nazaret. El patriarca que se preocupa tanto por mi alma, mi madre que se conmueve por mi deterioro y Sibila no sé de qué. No creo que regresen. Ahora que ganaron, ¿sabes lo que hacen? Examinan sus pieles tan blancas para ver si descubren el más leve grano. ¡Qué angustia, qué miedo! Es que pasaron tantas horas en mi cabecera para arrancarme el consentimiento. Ay, Jeanne, cuando pienso que ese irresponsable de Lusignan está a la cabeza de mi ejército, que posee mi sello y asume mi debilidad real... Pero ¿por qué no me dices nada? Te veo borrosa, pero siento tu rechazo.

—¿Mi rechazo? Lo que usted decide está bien.

—¿Crees que me equivoqué?

—Sólo Dios juzga.

—Cuando volvamos a Jerusalén, será peor. Verás que nuestros servidores pedirán permiso para retirarse, que los aduladores se inclinarán ante Lusignan y que Sibila se alegrará.

—Yo me quedo con usted y entre nosotros está todo dicho. Solo le suplico que viva.

—¿Para qué en estas circunstancias?

—¿En qué me convertiría sin usted?

—¿Cómo puedes mirarme todavía, querer esta fealdad repugnante y no huir de este olor infecto que despido? Un ángel volvería la cabeza con tristeza.

—Besaría sus manos y sus pies.

—Mis manos, mis pies sin dedos. ¿Qué haces?

—Lo beso.
—Te lo he prohibido. Besas mis heridas. ¡Detente, por Dios!
—¡No!
—¡Te lo prohíbo!
—Ya no vale la pena.
—¿Cómo?
—Señor, mis brazos ya están insensibilizados y las primeras manchas ya aparecieron. No tengo nada que temer. Estamos en la misma situación, y es justo.

Lanzó un grito de animal herido, atrapado en la trampa.

—Eso es todo lo que mi amor te ha dado: ¡la lepra! —exclamó el rey.
—Era lo que yo deseaba.
—¿Mi lepra?
—Todo lo que mi amor le entrega es el orgullo de ser como usted. No me rechace. Todavía soy hermosa. Nadie podría adivinar que me he contagiado, pero yo lo sé.
—¿Qué es ese amor tan doloroso?
—Es el nuestro, señor de mi vida.
—¿Por qué estoy destrozado y contento a la vez?
—Porque este amor no se acabará en la tierra, sino que continuará en el más allá, por fin, sereno.
—¿Habrás sido, pues, mi única joya?
—Un manantial en el desierto; no quería ser otra cosa.

Y yo permanecí en el pasillo, en ese banco, destrozado, estupefacto, e incapaz del menor movimiento. Más tarde, mucho más tarde, salió de la habitación del rey y le pregunté:

—Jeanne, ¿es cierto eso?
—No —respondió ella, sonriendo—. No, querido Guiot, todavía no.

Era lo único que se le había ocurrido para calmar la amargura del pobre leproso y convertir su desesperanza en luz.

26
Los manantiales de Seforia

~

Gui de Lusignan cometió un error tras otro. Por su falta de resolución y sus caprichos, se ganó la oposición de la baronía, encendió los odios y decepcionó a sus propios partidarios. Forjó una amistad peligrosa con el maestre del Temple, de quien se hablaba pestes. La prefirió a la de sus anteriores amigos, tales como el senescal De Courtenay o el señor de Transjordania. Renaud de Mauléon siguió con prudencia el desarrollo de esas fluctuaciones, a la manera de su maestro y consejero Jocelyn, que mantenía un pie en cada lado. Porque Lusignan, provisto de su regencia, se creyó rey. Era tan engreído y vanidoso, y tenía una capacidad de entendimiento tan reducida, que no se daba cuenta de la inminencia del peligro. Le parecía mejor ofrecer banquetes y distribuir regalos, enviar cancioncillas románticas a su mujer Sibila y recibir homenajes de los barones, que prevenir o impedir la incursión sarracena.

Por cierto, Saladino fue informado del singular comportamiento del príncipe, más interesado en telas, afeites y bordados que en la ciencia militar. No se daba prisa, adormeciendo esa regencia maravillosa en una falsa seguridad, mientras mandaba a sus espías a divulgar que él se hallaba en conflicto con los emires del norte, y que no estaría listo para invadir Galilea por largo tiempo todavía. También, que redoblaría las precauciones, porque temía más al noble señor de Lusignan que al débil rey Balduino. Con toda impunidad, esos hombres sombríos sembraban sus perfidias, y el tonto preguntaba:

—¿Cómo puede temerme el sultán si no me ha visto en acción?

—Señor regente, el gran Saladino conoce tu ascendencia, sus orígenes famosos y los nobles guerreros que engendró. Su corazón impetuoso está aplacado. Interroga a Alá sobre el significado de haberte colocado en el lugar en que te encuentras.

Gui bebía esas palabras como leche caliente, las degustaba como pasteles de miel, y su lengua conservaba largo tiempo el sabor. En vano Raimundo de Trípoli se preocupaba, y dejando de lado su desprecio exhortaba a ese presumido a salir de su inacción.

—Señor Gui, salgamos de los manantiales de Seforia y ubiquémonos en otra posición menos obvia. De esa manera podremos sorprender a Saladino, en lugar de esperarlo.

—¿Qué está sugiriendo, señor Raimundo? Veo que no está usted informado. Saladino no se atreverá siquiera a aparecer ante nosotros.

Saladino se atrevió, como era de esperarse. Cuando sus primeras señales aparecieron y se dio aviso a Gui, este soltó la carcajada, tranquilizó a su gente, se burló de la preocupación de los hombres experimentados y de los pronósticos de Trípoli. El maestre del Temple, Torroja, dio su opinión, que fue escuchada con atención:

—Mande tocar las trompas, mi señor. Con solo oírlas, los infieles temblarán. Esta misma noche, Saladino le implorará clemencia.

Trípoli se enfureció:

—Si hace eso, señor Gui, esta noche habrá perdido, además del reino, la regencia y la libertad. Será usted quien le implore clemencia a Saladino.

—¿Qué propone usted?

—Formemos una masa compacta, una muralla de hierro

que podrá soportar cualquier ataque. Los infieles, acosados a golpes, huirán. Es nuestra única posibilidad, lo juro por Dios.

—¿Sin combatir? —exclamó Gui.

—Si combatimos, nos ahogarán en un océano, y usted lo sabe.

—En verdad, señor Raimundo, usted siempre se ahoga.

—¡Abran los ojos! Miren, desde donde estamos, esa multitud que marcha en la planicie. Son numerosos como espigas.

—Valemos uno por cada diez de ellos.

—Serán cien contra uno.

—Señor regente —retomó Torroja—, no escuche al traidor. Intenta privarlo de una victoria segura.

Gui giraba la cabeza a uno y otro lado; trataba de ver cuál de los dos era el más sagaz y quería su muerte o su bien. Apoyado por los barones, Trípoli por fin lo convenció. Tomamos posición a la altura que designó, a pesar de que Lusignan decía:

—Responderá usted por esta vergüenza, señor Raimundo. Se lo prometo. Su palabrerío nos ha hecho perder tiempo. Si no fuera por usted, ya estaríamos destrozando al infiel.

Trípoli nada respondía. Yo había llegado la noche anterior, y estaba en aquella defensa de hierro, no lejos de ellos. El rey me había confiado un mensaje para Lusignan y otro para Trípoli, más importante. El conde Raimundo me tenía aprecio y me hospedó en su tienda. Mi misión consistía, además, en observar las actitudes de cada uno. En el caso de que Lusignan hubiese estado a punto de cometer alguna acción irreparable, Trípoli debía asumir el mando de inmediato; así lo indicaba el segundo mensaje.

El resultado de la batalla puede resumirse en pocas palabras. La caballería ligera de Saladino se estrelló contra la muralla cuádruple de nuestros soldados armados. Las flechas que lanzaron nuestros arqueros arrodillados entre las patas de los caballos les causaron daños considerables. Pronto estuvimos cubiertos por una muralla de cadáveres. Saladino emprendió la retirada. Habíamos vencido, puesto que nos adueñamos del terreno. Gui de Lusignan se atribuyó el mérito. Los barones se burlaron; Trípoli lo desairó. Pero Jocelyn de Courtenay, cuando comprendió que ya no iba a poder manejar al presumido a su antojo, se fue del campamento de Seforia sin despedirse del regente, y cabalgó a toda velocidad hacia Nazaret. Quería reportarle al rey la presunción de Gui, el respeto requerido por los barones, su incapacidad de decidir antes de la batalla, y su comportamiento como si ya fuera rey después de la presunta victoria sobre Saladino. Balduino se enfureció, convocó a Gui, lo intimó a rendir cuentas y, ante sus insolencias, le retiró la regencia del reino.

Así terminó la pelea entre ambos cuñados. Pronto se tornaría en lucha abierta y desoladora para los cristianos. Los amigos de Gui no tardaron en convencerlo de que era víctima de la envidia del rey, resentido por el triunfo de Seforia y el logro de la retirada de Saladino.

El senescal rebosaba alegría. Los ingenuos se preguntaban por qué, puesto que había matado dos pájaros de un tiro. Demostró al esposo de Sibila que era necesario tenerlo en cuenta y que, de ahí en adelante, le saldría caro su apoyo, y restableció su relación con el rey y recobró su confianza, a pesar de que Trípoli podía especular con ese cambio súbito y esperar lo que fuera.

El rey santo, desde lo más profundo de su naufragio y a través de sus tormentos, sin ver más que una forma blanca cuando alguien se inclinaba sobre él, tuvo la lucidez de desbaratar todas las intrigas. Comprendió que su sucesión daría lugar a una guerra civil en la que el reino corría el peligro de zozobrar; que el senescal se daría el gusto insensato de enfrentar, al siguiente día de su muerte, a Lusignan contra Trípoli. Como ya no quería saber nada con Gui después de tan ridícula y desastrosa regencia, y como no podía de ningún modo desheredar a Sibila, concilió, con un rasgo de lucidez, el derecho y sus deseos: nombró sucesor al trono al pequeño Balduino, hijo póstumo de Guillermo de Montferrat.

El niño de cinco años fue ungido y consagrado a la manera de los reyes de Jerusalén con el nombre de Balduino V. Así pues, durante un corto lapso estuvieron juntos en Jerusalén, frente a Saladino y sus emires, el rey leproso y el pequeño.

El rey nombró sucesor a Balduino V y designó a Trípoli como regente. Reinaldo de Châtillon, que había apoyado la gestión de De Courtenay y dado su calurosa aprobación al retiro de la regencia de Lusignan, se ubicó enseguida entre los opositores. La prudencia reconocida de Trípoli podía entorpecer sus proyectos personales, y prefería al débil Gui. De regreso en su señorío de Transjordania, se desquitó por medio de la construcción de una pequeña flota que, desarmada, fue transportada en forma secreta, cargada sobre camellos, hasta el golfo de Akaba en el mar Rojo. Dicha flota capturó y destruyó las naves musulmanas que navegaban en paz, y saqueó los puertos. De ese modo la bestia salvaje se jactaba de prohibir, por mar y por tierra, el peregrinaje a la Meca, golpeando al islam en su origen más sagrado.

He oído un poema árabe sobre el Krak de Moab, su guarida. Para los creyentes, el Krak era: "La angustia que aprieta la garganta, la barrera que se interpone, el lobo emboscado en el valle". Se creyó que la hora del Juicio Final había llegado y que la tierra sería aniquilada. Saladino no tenía alma de poeta. Exacerbó la cólera de los suyos y lanzó sobre el mar Rojo una escuadra que aniquiló a los corsarios de Reinaldo. Luego se presentó en persona a la cabeza de un poderoso ejército, para arreglar cuentas con el señor de Transjordania. El intenso bombardeo de los almajaneques y catapultas destruyó rápidamente las torres y las murallas. Los defensores se esforzaban por resistir al máximo, cuando un fuego enorme encendido en Jerusalén, y transmitido de torreón a torreón, anunció la llegada del rey.

Por última vez, el sublime agonizante, bajo sus costras y heridas devoradoras, ciego del todo, casi incapaz de sostenerse en pie, intervenía para salvar a uno de los suyos, al más culpable, traidor del reino y traidor del rey. Confió el mando del ejército a Trípoli, y dio órdenes de que lo subieran a una litera. Corría el riesgo de morir en el camino en cualquier momento. Pero sabía que su presencia, vivo o muerto, fortalecería el valor, alentaría la entrega e impondría temor a los sarracenos.

No hubo combate. Saladino levantó el sitio y se retiró, sin apuro ni provocación. Aquí es donde merece una reverencia con la espada, porque creo, incluso estoy seguro, de que fue voluntario el acto –inspirado en la nobleza de su corazón y la grandeza de su alma– de concederle al rey una última ilusión de victoria. Demasiado honor había en su persona para disputarle esa guarida de ladrones a un moribundo. Se inclinó con respeto ante aquella litera, último trono del rey. Me pregunto qué pasaría en el mundo si los hombres de semejante temple se unieran de una buena vez y predominaran por encima de los políticos, traidores y egoístas. Significaría el sueño imposible de una Tierra Prometida.

Desde luego, la guarnición del Krak recibió a nuestro rey como un salvador. Châtillon se arrancaba los cabellos, se cubría la cabeza con cenizas y derramaba abundantes lágrimas de arrepentimiento, besando la capa del rey. Clamaba y volvía a clamar que aquel sería su último error. Balduino se preocupó por el estado de las murallas y torres maltrechas por las máquinas de guerra. No quiso regresar a Jerusalén hasta que no estuvieran reparadas.

Le quedaban pocos meses de vida, si se puede llamar vida a pudrirse sabiéndolo. Conservaba sólo el uso de la palabra, el corazón para latir y sufrir, y el espíritu para pensar. Primero perdió un pie, después una mano entera y luego una oreja. Jeanne volvió a ponerse su vestimenta de hombre para acompañarlo al Krak de Moab. Ya no se separaba de él, y se hizo armar un catre de campaña en su habitación. Se desvivía por calmar sus dolores, pero sabía que cualquier palabra de consuelo hubiese sido irrisoria, ya que él tenía plena conciencia de su estado. Así que cantaba y hablaba para distraerlo, acompañándose con su guitarra. Él prefería los aires de pueblo, por su sencilla alegría bien expresada, por su ritmo vivo, por los paisajes verdes y tranquilos que despertaban en su imaginación y los sentimientos puros que le inspiraban.

De igual manera, ella se esforzaba por ocultar su desesperanza y su profunda tristeza, fingiendo no darse cuenta de nada para enfrentar mejor la situación. Pero una noche, cuando por fin él se durmió, la sorprendí llorando. Estaba sentada junto a la mesa, delante de su libro de horas. La luz de la vela le enrojecía la punta menuda de los dedos. Los cabellos sueltos le caían sobre los hombros, no tan largos como antes. Lágrimas silenciosas rodaban por sus mejillas. Fui hacia ella despacio, pisando las pieles y alfombras para no turbar el sueño del rey. No me vio, o no quiso verme. Le puse las manos sobre los hombros, y le susurré:

—Amiga, descanse.

Movió la cabeza. Me chocó la palidez de su rostro, y más aún lo opaco y enmarañado de su cabello. "Ya no tiene ganas de peinarse", pensé. Me pareció que ese descuido era resultado del cansancio y la tristeza. Al día siguiente la observé mejor y le insistí para que comiera más, descansara y saliera algunas horas de la habitación infectada.

—¿No tienes a nadie con quien hablar? —preguntó.

Se acordaba de nuestras charlas en el jardín de Mont-Royal, entre rosales y matas de claveles. No me di por aludido a pesar de su crueldad. Me dije que era involuntaria, por lo tanto, excusable. Intenté de nuevo:

—Está usted muy cansada.

—Lo estaré más dentro de poco.

—Hay que esperar. Dios es todopoderoso.

—Sí, para abreviar su calvario, porque eso es lo que es...

Mi mirada angustiada observaba con terror sus cabellos enmarañados y separados en mechones, apelmazados como el pelo de los lobos, opaco y sin brillo. Sonrió, pero no como solía hacerlo; los hoyuelos no aparecieron en sus mejillas. Pareció atragantarse. Sin embargo, dijo con voz calma:

—Querido Guiot, no hay que lamentar que mi belleza desaparezca. Ya no tiene utilidad. Él no puede verme.

Lástima que Dios no haya querido que el rey escuchara, porque se hubiera ido hacia Él con el consuelo de haber arreglado los asuntos del reino. Su corazón obstinado en no morir no se hubiese afligido tanto, además, con palabras y pensamientos dolorosos. Hubiera estado a salvo de esa lenta agonía, o al menos liberado de sus inquietudes. Pero a las preocupaciones del exterior –quién podía saber lo que tramaba Saladino– se sumaban las incertidumbres del interior.

La designación de Balduino el menor, y la del conde Raimundo de Trípoli como comandante de los ejércitos y regente, parecía ya asunto concluido. Pero no era así. Las revueltas que surgían aquí y allá llegaban hasta Mont-Royal. Las artimañas sospechosas de algunos dignatarios, en primer lugar del patriarca Heraclio, y las declaraciones subversivas de Gui de Lusignan le eran transmitidas al leproso, probablemente tergiversadas. Lo que obtenían de aquel cuerpo sufriente eran gemidos coléricos que le provocaban rebrotes de fiebre. Trípoli vigilaba en las fronteras, patrullaba y cabalgaba sin descanso. Su lealtad aliviaba un poco la angustia del rey:

—Este por lo menos es firme y fiel. Consérvenlo tanto como puedan. Mientras le dure el reino.

Algunos creyeron que deliraba y que se acercaba su fin.

27
La tumba de Absalón

*L*as declaraciones de Lusignan eran de extrema gravedad. Decía a quien lo quisiera escuchar:

—Trípoli traerá muchas desgracias. En cuanto muera el leproso, se implantará la anarquía, ya que mis partidarios se negarán a obedecer al pretendido regente del reino. El conde Raimundo se verá privado de una gran cantidad de barones, los mejores, los que quieren sinceramente el bien del reino y no pactar a traición con Saladino. Creo que las simpatías del conde Raimundo son conocidas y públicas. Intercambia promesas y regalos. Trípoli no tiene otro propósito que el de ser tolerado por Saladino, cuando deberíamos preparar su derrota y conquistar todo el Oriente para imponer la cruz. Llamo traición al hecho de rebajarse a una posición puramente defensiva y perder el espíritu de agresión.

Es dudoso que haya dicho tales palabras por propia iniciativa. Sus buenos maestros se las sugerían, y como un papagayo bien adoctrinado las repetía, sin agregar nada de su cosecha. De cualquier manera, continuaba:

—El leproso ha perdido el entendimiento. Los barones no se atreven a rebelarse debido a su enfermedad, de la que se aprovecha. No tiene ni el derecho ni el poder de desheredar a mi esposa, la princesa Sibila. La designación del pequeño Balduino es nula, carece de valor; esto se comprobará cuando su tío pase a mejor vida, lo que no debe tardar. Dios tenga piedad de su alma, a pesar de sus faltas y pecados. Porque yo, que he vivido en la intimidad del palacio y conozco los secretos de la casa, les digo que no es tan sensato, no es el rey que se le presenta al pueblo. Pero no diré más, porque es mi cuñado.

El odio entre ambos crecía día a día, y el rey, para acabar con ello, no queriendo abandonar a Sibila en las manos de semejante hombre –a pesar del poco afecto que le tenía, era su hermana–, resolvió mandar anular el matrimonio. Lo declaraba abiertamente "ni bueno ni real", y llamó para ese proyecto al patriarca Heraclio. Gui de Lusignan fue informado. No sé si amaba a su mujer, pero perderla era perderlo todo. Abandonó el ejército sin pedir permiso a Trípoli, como debería de haber hecho, se dirigió a toda prisa a Jerusalén y, en secreto, llevó a Sibila a su castillo de Ascalón, donde se encerró.

El rey lo intimó a comparecer ante él. Lusignan le mandó decir que estaba enfermo. En varias ocasiones, un mensajero fue hasta Ascalón, portador de la misma intimación y obtuvo igual respuesta. Balduino no podía tolerar semejante desacato a sus órdenes, y menos de parte de semejante hombre. Hubiese sido fomentar la rebelión de los grandes, reconocer que era rey solamente de título, pero incapaz de hacerse obedecer por sus barones, aunque fueran parientes cercanos, como era el caso, y demostrarle a Saladino el debilitamiento de la autoridad real y la disgregación del reino. Finalmente, el hombre de espíritu elevado y glorioso guerrero que había sido Balduino a pesar de la lepra, no podía permitir semejante afrenta, que para colmo venía de esa criatura presuntuosa e impúdica, totalmente en manos de las mujeres. Le hizo saber que iría hasta él, ya que su "enfermedad" le impedía viajar a Jerusalén.

Sin consejo de nadie, excepto sin duda de Jeanne, que no me comentó nada, había resuelto expropiarle todo a Lusignan y acabar de manera definitiva con sus esperanzas de llevar la corona de Jerusalén. Era la única manera de legar al pequeño Balduino una autoridad intacta. Pero para que el castigo tuviera toda su justificación, debía presentarse en persona, a pesar del deterioro de su cuerpo, para asumir ese deber penoso, ya que se trataba de separar a su pariente de Mont-Royal y renegar de su propia sangre. Si hubiera confiado la misión a Trípoli, la opinión hubiera acusado al conde de envidioso.

La calumnia podía tomar libre curso y hacer trascender que Raimundo actuaría del mismo modo después de la muerte del rey, y se apropiaría de los bienes de sus vasallos para satisfacer su enorme ambición de tierras. Al mando de Balduino, la expedición tenía carácter punitivo, indiscutible y ampliamente merecido, con lo que a las malas lenguas no les quedaba más remedio que callar. A pesar de las súplicas de los médicos, que le advertían que no iba a poder terminar el viaje, y del llanto que por primera vez Jeanne no pudo contener, partió en su litera. La reina, extrañamente, lo eximió de sus acostumbradas exhortaciones. Nadie se dejó engañar por esa resignación.

Jeanne, vestida de hombre, vino con nosotros. Su palidez y su desamparo silencioso contrastaban con su antigua alegría y aspecto saludable, a tal punto que los viejos barones se conmovieron a pesar de su rudeza. Durante el viaje tuve que sostenerla varias veces para que no se cayera, víctima de esos episodios de extrema debilidad similares a los del rey.

—¡Ah, las mujeres y sus lunaciones! —observó, sin embargo, uno de ellos, provocando risas.

Mi mirada los hizo callar. Cuando estuvimos solos, le pregunté:

—Amiga, ¿qué tiene?

—Temo que muera. Ni siquiera puedo peinarlo; la piel que nutre sus cabellos se cae a pedazos. Me doy cuenta de que es una señal de que se encuentra en sus últimos días, y no puedo aceptar que pronto estaré sola.

—Le quedará al menos un compañero. No le pediré nada que no corresponda. Con su amistad me sobra; no intentaré borrar el recuerdo del rey.

—Querido Guiot, te pido perdón, pero es a él a quien amo.

—Cuando el rey ya no esté, no seré escudero de nadie. Si usted quiere, volveremos a Francia, a Mauléon. Seré soldado de su casa, con el único deseo de servirla y de estar cerca de usted. Pero si prefiere permanecer en los Santos Lugares, me quedaré. Donde usted vaya, iré, por el amor del rey.
—¿Estás seguro de que irás donde pronto tendré que estar?
—¡Debe vivir!
—¿Quién habla de muerte?
—La Iglesia prohíbe quitarse la vida.
—Tranquilízate, tengo demasiada prisa por ir al paraíso donde él estará como para arriesgar mi salvación. Porque mi única esperanza es volver a reunirme con él... Guiot, es verdad que estoy cansada. Tengo sed de descanso.

Tres veces el muñón enguantado de Balduino golpeó, según la costumbre, la puerta de Ascalón. Permaneció cerrada. Los burgueses de la ciudad se habían ubicado en las almenas, luchando contra el enorme deseo de abrir la puerta, impedidos por el juramento al conde Gui. Lusignan no respondió a las intimaciones, y no se atrevió a mostrarse, aterrorizado por su estado de rebeldía, del que no podía salir porque la pérfida Sibila se lo impedía. Nadie sabe lo que los esposos se dijeron en aquella circunstancia, a qué cantidad de burlas fue sometido el débil Lusignan y qué palabras de odio y rencor intercambiaron. De todas maneras, con los burgueses como petrificados en las murallas y los soldados indecisos, la ciudad permaneció cerrada.

El rey le evitó la vergüenza de un asedio, y continuó hacia Jaffa, otro feudo de Lusignan. Allí no solo los burgueses y la guarnición se rindieron, sino que se acercaron a nosotros para entregarnos las llaves. Balduino tomó, pues, posesión de Jaffa y nombró un regente real. A partir de ese momento, privado de uno de sus feudos principales, aislado en Ascalón, en medio de un pueblo hostil y vasallos inseguros, Lusignan no era una amenaza. No obstante, el rey decidió acabar con él.

Reunió en San Juan de Acre un parlamento con el fin de declarar la caducidad de Gui y confirmar la regencia de Trípoli.

El patriarca Heraclio, el maestre de los templarios, Arnaldo de Torroja y Roger des Moulins, el de los hospitalarios, intercedieron a favor de Gui. Se arrodillaron ante el rey y le suplicaron que lo autorizara a hacer una enmienda honorable. Los rechazó. Irritados, los mediadores abandonaron el parlamento. Ahora bien, Balduino quería enviarlos a Occidente a implorar, otra vez, la ayuda de Felipe Augusto, rey de Francia; del rey de Inglaterra, Enrique Plantagenet; del emperador Federico Barbarroja y del papa Luciano III. Esa gran cruzada, al mando de los primeros monarcas del mundo, podía vencer a Saladino y asegurar la supervivencia del reino. Hubiera sido incluso una ocasión de reconciliación y de paz entre los grandes príncipes rivales. Heraclio, Torroja y Des Moulins, después de aceptar la misión, se retiraron, aplazando una partida que era urgente, para perjudicar y atormentar al rey.

Cuando comprendió, algo tarde, que ni por amor ni por súplica obtendría la gracia del leproso, el conde de Jaffa quiso vengarse. Lo hizo de la manera más ambiciosa y baja, instigado tal vez por Sibila. Sabiendo lo importante que era para el rey la paz con Saladino, trataron de perjudicarlo en ese sentido. Unos beduinos de Arabia pastoreaban cerca del castillo de Daroun, pues habían obtenido el acuerdo del rey, al que le abonaban peaje. Seguros de su protección, no tomaban resguardo alguno. Los árabes tenían confianza absoluta en la rectitud del rey Balduino. Pero Lusignan los atacó con sus caballeros, que mataron a varios pastores y se llevaron todo el botín que pudieron.

En la situación que nos encontrábamos, el abominable crimen colmó de cólera al rey y acabó por fortalecer la posición del conde de Trípoli. Le arrancaron a Balduino sus últimas fuerzas y ensombrecieron su final.

—Por desgracia —decía—, se trata de algo más que un torpe y un vanidoso al que se le perdona su estupidez. Es peor enemigo que Saladino, porque no respeta nada, ni siquiera su propio futuro.

El parlamento de San Juan de Acre no había terminado sus sesiones por la ausencia del patriarca, de Torroja y del maestre de los hospitalarios. El rey entraba en su lenta agonía, con el cuerpo cada vez más deteriorado, pero conservaba toda su lucidez y su pasión por Tierra Santa. Convocó a los barones para una última reunión de consejo alrededor de su lecho. Sobre su rostro irreconocible y su mirada mortecina brillaba la corona de Jerusalén, que había querido lucir para conferirle mayor solemnidad a aquel encuentro.

Con gran dolor, les relató las faltas y los crímenes de Lusignan, y confirmó que no podía dejar ningún poder, ni la esperanza de obtenerlo, en manos de aquel asesino del reino. Agregó que había llegado el momento de llevar a su sobrino, el pequeño Balduino, al Santo Sepulcro para coronarlo, con el fin de que fuera de público conocimiento y nadie pudiera luego impugnar sus derechos. Todos estuvieron de acuerdo. Luego manifestó:

—Es muy duro quitarles los honores a parientes tan cercanos y proclamar su indignidad. Exijo de ustedes el juramento de obediencia al conde Raimundo de Trípoli, mientras dure la minoría de edad del pequeño Balduino.

Juraron a una sola voz y un solo corazón. ¿Quién se hubiera atrevido a hacer alguna objeción, quién no estaba conmovido de piedad y admiración por el rey agonizante? Un anciano con el rostro atravesado por una profunda cicatriz, primo de los Ibelin, expuso:

—Buen y dulce rey mío, señor admirable y venerado, permita al más viejo de sus vasallos decir lo que pensamos los aquí presentes.

—Hable sin temor, se lo ruego.

—En caso de que Balduino el menor muriera en forma prematura, ¿quién debería reinar?

—Esa es una sabia previsión y, sin embargo, no adelanta los días de aquel a quien incumbe. No obstante, tiemblo por lo que van a tener que debatir y decidir, señores míos.

—La desposesión de sus bienes de su hermana Sibila, a causa de Gui —exclamaron los barones.

Se decidió, pues, que si el niño moría antes de los diez años, el regente Trípoli asumiría el gobierno hasta que el Papa, el emperador de Alemania, los reyes de Inglaterra y de Francia designaran de común acuerdo al heredero de Jerusalén. Entonces Trípoli replicó:

—En tal caso, no puedo hacerme cargo de la guardia del pequeño Balduino, porque si muriera sería acusado de haber colaborado para quedar como regente.

El rey ya no podía continuar con esas conversaciones. Se convino rápidamente en confiar al niño al senescal Jocelyn de Courtenay, a fin de que Trípoli quedara libre de cualquier sospecha. Nadie podía imaginar lo que resultaría de todo ello en pocos meses más, ni siquiera el rey leproso, no hacía mucho tan penetrante, pero cuyo espíritu decayó de pronto.

Sin embargo, se sobrepuso a su desfallecimiento y reglamentó la coronación del pequeño Balduino. Se preocupó por el pequeño tamaño del príncipe, y dijo:

—No corresponde que al nuevo rey lo tapen los barones. Balian de Ibelin, usted que es tan alto, llevará al príncipe en sus brazos a fin de que el pueblo reunido pueda verlo.

Así pues, el pequeño Balduino llegó hasta el Santo Sepulcro en los brazos de Balian, en medio de una gran multitud conmovida ante el niño-rey, y que aplaudía a Raimundo de Trípoli. El leproso había exigido que fuera ungido y consagrado, luego ofreció su corona al Señor y más tarde presidió el banquete tradicional que se ofrecía a los barones.

Según la misma costumbre, los más notables de los burgueses de la ciudad debían servir la mesa del nuevo rey. Todo se cumplió según su voluntad, ya que era de suma importancia que la coronación fuera absoluta y plenamente válida. Después de esa comida, los barones volvieron a saludar a Balduino. Se opuso a que el pequeño Balduino se presentara ante él, para protegerlo del contagio. Al escuchar sollozos entre los asistentes, dijo:

—Nada de lamentos, hermanos de armas y compañeros; alégrense más bien por mi pronta liberación. Hice lo que pude. Trípoli y otros harán más y mejor... Los grandes reyes de Occidente tomarán la Cruz; lo presiento y les prometo que así será. Tengan valor y amor entre ustedes... La vida es menos importante que el honor, barones míos. Les ruego que lo recuerden en momentos de duda y desolación... Adiós... Permítanme la gracia de retirarme a descansar. Vayan a los salones y jardines; no durará mucho. A todos les agradezco su presencia y sus servicios.

Solo retuvo un poco a Trípoli. La mano de Jeanne me apretaba el brazo. Murmuró:

—¿Oyes lo clara que está su voz?

—Es un milagro.

—Fiel Guiot, el milagro de todo fin...

—Trípoli, no se distraiga —dijo Balduino—. Desconfíe de mi hermana y de sus trampas. Es oscura, mentirosa y me odia. No lleve el reino a la guerra inútilmente.

—Amo la paz tanto como usted.

—Lo sé, pero para un caballero la guerra es una tentación peligrosa; por su intermedio el demonio habla. Haga que a su mayoría de edad el pequeño Balduino reciba su herencia entera. Responde usted ante Dios.

—Responderé, señor y rey mío.

—Ahora a sus deberes, conde Raimundo. No le faltará trabajo. Tome el sello del reino. También esta llave, que es la del cofre donde están guardados mis pactos y correspondencia pública y privada con los príncipes de Occidente y de Arabia. De esta manera conocerá usted mis intenciones y forma de gobernar.

—Me mantendré fiel a ellas.

—Dios lo quiera.

Después de la despedida del conde de Trípoli, el rey se agitó:

—El patriarca Heraclio duerme la borrachera. Mi madre finge ignorar mi agonía. Espera en alguna habitación, y vendrá a gritar y llorar solo ante mi mortaja para castigarme. Isabel está en ese palacio y tampoco viene... ¡Qué soledad! ¿Pero acaso no la elegí y me la merezco?

—Mi rey, no está usted solo —respondió Jeanne—. Estamos cerca de usted, como siempre.

—¿Quién está contigo?

—El escudero Guiot.

El rey giró la cabeza y me tendió el brazo sin mano:

—Guiot, fiel amigo, en lugar de recompensarlo, le voy a pedir otro servicio. Sé que su generosidad es ilimitada.

—Hable, señor. Prometo por adelantado.

—Vele por el bienestar de Jeanne. Vele por ella porque una vez que me haya ido, ¿qué será de ella? Los que me abandonan en este trance la humillarán y la degradarán. No quiero que ella vaya... que sea conducida... Jeanne, ¿es necesario decírselo a Guiot?

—Lo es, mi rey.

—Mientras me cuidaba, se contagió mi lepra. Al menos eso cree, aunque yo no he percibido ninguna señal. Aunque por cierto ahora estoy ciego. No quiero que la lleven a la casa de los leprosos, sino que le proporcionen un recinto tranquilo donde esté sola, con un jardín donde pueda pasearse y rezar. Tú, Guiot, le llevarás la comida, la visitarás y hablarás con ella. Toma este oro para pagar los gastos. Los conozco; no le dejarán nada.

—Iré, señor. Haré todo según su voluntad.

Dejó escapar un gemido. Su cuerpo martirizado se sacudió. Jeanne enjugaba dulcemente el sudor de ese rostro convertido en una especie de carbón. Al contacto de los dedos, el leproso se tranquilizó. Algo parecido a una sonrisa contrajo sus labios tumefactos.

—Lamento abandonarte —agregó—. Es mi único pesar.

—No debe lamentarse, mi señor.

—¿Una vez al menos, me llamarás esposo y dirás mi nombre? ¡Que sean las últimas palabras que oiga en este mundo!

—Balduino, mi tierno esposo, estarás esta noche en la morada del Padre. Tendrás poderes que nosotros los humanos no poseemos.

—¡Ay, Jeanne, mi dulce esposa, habla, habla un poco más!

—Cuando me llames, mi corazón y mi ser, que te aman y te pertenecen, irán hacia ti. Entonces, tomados de la mano, podremos agradecer a Dios Nuestro Señor la gracia que nos ha concedido.

—¿Cuál, mi bienamada?

—La de amarnos para siempre, más allá de la carne.

—¡Oh, dulce, mi tan dulce esposa, mía para toda la eternidad!

Y mientras lo decía, el alma salió de su cuerpo. Como una alondra feliz, agitando sus alas, volando hacia el sol de la mañana, partió más allá de la tierra.

Aquí, el viejo Guiot se quedaba sin aliento. La emoción del recuerdo superaba su resistencia. Las lágrimas le brillaban en el borde de los párpados y le rodaban por las mejillas. Sus manos se entrelazaban mientras una oración silenciosa culminaba en sus labios balbuceantes. Luego se sumía en un profundo silencio que nadie osaba interrumpir, cada cual concentrado en su propias reflexiones, y todos observaban al extraño anciano, entregado a sus recuerdos en el sillón de la encomienda de

Mauléon, pero solamente en apariencia, porque su alma estaba en otra parte: en las arenas y bajo los olivos de Jerusalén. Detrás de él las llamas se encrespaban sobre la vela, cuya cálida luz se entremezclaba con los arcos y las capas blancas de los caballeros. Él veía otras luces, y sentía una calidez diferente en el corazón.

Lo que me queda por contarles me resulta muy doloroso. Sin embargo, se lo debo, aunque me cueste, ya que hubiera preferido terminar con la muerte del rey. ¿Pero dónde acaban las cosas más bellas? Llevamos al leproso a su última morada, con gran acompañamiento de cantos religiosos y luminarias. Era el sepulcro de los reyes de Jerusalén, Godofredo de Bouillon, Fulco y Amalarico, y los demás, entre el Gólgota y el Santo Sepulcro.

Allí el cuerpo encontró el descanso, a la espera de la resurrección de la carne, en el mismo lugar en que el Hombre del Dolor sufrió su pasión y fue sepultado. Jeanne, más muerta que el muerto, se sostenía de mi brazo. Cuando bajaron a Balduino al foso, con sus vestiduras reales, y la lápida cubrió al que había sido el más santo y digno de admiración de nuestros príncipes, con excepción de Jesús, dejó caer la cabeza sobre mi hombro y creí que se iba a derrumbar. De todas maneras, no profirió ninguna queja, ni se permitió sollozar al toparse con la reina Inés, que chillaba como si la estuvieran torturando, mientras gruesas lágrimas afloraban en sus ojos.

Luego siguió una audiencia en la que el regente Raimundo de Trípoli y los barones le prestaron juramento al pequeño Balduino. Hacia la hora sexta, mientras estábamos en la habitación desierta de Balduino, llegaron unos médicos acompañados por guardias del senescal. Tenían orden de revisarnos en vista de nuestra estrecha relación con el rey. Me hallaron indemne. Pero Jeanne, cuyo cuerpo desnudo reveló magulladuras y heridas secretas, fue declarada leprosa. Acudí al conde de

Trípoli, le transmití la voluntad de Balduino con respecto a ella, y me concedió el favor que le solicitaba. Lo hizo por respeto hacia el sagrado rey, y no por mi elocuencia. Después que cantamos el *Libera* en el Santo Sepulcro y le arrojamos las cenizas sobre la cabeza, fue llevada, no a la casa de los leprosos allá en lo alto, sino a la tumba de Absalón que ella tanto quería, donde se había detenido no hacía mucho. Como el rey Balduino lo había deseado, cerca de aquel monumento había un jardín luminoso con cipreses y olivos. Podría pasearse, meditar y rezar en paz.

28
La traición de Renaud

*E*l resto es una cruz que cargo. Ni siquiera el tiempo transcurrido desde aquellos acontecimientos ni el espíritu juvenil en que reposan, que según dicen quienes tienen mis años y más también, deberían aliviarme, consiguen de verdad hacerlo. Porque, les repito, en la empresa en la que tuve gran participación, el mal y el bien se enfrentaron para terminar anulándose uno a otro.

Así pues, entré al servicio del conde de Trípoli con la condición de que no me alejaría por más de dos días de Jerusalén. Casi todas las mañanas salía de la ciudad hacia la puerta de Sión, y tomando por el valle de Josafat, me dirigía hacia la tumba de Absalón, el sitio don-de Jeanne se alojaba. Se distinguía de lejos por su techo en forma de casco, cuya punta remataba una bocha. En ese lugar, con salientes de rocas vivas, se levantaba una hilera de hermosos cipreses y olivos que daban sombra.

Muy cerca estaba el jardín de Jeanne. Solo tenía que cruzar la calle, agitando sus cascabeles para pasar. Muchas veces iba al alba para no toparse con nadie y, sobre todo, para evitarles el espectáculo a niños asustados por su gorro y su marca de leprosa. Cultivaba plantas y flores. Se alimentaba y se sumía en sus oraciones. Había un banco de piedra en el que le gustaba sentarse a meditar. Allí la encontraba. Durante nuestras charlas, yo bajaba la mirada para no ver el progreso de la enfermedad, los granos verdosos y duros que le aparecían en las sienes y mejillas, el oscurecimiento de la tez, antes transparente y aterciopelada, y sus manos significativamente encogidas.

—¿Jeanne, quiere que le traiga un médico? Con el dinero del rey puedo pagarlo.

—Conozco los cuidados que debo administrarme. No necesito nada.

—¿Ni mi ayuda, aunque sea?

—No, querido Guiot.

Me daba la impresión de que la lepra no evolucionaba de igual modo que en el rey, como si la enorme fatiga acumulada, y la tristeza, sobre todo, la volvieran más agresiva, lo cual me atemorizaba. Por mi parte, me costaba aceptar que pronto nos separaríamos; esa angustia era similar a un sollozo que no quiere estallar. Me hubiera gustado pasar con ella mis días, diciéndome que cada uno de ellos era demasiado precioso para desperdiciarlo, pero Jeanne me despedía, ¡ay!, sin violencia.

—Guiot, mi buen amigo, el conde de Trípoli se enfadará por tu ausencia.

—De ningún modo. La aprecia a usted y la respeta.

—Quedarse cerca de mí es igual a respirar aire viciado. Si te contagias, ¿quién velará por mí? Acuérdate de la promesa que le hiciste al rey.

Como a Balduino, cuando la lepra la tenía a maltraer, su carácter se ensombrecía y asomaba la tristeza:

—Renaud, en toda su gloria, ha venido una sola vez. Tiene vergüenza y miedo de mí. Sabes, mientras hablábamos, me recordaba sus advertencias y mis imprudencias. Se ubicaba a tres pasos de distancia, con un pañuelo en la boca. Nuestros labradores y leñadores vinieron, pero una sola vez; mis costras moderaron su afecto. Pero les guardo menos rencor que a mi hermano.

Pasó el verano, el otoño y el invierno. Empezó otro año. A las noches tibias por el calor del día y las puestas rojizas, les sucedieron vientos helados y del desierto, que llenan de arena la garganta, lo que le provocaba un fuerte ardor. Le llevaba la carne, las cantimploras con agua y vino, tiernos panes recién hechos, frutas y carbones de leña, según la estación. El regente Trípoli, que aprobaba sin duda mi fidelidad y quería infundirle valor, me dio el libro de horas del difunto rey y un anillo que le había pertenecido y que usó durante mucho tiempo; era un ópalo cuya materia amarilla adquiría los tonos del cielo cuando la tormenta se aleja hacia otras colinas, la hierba se endereza, el follaje tiembla de alivio y el pájaro se dispone a cantar.

Le llevé todo a Jeanne. Le coloqué el anillo en el dedo; mientras lo hacía, sentí que era el rey leproso. En cuanto al libro, lo besó como a una santa reliquia, y de hecho lo era. Lo hojeó delante de mí. En varios lugares el pergamino tenía manchas. Ella sabía por qué, se acordaba. Pero cuando vio las palabras escritas por él, estalló en llanto. Creo, sin embargo, que de alegría.

—Era su lema —dijo cuando se calmó—. Decía que le señalaba su deber, a él que no conoció más que trabajos y sufrimientos de toda especie. Creía que nunca hacía lo suficiente...

Mientras decía esto, un pájaro del campo daba saltitos en una rama. Bajó hasta el pie del ciprés, picoteó los gusanos y los granos de la tierra. No demostraba ninguna clase de temor hacia nosotros. Llevaba su vida de pájaro, libre criatura de las alturas. Y nosotros, humanos, privados de alas, ahí estábamos mirándolo, en nuestra miseria.

A veces, muy seguido, Jeanne me preguntaba de golpe:

—¿Crees que los barones cumplirán con su juramento al rey? ¿Cómo se comporta la reina Inés? ¿Qué hacen Lusignan y su esposa Sibila? ¿Y dónde está mi hermano Renaud?

Había estado demasiado involucrada en los asuntos públicos como para perder el interés, y, por lo demás, fue depositaria del pensamiento de Balduino. También tenía muchas razones para preocuparse por las actitudes de su hermano, cuya promiscuidad la había decepcionado. Se sentía responsable por él ante Ancelin, y lo tomaba por lo que era: un niño inmaduro.

—¿Progresan sus asuntos como lo espera?

—El regente reconoce su valor. Aumentó sus cargos. Renaud es asiduo huésped del senescal De Courtenay, a cuya hija se dice que desposará cuando alcance la mayoría de edad.

Pero estaba escrito que tanto apasionamiento heroico, paciencia y sacrificio no servirían para nada; que todo lo que había urdido, preparado e impuesto el rey muerto desaparecería como polvo en el viento. El pequeño Balduino murió en San Juan de Acre al final del verano. No se pudo acusar formalmente a Jocelyn de Courtenay de esa muerte, porque el niño padecía de una salud muy frágil. Sin embargo, el acontecimiento sólo tomó por sorpresa a Raimundo de Trípoli, sobrecargado por la regencia. Al desheredar a su hermana Sibila por causa de Lusignan, el leproso había nombrado al conde para suceder al niño-rey, a la espera de la decisión de los cuatro soberanos de Occidente. Jocelyn, con sus intrigas, se había ganado la amistad del regente. Le propuso conducir él mismo los restos del pequeño Balduino hasta Jerusalén, mientras Trípoli reunía sus fuerzas en Tiberíades, para luego hacer su entrada en la Ciudad Santa, desconcertar con tan importante despliegue militar a su rival Lusignan, tomar y asentar su poder real.

Trípoli era demasiado honrado para sospechar el subterfugio. Actuó como le sugirió el senescal y le permitió llevar hasta Jerusalén el pequeño ataúd. Al mismo tiempo, De Courtenay ponía sobre aviso, a través de un fiel amigo que se jugaba la cabeza en esa empresa, a Sibila y Lusignan y los instaba a acudir lo antes posible a Jerusalén, para que durante las exequias del pequeño Balduino se adueñaran del poder. Todo y todos estaban ya preparados para recibirlos y apresurar la coronación: el patriarca Heraclio, el viejo Reinaldo de

Châtillon y el nuevo maestre de los templarios, Gerardo de Ridefort. Se dieron órdenes de cerrar, por prudencia, las puertas de la ciudad.

Pero se presentó una dificultad inesperada: el maestre de los hospitalarios, que guardaba las llaves del tesoro real, en particular la corona de la consagración, se opuso a ser cómplice de lo que consideraba una iniquidad y una violación del testamento de Balduino IV. Se parlamentó largo rato; se intercambiaron amenazas, en vano. Finalmente, el hospitalario arrojó las llaves al centro de la sala y declaró que se abstendría de participar en esa coronación falsa e hipócrita. Los amigos de Sibila no necesitaron más. Heraclio pudo coronar a Sibila. Enseguida, ella llamó a Gui y le dijo:

—Señor, venga y reciba esta corona, pues creo que es el único indicado.

El presumido devolvió gracia por gracia, y como se puede apreciar en las pinturas realizadas por los artistas, se arrodilló ante su dama y recibió de sus blancas manos la corona de Godofredo de Bouillon. Mientras el maestre del Temple –que Dios lo perdone si puede– gruñía:

—Esa corona bien vale la boda de Boutron.

En ese comentario fundamentan los jueces su condena ante la Historia. Porque a su llegada a Tierra Santa, Gerardo de Ridefort se consagró al conde de Trípoli. Este último le había prometido casarlo con la heredera del señor de Boutron, pero este había preferido a un tal Pisan que le había ofrecido una enorme suma con el mismo propósito, cuyo valor era, según algunos, el peso en oro de la heredera. Despechado y furioso, Gerardo había entrado en el Temple y, merced a su habilidad, había logrado hacerse elegir gran maestre en lugar del viejo Torroja, muerto en combate.

En suma, con la coronación de Gui, se vengaba del regente. El comentario que se le escapó muestra las connivencias y lo preparado que había estado aquel golpe. De ahí que la muerte del pequeño Balduino les fuera imputada a todos, pero en primer lugar a su guardián, el senescal.

Cuando se supo la noticia, cuando Trípoli se enteró de que De Courtenay se había burlado de él, reunió un parlamento en Nablus. Allí fue donde el barón de Ramla, tan valeroso como lúcido, exclamó:

—No será rey ni por un año. El reino está perdido.

Trípoli quería evitar una guerra civil. A pesar de tener derecho al trono de Jerusalén por parte de su madre, propuso designar como rey al marido de Isabel, Onfroy de Torón, nieto del ilustre condestable. De esa manera sería respetada la voluntad del leproso de mantener apartado a todo precio a Lusignan del poder, y a la vez se devolverían, a través del esposo de Isabel, las prerrogativas de la familia real. Los barones dieron su aprobación. Pero durante la noche que siguió a esa asamblea, Torón, aterrorizado por la designación, huyó de Nablus a Jerusalén. Se presentó ante la flamante reina Sibila, rascándose la cabeza como un escolar sorprendido con las manos en la masa.

—Señora, no es mi culpa. Quieren imponerme como rey a la fuerza.

Sibila, demasiado astuta para perder la oportunidad, frunció el ceño, pero se mostró magnánima:

—Vamos, buen señor Onfroy, lo perdono por esta vez. Presente sus respetos al rey.

Trípoli, ante tal deserción, se retiró a sus castillos. Renunció a cargos y poderes, y previendo el porvenir, negoció un pacto personal con Saladino. Así perdí yo a mi último maestro, ya que no podía seguir al conde, aunque hubiese querido.

No podía por Jeanne. Estaba cayendo. Aunque quisiera ilusionarme por la ternura que sentía por ella, tal vez más intensa por la pérdida de su belleza, debía reconocer que le quedaba poco tiempo. Al día siguiente de la coronación de Sibila y Lusignan, la encontré en el banco de piedra, tendida como una muerta. Apenas le quedaba un hilo de voz, y además ronco. La mano derecha le colgaba sobre la arena y noté que en una sola noche había adquirido, como la izquierda, un parecido con las patas de araña. La oreja le sangraba y varios tumores le sobresalían del cuello y de los hombros.

—Renaud sólo puede estar en Jerusalén, debido a lo que es ahora y a la manera en que lo han pervertido —dijo—. No podría estar en Nablus, donde el juego está perdido. Dile, Guiot, que le exijo que venga hasta este jardín a hablar conmigo. Ya es hora. ¡Quiero saber! Dile, si duda, que le pido que se acuerde de nuestra infancia en común... Dile...

Renaud se hizo de rogar. Debí insistirle varias veces y en cada oportunidad me riñó duramente. Seguía avanzando. Su favor crecía al lado de Lusignan y de Sibila. Le habían prometido no sé qué rico feudo en Galilea. El pedido de su hermana leprosa arruinaba esa feliz noticia. Cedió, sin embargo, ante mis reproches apenas disimulados y mi obstinación. Se presentó en el jardín cuyas piedras y arena parecían quemar bajo los pies. Jeanne lo miraba con espanto y rabia, bajo sus párpados enrojecidos con los ojos llorosos:

—¿Llevas las armas de Lusignan? ¿Renunciaste al león de nuestra familia?

—No, pero pertenezco a la casa del rey. Es su voluntad.

—¿Vistes su librea como un sirviente?

—Actúo de acuerdo con mis intereses.

—Renaud, qué suerte la de nuestro padre Ancelin que no puede verte.

—¿Estoy en falta por haber elegido bien?

—Ni siquiera puedes comprenderme. Ya no hablamos el mismo idioma...

—Y tú, pobre hermana, encerrada en esta tumba, pasando tus días bajo los árboles, lejos del mundo, ¿qué puedes saber, cómo puedes juzgar lo que está bien y lo que está mal?

—Sé lo que el rey leproso pensaba de Gui. Lo llamaba el sepulturero del reino. Lo sabías igual que yo; sin embargo, te pones ciegamente bajo las órdenes de ese inútil, en tu perjuicio, pactando con los peores enemigos de esta tierra: la reina Inés y sus hijas, Heraclio y De Courtenay, Châtillon y el templario Ridefort... ¿No dices nada?

—Tu enfermedad te hace perder la razón, pero te perdono, porque te amaba y he sufrido al verte desperdiciar tu vida y tus posibilidades de ocupar una posición honorable.

—Tenía razón cuando dije que no podíamos comprendernos. Sin embargo, escúchame antes de irte. Uno de los caballeros del senescal, después de la muerte del niño-rey, les avisó a Sibila y Lusignan. ¿Fuiste tú?

—Sí, hermana mía. Fui yo quien partió a encontrarse con Sibila y Lusignan. Los insté a presentarse en Jerusalén para reunirse con nuestro partido. La princesa, hoy nuestra reina, me apoyaba para convencer a su esposo. "Gato escaldado teme el agua fría", repetía. Fui yo quien le prometí la corona en nombre de mis amigos: el patriarca Heraclio, Ridefort el templario y Jocelyn de Courtenay, el senescal. Al ver que dudaba le prometí, además, la retirada y caída de su rival, Raimundo de Trípoli. Esta última razón lo convenció, y me vanaglorio de ello, aunque no te guste.

—¡Ay, Renaud, cállate!

—De manera que el nuevo rey de Jerusalén, legitimado y consagrado en el Sepulcro de Jerusalén según la costumbre, está en deuda conmigo.

—¿Has hecho todo eso?

—Jocelyn envejece. Me casaré con su hija, que ahora tiene doce años, pero que me ha sido prometida por carta sellada. Seré conde y senescal antes de tres años.

—¿Has hecho eso también?

La voz de Jeanne se enronquecía igual que la del rey Balduino.

—Cada uno elige su camino. El mío no conducía a ningún sacrificio sublime, pero vano. Cuando Guiot, aquí presente, nos rogaba que lo siguiéramos a Tierra Santa, ¿no dijo acaso, sin duda dirigiéndose a mí, que era posible y deseable obtener ricas posesiones al servicio del Señor, y además un lugar en el paraíso? Aprendí la lección.

—¿Y has traicionado lo más preciado que teníamos, nuestro pobre y soberbio rey de gloria?

—¿Te refieres a tu leproso?

—Al vencedor de Montgisard, salvador del reino, cuya única preocupación era que Lusignan fuera incapaz de reinar.

—Tal vez, pero es una locura, entre el muerto y el vivo, elegir al primero.

—Qué desgracia resultará de tu gesto.

—Realmente el leproso, mi pobre hermana, te marcó de varias maneras: en cuerpo y en espíritu. Acaba, pues, con tus profecías.

—Y tú, vete con tu traición en el corazón y para siempre.

Le dio la espalda y se alejó con el paso de un hombre por fin liberado de sus obligaciones. Desde el muro, lo vimos saltar sobre el caballo y pasar por la puerta de Sión.

—No volverá —dijo ella—. Mejor así... Es una causa perdida. Llorará por este gesto lágrimas de sangre. Morirá sin esperanza, ni en él ni en Dios, ahogado por su propia falta... Te lo aviso, Guiot. Lo presiento y me hace pedazos. Morirá sin que se cumpla ninguno de sus sueños...

Luego pareció hundirse en su dolor, o en su recogimiento.

—Ay, mi rey, ¿dónde estás? ¿Qué han hecho contigo? —murmuró.

Entonces la poseyó un temblor convulsivo que aumentaba cada vez más. Se le doblaron las piernas. Se agarró del tronco de un olivo y exclamó:

—¡Ay, mi rey de amor!

La ayudé a recostarse en el banco. Pero había perdido la

conciencia, respiraba con un ritmo alarmante, y tenía los ojos hinchados y cerrados. Enseguida, dejó caer los brazos hacia los lados. Sus uñas opacas arañaron la arena del camino. El pecho se le agitaba y silbaba cada vez más. Toqué esa piel lastimada en un impulso desesperado y salvaje:

—Amiga, ¿dónde estás? Responde...

Le abrí los párpados y vi sus ojos en blanco. Le apoyé –por primera vez– la cabeza sobre el pecho. El corazón le latía. Corrí hasta mi caballo Beaussant que pastaba bajo la sombra y galopé hacia Jerusalén. Tenía que encontrar un médico, montarlo a la grupa y llevarlo al jardín. La lepra no estaba tan avanzada como para que Jeanne muriera tan pronto. La emoción y el dolor que le había causado la traición de Renaud la habían fulminado. Solo estaba desmayada, no muerta. Con cuidados adecuados se restablecería. No la abandonaría nunca más, aun a riesgo de contagiarme. Me lo juré.

Tuve la suerte de encontrar a uno de los antiguos médicos del rey sagrado. Ante mi desesperación y mis argumentos, algo a regañadientes, aceptó. Cuando entramos en el jardín, la encontramos muerta. Jeanne se había ido de este mundo sola, sin esperar mi regreso. Una extraordinaria expresión de felicidad le iluminaba el rostro. Le di mi primer, mi único beso. Después, como no tenía derecho, como leprosa, a la tierra bendita del cementerio, cavé su fosa al pie de un ciprés, lo más hondo que pude, y allí la acosté. Mientras duró mi tarea, un ruiseñor cantó sobre una rama. Así, sencillamente, fue cómo Jeanne se retiró de este mundo.

En aquel instante, la mirada de Guiot adquiría una expresión que las palabras no podían describir. Gotas de sudor se le deslizaban desde la raíz de los cabellos, le brillaban en las arrugas y se perdían entre sus cejas tupidas. Suspiraba. A veces, detenía allí el relato, no queriendo o no pudiendo seguir. Tal vez deseaba estar solo en su catre de soldado, bajo la manta rayada, en el dormitorio de la encomienda donde permanecía encendida una única lámpara, la del Espíritu Santo y custodia del sueño de los caballeros. Cuando se daba cuenta de la mirada expectante y atenta a su alrededor, proseguía. Se restregaba los ojos cansados e invadidos por imágenes dolorosas con sus gruesas manos, que luego dejaba caer sobre las rodillas. Y entonces continuaba.

Es necesario que caiga la última gota de agua. Nada puede impedir que el destino se cumpla. El viejo Reinaldo de Châtillon secuestró una caravana inmensa que se dirigía del Cairo a Damasco. Saladino lo conminó a devolverla pero él se negó. Estalló la guerra; con el rey leproso desaparecido, Trípoli excluido, ¿quién podría defendernos? Nuestro partido asumió las faltas. Por la imprudencia de Ridefort, los templarios fueron diezmados en el manantial de Cresson, y sus cabezas aparecieron enclavadas en las lanzas de Saladino. Tiberíades cayó en la hora en que la condesa Echive, esposa de Raimundo de Trípoli, se refugiaba en el torreón más alejado. El rey Gui de Lusignan, que se había reconciliado con el antiguo regente, quería salvar Tiberíades. Pero el conde Raimundo dijo:

—Señor, le daría un consejo a pesar de que sé que no me escuchará.

—Di.

—Bien, le aconsejo que deje que tomen el torreón de Tiberíades. Tiberíades me pertenece. La dama es mi esposa; está en el lugar con mis hijos y nuestro tesoro. Soy, pues, el primer interesado y nadie perderá tanto como yo con la caída de ese lugar. Pero sé que, si los musulmanes la toman, no podrán conservarla. Si tiran abajo las murallas, las reconstruiré. Si capturan a mi esposa y a mi gente, pagaré el rescate. Pero prefiero ver a mi esposa cautiva y a mi ciudad tomada que a toda Tierra Santa perdida. Porque están ustedes perdidos si marchan ahora sobre Tiberíades. Conozco la región. No hay agua en todo el camino. Sus hombres y sus caballos morirán de sed antes de que los rodee el ejército musulmán.

—¡Traición! —gritó Gerardo de Ridefort—. ¡Traición! Buen señor, ¿no percibe usted la piel del lobo? Trípoli se vendió a Saladino; pactó con él.

Sin embargo, el débil Lusignan pareció darle la razón a Trípoli, a pesar de las insinuaciones del maestre de los templarios. Se separaron, persuadidos de que al fin había adquirido cierta sensatez. Pero a solas y en privado, Ridefort volvió al ataque:

—Mi buen rey y señor, no escuche al conde. Es un traidor cuyos consejos pretenden deshonrarlo e inducirlo a mantenerse cobardemente inactivo.

Con Lusignan, el último discurso era el más eficaz. En plena noche, levantamos las tiendas, nos pusimos en marcha hacia Tiberíades, en la disconformidad general y gran confusión. Todo el día, como lo había anticipado Trípoli, cabalgamos bajo un sol tórrido —era principios de julio— sin encontrar fuentes donde calmar la sed ni refrescar a nuestros caballos. A la noche, agotados, hicimos alto en el monte de Hattin. El ejército de Saladino acampaba a orillas del lago de Tiberíades, a la sombra. Toda la noche nos torturó la sed y nuestros caballos relincharon de angustia. Al alba, aprovechando una brisa favorable, Saladino hizo arder los pastizales para agregar a nuestros tormentos el calor del fuego y la humareda. Cargamos para alcanzar esa extensión que destellaba al sol.

Pero el ejército de Saladino era como un océano. Nos inundó y nos arrastró, durante batallas enteras, bajo olas impetuosas. Los que no murieron durante la jornada de Hattin fueron capturados. Trípoli se salvó por milagro, y nosotros con él. Me refiero a su servidor —pues había retomado mi empleo como escudero— y dos campesinos de Mauléon, que escoltaban a su señor gravemente herido. Los otros de la ciudad que siguieron a Renaud desde nuestra partida estaban muertos o habían caído prisioneros. A mí, fue el caballo Beaussant el que, una vez más, me salvó del mal paso por su ligereza y resistencia. Galopamos tanto como pudimos, hasta Trípoli.

Allí murieron mi viejo y hermoso caballo, debido al agotamiento de aquella carrera, y uno de los campesinos de los que tanto hablé. Obedeciendo la ley del vasallaje, seguían a su señor Renaud, heredero del viejo Ancelin, a quien protegían. No los vi mucho en Mont-Royal. Hice por Beaussant lo mismo que por Jeanne; con mis manos cavé una fosa y lo enterré con ternura y dolor, suspirando y llorando. Mientras tanto, Saladino tomaba San Juan de Acre, Jaffa y Beirut, y luego Ascalón. Marchaba sobre Jerusalén. ¿Quién podría salvarla? Casi toda la caballería franca había muerto en Hattin. La Ciudad Santa cayó. La gran cruz de oro que simbolizaba nuestro poder fue derribada. El conde Raimundo murió de desesperación. De su reino sólo quedaban Trípoli, Tiro, Antioquía y el inconquistable Krak de los hospitalarios.

Muy pronto, el emperador Federico Barbarroja y los reyes de Inglaterra y de Francia se embarcarían y vendrían en nuestra ayuda, pero nosotros lo ignorábamos y creímos que estábamos perdidos ante Saladino. Pero dejemos eso, que es otra historia.

Un lanzazo hirió a Renaud en el hombro, le fracturó los huesos y le destrozó las vísceras. Lo transportaron, a pedido suyo, a la enfermería de los templarios. Me mandó llamar por un caballero que, al percibir mi reticencia, me dijo:

—Hemos hecho todo lo que estaba a nuestro alcance, pero la herida se infectó. Está moribundo. Venga sin demora, buen hermano Guiot. Será un acto de caridad.

En su habitación se encontraban los caballeros más viejos y los novicios, los que no habían muerto en Hattin, además del capellán de la casa. Con voz apagada Renaud pidió que nos dejaran a solas. ¿Qué quería?

—Buen hermano Guiot, mi escudero, aquí estás. No me guardas tanto rencor como para no querer oírme, ¿verdad?

—Sólo recuerdo la época de Mauléon.

—La última vez que vi a Jeanne me previno acerca de todo. ¡Si la hubiera escuchado! ¿Qué era Jeanne, según tú? Un ángel, ¿no es así?

—No lo sé, caballero Renaud.

—Sin duda era un ángel. Yo llevaba puesto el traje negro del orgullo y no podía comprenderla. ¿Te acuerdas? Predijo las desgracias que causaría con mi actitud. La primera fue que falleció a consecuencia del dolor que le infligí; porque es verdad, Guiot, que estoy perdido por mi falta de honor, que soy indigno de piedad y de perdón.

—Su extrema juventud abogará en su favor. Los viejos de espíritus retorcidos lo han engañado con palabras vanas. Ellos responderán por su mala actitud.

—No tengas piedad de mí, te lo suplico. Deja que el peso de mi falta se asiente en mi pecho destrozado por la lanza del sarraceno...

El manto blanco del Temple, con su cruz de sangre, cubría el lecho. Un Cristo miraba al herido con ojos sin pupilas, tan viejo y carcomido por los gusanos que la madera formaba grumos en el mentón, y en algunos lugares se desprendía en escamas.

—Sí —dijo Renaud—, me observa y, sabes, cuando me ataca la fiebre, se parece al rey ciego y leproso. En varias oportunidades, a causa de la debilidad que la herida me provoca, grito de espanto y despierto a los hermanos; creen que me estoy muriendo. Otras veces, la herida vuelve a sangrar.

—Cálmese, buen hermano Renaud. Si no me equivoco, ¿ahora es usted caballero del Temple?

—Me lo han concedido, sí. Se reunieron en esta habitación con el nuevo comendador. Me presenté ante ellos y confesé mi traición hacia Balduino IV. El capítulo me perdonó.

Alegó que actué bajo las órdenes del senescal. Dije que me había ofrecido y propuesto para la misión de Sibila y Lusignan, la que fue decisiva en todo y en la caída del reino. El más anciano me defendió, argumentando que solíamos ignorar siempre las consecuencias de una simple palabra. Luego, al darse cuenta de que agonizaba, en respuesta al deseo que yo tenía entonces, y por caridad, me concedieron el manto blanco.

—¿No conserva usted ese deseo?

—El manto es todo de lana, tan blanca que se parece a la nieve de Mauléon; pero debajo, la tierra es oscura y misteriosa, habitada por animales desconocidos. Sobre él sangra esa cruz, y como un pájaro herido mancha la nieve donde cae. Pero muere y la sangre deja de fluir, mientras que esa cruz sangrará eternamente por la inocencia escarnecida, por el sacrificio reducido a la nada, y por los pecados y traiciones.

—No está usted solo, Renaud. ¿Quién, a lo largo de su existencia, no ha traicionado a Cristo de alguna manera, a través de sus actos y palabras?

—Yo solo traicioné al rey leproso. Sin mí, De Courtenay nada podía...

—Los templarios lo curarán. Tienen remedios eficaces y lo estiman. Se recuperará enseguida. Su destino consistía, tal vez, en cometer esa falta cuyo arrepentimiento lo conduciría hasta aquí.

—¡No, Guiot! No me recuperaré. No tengo ganas. Dudo de mí. Traicioné al rey; puedo llegar a traicionar a esta orden maravillosa y perjudicarla con mi ejemplo detestable. Es mejor desaparecer.

—Sin embargo, debe curarse y humillarse. Es el orgullo, que persiste en usted, lo que lo desespera.

—Creía que el manto blanco me concedería paz de espíritu y olvido. Pero sentiría vergüenza de llevarlo, de la basura que su pureza cubriría. ¿Comprendes, Guiot?

—Ya no estará solo. Su nuevo maestre no tendrá la perfidia del senescal. No lo adulará para sacar más provecho de usted.

—Te repito que mi herida no es nada; es mi alma la que agoniza. Me confesé con el capellán y no encuentro la paz. Luego llamé a los hombres de leyes para hacer mi testamento y legar a la encomienda de Mauléon todos mis bienes. Los templarios de esa casa serán maestres de mi bosque, mis dominios y mi señoría. Pero sigo sin encontrar la paz. Solo me resta despojarme de esta vida que se me ha vuelto insoportable, porque me odio.

Un poco más tarde, me confió:

—Guiot, temo que el vizconde de Mortagne se oponga a mi donación y la rechace. Quiero que vuelvas a Mauléon para dar testimonio de mi última voluntad y de que se cumpla.

—Iré, señor Renaud. Se lo prometo.

—¿Crees tú, como yo, que esa donación me salve de la condenación eterna?

—Lo creo, porque da fe de su arrepentimiento.

—Llevarás contigo a mi gente, a los que siguen vivos.

—Solo queda un leñador. Los demás murieron en las rocas de Hattin.

—¡Santo Dios! ¿Les vas a contar cómo traicioné al leproso?

—Les diré, Renaud, que entre un rey vivo y uno muerto, eligió usted al primero. Muchos hubieran hecho lo mismo, sin siquiera la disculpa de la inexperiencia.

—¿Tú también me absuelves?

—No tengo ese poder.

—¿Entonces tratas de consolarme?

—No tengo tal deseo.

—¿Entonces?

—No existe falta ni criatura tan baja que no merezcan perdón. Alcanza con quererlo. Somos por siempre los hijos pródigos de Dios Nuestro Señor.

—El fuego que me quema es ya el del infierno.

—Es consecuencia de su herida, no de su pecado. Si le quema ahora, significa que en el más allá lo aliviará, como señal de que está limpiando sus manchas.

No volví a verlo por una semana, o más. El comendador me mandó llamar. No sabía su nombre. Después de Hattin se habían designado nuevos dignatarios. Era mi templario Maynard, a quien creía muerto en batalla.

—No —me explicó—, me cosieron a estocadas, como si fuese un jamón al que van a rellenar de ajos, pero poco profundas. De modo que aquí estoy, de pie.

Por unos momentos disfrutamos de la hilaridad de otros tiempos. Maynard era el más alegre de los templarios. Luego esa alegría pasajera desapareció.

—El joven hermano Renaud de Mauléon se nos va hoy mismo —dijo Maynard—, atormentado hasta su última hora, ya sabes por qué... Guiot, debes partir sin demora hacia Mauléon a arreglar nuestros asuntos.

—Me lo ha pedido.

—Yo te lo ordeno por adelantado, pues sé que hoy nada te impide ser uno de los nuestros, y que lo serás.

—¿Cómo iré? Lo infieles han invadido la tierra y el mar.

—No nos desesperemos. Ya se han organizado los socorros. A la espera de los reyes de Occidente, la orden envía refuerzos. Irás con el leñador en nuestra próxima galera.

29
Fin del relato de Guiot

Todo ocurrió según lo indicado por el comendador Maynard, punto por punto. La galera llegó a Marsella antes que lo previsto. El viaje transcurrió sin dificultad, ya que hicimos el relevo en las casas templarias y los caballeros nos escoltaron por los pasajes peligrosos. Así pues, llevé de regreso al leñador a su choza en el bosque y volví a ver la castellanía de Ancelin, al sargento Hurepel, que lloró al enterarse por mi intermedio del destino de sus señores. Visité las chozas para dar aviso de cómo los hijos y esposos de nuestra humilde cruzada habían muerto santamente con su señor. Vine a esta encomienda y fuimos a buscar al vizconde de Mortagne, quien aceptó la donación del señorío, mediante determinadas garantías que debía proporcionarle el Temple.

Era verano. Todo me recordaba a Jeanne. Estaba presente en todas partes: su mirada, en el azul del cielo y en las colinas que se perfilaban en el horizonte; sus cabellos, en el oro incandescente de los trigos maduros en la llanura y las laderas; su voz, en el temblor de los verdes follajes al amanecer y en la puesta del sol sobre el mar hasta el día siguiente; su canto, en los conciertos de los pájaros que cubrían las ramas de los robles, embriagados por la paz y la luz de cada día; su alma, bajo las tejas y las bóvedas de la capilla y de la torre de Mauléon, como también de la fuente que surgía entre las rocas, llena de espuma, y fluía rápida y suave entre el musgo, bajo los helechos llenos de insectos y mariposas, para perderse luego en el estanque, cuyas aguas quietas parecían, al caer la noche, espadas de resplandor inefable.

Cuando izaron el pendón negro y blanco del Temple sobre la castellanía, partí de nuevo hacia el sur y me embarqué, solo. Debía estar activo para no caer en la tristeza y la melancolía. Todavía no tenía edad para eso. Permanecí diez años más como escudero del Temple. Vi Jerusalén muy poco después de la reconquista. De la vanguardia donde me habían ubicado, pude ver la tumba de Absalón y los cipreses a cuyos pies reposaba Jeanne, a la espera de la resurrección.

Todo fue en vano y Jerusalén quedó en manos de los infieles. Entonces, herido, envejecido e incapaz de cumplir en forma correcta con mi servicio, a causa de una fractura de fémur, y estando bajo las órdenes de los templarios de Tiro, me despidieron, con gran generosidad, para que me retirara al lugar de mi preferencia, en Occidente, con el fin de instruir a nuevos caballeros y escuderos. Solo conocía una manera: esta, hermanos, la de ustedes. El día que me presenté aquí, el azar quiso que nevara. Alrededor del bosque de Mauléon, el campo estaba blanco y quieto.

Cuando Guiot terminaba de relatar su regreso y su recibimiento en la encomienda, se hacía siempre un profundo silencio. El auditorio debía salir bruscamente de su ensueño y volver a la realidad. Entonces, alguno preguntaba, para que el encanto recobrara fuerzas si fuera posible:

—Hermano Guiot, no nos contaste lo que el rey leproso escribió de su puño y letra en el libro de horas que le diste a Jeanne y que enterraste bajo el ciprés.

—Escribió: *Non nobis, Domine, non nobis, sed tuo nomine da gloriam.* No por nosotros, Señor, no por nosotros, sino por Tu nombre concede la gloria.

—Pero esa es nuestra divisa.

—Porque soñaba con el Temple y nos admiraba en secreto. Tal vez no a dignatarios secretos como Torroja o Ridefort, perdidos a causa de su grandeza ilusoria, pero sí a los caballeros humildes, a los sargentos que se habían despojado de todo, renunciando a sí mismos, a su familia, incluidas sus madres y sus hermanas, con el fin de ser por completo servidores de Dios. Admiraba, lo repito, el juramento de no rendirnos nunca y de no aceptar recompensas, de aceptar la lucha de uno contra tres y de seguir a nuestra bandera pase lo que pasare. Él vivía y padecía esas cosas en su cuerpo mártir y su alma inflexible, con el mayor compromiso, y sé que le hubiera gustado morir bajo el manto blanco. Era nuestro rey, el rey de los templarios, y merecía serlo, él, que sólo anhelaba la gloria de Dios...

Hubo una pausa, mientras todos guardaban silencio.

—Sí —retomaba Guiot con voz de nuevo apacible—, he visto y he vivido todas esas cosas. Pero no me siento desdichado. Tengo ese fuego para reconfortar mi viejo esqueleto, esas blancas murallas para que los rostros queridos vengan a presentarse en mis sueños, ese bosque para pasear, mirando a los animales felices, y también los ojos de ustedes, amigos. No hay delicadeza de la que no sea objeto, ni placer que no me sea concedido. A veces el cielo de la mañana tiene el color de la piel del león y el sol sangra en su costado. Lo que imagino no tiene importancia; es como la puntada en una vieja herida cuando amenaza la lluvia. Todo está en orden, gracias a ustedes, para el viejo Guiot. Pensando en Jeanne, en su rey leproso, pide simplemente a ese Dios que padeció y coronaron de espinas y luego clavaron en una cruz, que si pecaron, la lepra que compartieron los haya limpiado. Y que juntos marchen por toda la eternidad... Yo sólo deseo reunirme con ellos. Amén.

La voz de Guiot enmudeció. Los hermanos dejaron la sala, se despidieron y le agradecieron. Salió último, sin apuro por entregarse al sueño. Solo se oía el crujido sibilante de los leños, apenas interrumpido por el chisporroteo de los gusanos debajo de la corteza. Afuera, alrededor de la casa que por fin dormía, estaba el bosque de la primera jornada, extenso, profundo y tenebroso, con sus claros, sus fieras y aves nocturnas. En la copa de los árboles, erraba una luna penetrante, transportada por el vasto movimiento del universo.

Cronología

1176   Luis VII es rey de Francia. Balduino IV, rey de Jerusalén. El reino de Jerusalén, conquistado en 1099 por Godofredo de Bouillon, es solo una franja costera a lo largo del Mediterráneo, entre los montes del Líbano y el desierto del Sinaí. Saladino quiere unificar el islam; establece una dictadura militar en Egipto y en parte de Siria.

1177   Balduino IV vence a Saladino en la batalla de Montgisard. Construye el Vado de Jacob.

1179   Muerte de Onfroy de Torón, condestable de Balduino IV. Victoria de Saladino en la llanura de Paneas. Saladino arrasa el Vado de Jacob.

1181   Reinaldo de Châtillon, señor de Transjordania, recientemente liberado de las cárceles de Saladino, rompe la tregua acordada por este.

1182   Saladino asedia Krak de Moab, castillo de Reinaldo salvado por la intervención de Balduino IV. Saladino intenta tomar Beirut, con el fin de dividir en dos el reino de Jerusalén. Nueva intervención victoriosa de Balduino IV. Saladino intenta tomar Alepo y Mosul, a fin de lograr la unidad islámica. Balduino invade sus territorios, llega hasta los suburbios de Damasco y fuerza a Saladino a retirarse. Balduino IV, victorioso en todas partes, pasa la Navidad en Tiro.

1183   La lepra de Balduino IV se agrava. Confía la regencia a su cuñado, Gui de Lusignan. Saladino toma Alepo y prepara la invasión a Galilea. Raimundo de Trípoli salva al ejército franco en los manantiales de Seforia. Balduino IV destituye de la regencia a su cuñado. Por segunda vez salva el Krak de Moab de la venganza por la invasión que Reinaldo de Châtillon lanza sobre el mar Rojo.

1184 Grave conflicto familiar entre Gui de Lusignan y Balduino IV, que despoja a su hermana y a su cuñado de sus derechos a la corona de Jerusalén.

1185 Balduino IV manda coronar al pequeño Balduino (hijo del primer matrimonio de su hermana Sibila) con el nombre de Balduino V. Designa a Raimundo de Trípoli regente del reino. Muerte de Balduino IV el 16 de marzo.

1186 Muerte prematura del pequeño Balduino. Gui de Lusignan y su esposa Sibila son coronados de modo subrepticio.

1187 Derrota de Lusignan en los Cuernos de Hattin. Saladino toma Jerusalén. Tiro, Antioquía y algunas ciudades todavía resisten.

1189 Tercera cruzada al mando de Federico Barbarroja, emperador de Alemania, de Felipe Augusto, rey de Francia –desde 1180– y de Ricardo Corazón de León, rey de Inglaterra.

1193 Muerte de Saladino.

El reino de Jerusalén (sin Jerusalén) durará un siglo más, hasta la caída de San Juan de Acre en 1291. Los templarios conservarán la isla de Rodas hasta 1303.